도심재생의 미래

도심재생의 미래

사 회 적 자 본 에 답 을 묻 는 다

이권형 지음

하우징랩

일러두기

이 책에서는 '도시재생'과 '도심재생'이라는 용어를 혼용하였다. 도시의 중추적인 기능들이 모여 있으며 접근성이 좋은 곳을 도심으로 규정하지만, 거대 도시는 대개 여러 개의 도심이 형성되어 있어 두 용어를 굳이 구분할 필요가 없다고 생각하였다.

2007년 나는, 폐산업유산이 된 대구의 KT&G 연초제조창 활용에 대한 컨설팅을 하면서 대구예술발전소 조성 아이디어를 제안했고 관련 프로젝트를 수행하게 되었다. 그런 과정에서, 도심 속 문화 공간 조성이 도심재생의 신호탄이 될 수 있다는 기대와는 달리 현실과는 많이 유리된 결과를 가져온다는 것을 알게 됐다.

대구예술발전소 조성은 국내 도시 가운데 처음으로 문화 창조 공간을 만들어 활력 잃은 도심에 새 숨을 불어넣는다는 계획에 따라 뿌려진 씨앗이었다. 하지만 하드웨어로 재생시킬 건물이 짜깁기로 지정되고, 사람들과 함께할 소프트웨어 프로그램의 벤치마킹이 지나치다는 비판도 있었다. 당초 취지와는 달리 주변 환경과 결부되지 못한 채 '무늬'만 도심재생이라는 결과를 낳았다. 최소의 인공미로 주민들의 삶의 터전이 훼손되지 않도록 해야 한다는 데에 공감하지 않을 수 없었다.

이 경험은 구(舊)도심의 역사·문화 콘텐츠를 창의적 교육 공간으로 적용하는 프로그램 개발의 계기가 되었다. 2010년부터 십여 년간 진행된 프로그램은 수요자들의 사회성과 사회관계지능 향상 방안을 분석하는 결과물을 통해 도심재생의 새로운 패러다임을 열었다. 이후 도심재생에 관심이 높아진 대학 건축과 학생들을 대상으로 특강도 하고, 옛 연초제조창을 비롯한 구도심 공간 디자인 작품에 대한 평가도 했다. 2014년에는 구도심 주민들과 함께 참여한 국토부 주관 전국도시재생경진대회에서 대상을 수상하는 기쁨을 누릴 수 있었다. 그 후 대구의 마을공동체만들기 위원을 맡게 되었고, 팔공산 승시축체를 발굴·기획하는 일도 함께하게 되었다. 이렇게 도심재생에서 소프트웨어 프로그램의 중요성을 알리고 내가 할 수 있는 일들을 해 나가면서, 도심재생의 새로운 패러다임은 시민들이 자율적으로 참여하여 함께할 때 나타난다는 것을 깨닫게 됐다.

이 책은 도심재생에서 역사·문화 콘텐츠 활용이 구성원들의 협력적 행위에 미치는 특징, 민간·공공·기업·지주들 간에 나타나는 집합적 행동의 문제점, 도심재생 과정에서 생겨나는 갈등을 해소하기 위한 방안으로서 사회적 자본의 기능적 측면과 도시 공동체 형성에 미치는 영향 등에 대해 그동안 연구하고 현장에서 경험한 내용을 정리한 것이다.

2017년 이 글을 처음 쓰기 시작했을 때에는, 슬럼화된 도심에 유행처럼 적용되고 있는 여러 가지 문화적 도심재생 전략들에 대해 기술하려고 했다. 이러한 전략이 경쟁적으로 이루어지고 있는데도 대안이 되기는커녕 급조된 도심재생의 한 방편에 그친다는 우려를 말하려 했다. 그러나 도심의 폐산업유산을 활용하는 방법을 배우고 실천하면서 나는 조금 다른 생각을 하게 되었다. 개발 이익을 둘러싼 갈등은, 골목이 사라지고 동네가 사라지고 사람이 사라지는 당황스러운 결과와 무관하지 않다는 사실을 알 수 있었다. 공익을 위한 사업으로 개발 이익이 생겼는데, 몇몇 개인에게만 그 이익이 돌아간다면 누가 그 정책을 의심하지 않겠는가. 도심재생 과정에서 빚어지는 이러한 부정적인 결과를 우리 모두가 너무나 무덤덤하게 받아들이고 있지 않는가.

몇 가지 의문으로 시작한 연구였지만 흥미로운 발견을 이어 나갈 수 있었다. 거주민들의 심리적 변화 과정이 매우 중요한 단서가 된다는 것을 알았다. 일반 시민들을 동일한 비중으로 수년간 시계열 설문함으로써 신뢰도와 타당도를 제고할 수 있었다. 포괄적인 자료와 분석을 토대로 지표와 가설을 추론하고 이를 검증했다. 질적·양적 측면으로 수렴된 분석 결과에서, 공여와 수요 주체에 따라 도심재생을 대하는 인식의 차이가 확연했고, 같은 결과물도 시간의 흐름에 따라 달리 해석되고 있었다.

이처럼 도심재생의 딜레마는 우리가 알고 있는 것보다 훨씬 복잡하게 나타난다. 도시가 쇠퇴하는 깊은 이유 중 하나는 도시가 어떻게 움직이는지에 대해 우리가 무지하기 때문인지 모른다. 이것이 바로 이 책의 문제의식이다. 아직 알려지지 않은, 잘 알 수 없었던, 그리고 새로 생겨나는 도심재생의 딜레마를 찾아보자는 제안이다. 어떻게 하면 도시 공동체가 더 잘 생존할 수 있을까? 이러한 질문이 모두에게 예리한 분석을 독려하여 유쾌한 통찰로 이어지기를 기대한다.

이 책은 많은 분들이 힘을 보태 주었기에 나올 수 있었다. 옛 연초제조창 활용 방안에 대해 자문해 주시고 나에게 상상력을 불어넣어 주신 이강숙 한국예술종합학교 초대 총장님(2020년 작고)께 감사드린다. 2008년 대구문화창조발전소 추진위원장을 맡았던 이강숙 총장님과 도심 속 문화공간 조성에 대해 함께 논의하며 많은 것을 배웠고, 들려주신 이야기에서 많은 자극을 받았다. 도서출판 한티재는 부족한 원고가 책으로 나올 수 있도록 모든 과정에서 세심히 챙겨 주었다. 힘들지만 즐거운 작업이었다. 원고를 꼼꼼히 읽고 조언해 준 오은지 대표와 책을 아름답게 디자인해 준 정효진 님께 감사드린다. 더불어 2011년부터 2017년 사이에 실시한 여섯 차례의 설문 조사에 참여해 주신 분들, 2015년부터 2018년까지 네 차례의 초점집단면접에 함께해 주신 분들께 일일이 인사 드리지 못하지만 다시 한번 감사의 마음을 전한다.

2021년 5월 이권희

차
례

책을 펴내며 • 5

프롤로그 • 14

왜 도심 공동체는 해체되는가

1장 역사·문화 자산을 바라보는 다른 시선 • 27
역사·문화 콘텐츠의 개념과 활용
역사·문화 자산에 대한 세 가지 인식

2장 도심재생과 역사·문화 콘텐츠 • 41
도심재생의 개념 | 도심재생의 방향
모로코 페즈의 미로 마을 | 통영 동피랑의 벽화 마을
대구 김광석길 | 부산 감천문화마을
수원 행궁동 마을 | 베이징 스차하이 | 대구 계산동

3장 도심재생의 문제와 도전 • 71
역사·문화 콘텐츠 활용에 대한 인식 변화
도심재생 패러다임의 변화

제2부

누가 역사·문화 콘텐츠를 재구성하는가

4장 인식 변화의 차원 • 79
기초 조사 : 길을 묻다
스토리텔링 : 이야기를 듣다
자료 수집: 이야기를 묶다
주민 인식 변화에 대한 시론적 분석
5장 역사·문화 콘텐츠 활용 방식의 차원 • 119
역사·문화 콘텐츠 활용 사례 분석의 틀
역사·문화 콘텐츠 활용 사례 분석 결과

제3부

역사 · 문화 콘텐츠,
어떻게 협력의 콘텐츠가 되는가

6장 사회적 자본의 역할 • 157

사회적 자본의 개념과 역사·문화 콘텐츠의 활용

도심재생의 딜레마 상황

도심재생과 사회적 자본의 연계

사회적 자본의 측정 경험

7장 기능적 공동체의 형성 • 190

역사·문화 콘텐츠의 활용과 기능적 공동체

도심재생과 기능적 공동체

기능적 공동체 형성의 측정 경험

8장 협력적 행동의 기초 • 213

역사·문화 콘텐츠와 협력적 행동

도심재생과 협력적 행동

협력적 행동의 측정 경험

제4부

도심재생, 어디로 가는가

9장 도심재생의 과거와 미래 • 245

방치된 담배공장 터의 미래

다크투어리즘에 대한 단상

도심 동물원의 불편한 진실

재래시장 진흙 골목길의 변신, 타이캉루 문화거리

방직공장 건물에 들어선 상하이 M5예술촌

버려진 군수공장과 다산즈 예술구

고량주 냄새가 사라진 자리, 지우창 예술촌

사회적 자본 형성과 협력적 행동의 과제

에필로그 • 287

참고 문헌 • 295

이 책에서 내가 말하고자 하는 주제는 명료하다. 모두가 협력하면 가장 좋은 결과가 예상되는데도 서로 불신하여 결국은 누구도 원치 않는 결과를 초래하는 딜레마를 극복하자는 것이다. 도심재생 과정에서 공공, 민간, 지주, 주민 간에 빚어지는 갈등도 같은 맥락의 딜레마라 할 수 있다. 따라서 도심재생의 새로운 패러다임으로 활용되고 있는 역사·문화 콘텐츠의 속성을 이해하고 답을 모색해 보자는 것이다. 현재의 도심재생은 현실에서 유리되어 있다. 지속가능하고 제대로 된 도시를 만들고자 한다면, 실제 우리 도시가 직면하고 있는 현실에 부합하는 처방이 필요하다.

근래 '도심재생'이라는 미명 아래 꾸며진 마을들의 모습과 분위기는 비슷하다. 지방자치단체마다 잘 만들었다는 마을과 프로그램을 소개하고 있지만 벤치마킹이 지나치다는 느낌이다. 정해 놓은 답으로 각자 다른 문제를 풀고 있는 모양이다. 지나친 하드인프라 재생과 부문별한 소프트웨어 요소에 집착하면서 발생하는 부작용으로 인해 공동체의 규범과 협력적 행동이 제약되고 있다. 이제 이러한 부작용을 극복해야 한다. 이 책에서 나는 역사·문화 콘텐츠의 활용, 사회적 자본과 기능적 공동체의 형성, 협력적 행동의 발현에 대해 분석하고, 그동안의 딜레마를 넘어서는 대안을 제시하고자 한다.

이 책은 협소하게 보면 역사·문화 콘텐츠 활용과 관련하여 도심재생 과정에서 나타나는 현상을 밝히는 것이라 할 수 있다. 역사·문화 콘텐츠의 활용은 성패 여부와는 별개로 지난 20여 년간 우리나라에서 도심재생의 방안으로 주목 받아 왔다. 그러나 모든 도심재생 사업이 성공적인 것은 아니었기에, 이제 역사·문화 콘텐츠의 영향력이 어디에서 비롯되는지, 그 관계성은 어떠한지, 그리고 지속가능했던 요소가 무엇인지를 밝히는 일은 매우 중요해졌다. 또한 이것은 도심재생의 개념을 바꾸는 논의의 첫 단추일 수도 있고, 대안을 찾아내는 실마리가 될 수도 있다. 이 책은 나 스스로에게 던진 이러한 질문에 답을 찾기 위해 썼다고 할 수 있다. 또한, 이 책에 도심재생의 궁극적 비전을 모두 담아낼 수는 없지만, 도심재생이라는 이름 아래 빚어지고 있는 갈등 상황을 잘 보여주는 것도 의미가 있을 것이라고 생각했다.

사실 이 책에 대한 구상은 2000년 초까지 거슬러 올라간다. 1927

년에 지어진 대구 수창동 연초제조창[1]은 1996년 공장 문을 닫고 방치되었다. 이곳과 연접한 옛 대구읍성을 중심으로 반경 1킬로미터 이내에 형성된, 대략 1백만 제곱미터에 이르는 구도심도 마찬가지였다. 이 지역은 2000년대까지도 슬럼가를 방불케 할 정도로 모든 게 멈춘 듯한 모습으로 있었다.

다행히도 침묵은 오래가지 않았다. "뭐라도 좀 하라"는 주민들의 민원이 쏟아졌다. 그게 2000년 초입이다. 지금은 많이 달라졌지만 당시만 하더라도 도시를 계획하고 만드는 것은 관의 일이었다. 민원 제기 정도가 주민들의 몫이랄까. 주민들은 구도심 요충지에 방치된 연초제조창이 문제라고 여겼다. 하지만 이 공장터는 이윤 추구를 앞세울 수밖에 없는 민간기업 KT&G(주식회사 케이티앤지)의 소유였다. 다만, 국민들의 사랑(?)을 받아 온 담배공장이었기에 이윤의 일부를 공익에 투자하라는 여론에서 자유롭지는 않았을 것이다. 급기야 옛 담배공장 터를 시작으로 구도심의 새로운 이미지를 그려 보자는 의견이 도출된다. 여기서 KT&G의 의미 있는 양보로 여겨지는 대목은 이렇다. 역사가 100여 년에 이르는 옛 공장 건물을 살려 도시의 랜드마크로 만들어 보자는 것이었다.

---

1 대구에 있던 KT&G 옛 연초제조창은 우리나라 첫 담배제조창으로서의 역사적 가치를 지니고 있는 시설로, 1923년부터 70여 년 동안 한국 근대 산업 발전사의 살아 있는 증거라고 할 수 있다. 이 시설은 산업 구조의 변화와 주요 시설의 이전 계획에 따라 1996년 6월 공장 문을 닫고 담배 생산을 멈추었으며, 이후 공장 이전에 따른 후속 조치와 함께 일부 시설이 활용되다 1999년 7월 1일 완전히 폐쇄되었다. 이로 인해 주변 수창동(북성로 공구 골목과 오토바이 골목 일대)은 극심한 도심 공동화 현상으로 대구의 대표적인 슬럼 지역이 되어 도심 속의 섬이 되어 가고 있었다.

결론부터 말하면, 3분의 1 정도의 공간인, 엽연초를 건조하는 보관창고 건물만 지켜 냈다고 보면 된다. 그 공간이 지금의 대구예술발전소이다. 담배를 생산하던 공장 건물 터에는 주상복합 아파트가 들어섰다. 많이 아쉽다. 대구예술발전소 조성 기본구상 아이디어를 내고 관련 프로젝트를 추진하던 나로서는 더욱 그러했다. 2004년부터 시작한 옛 연초제조창 활용 컨설팅은 구도심을 재생하자는 아이디어로 이어졌고, 특히 2007년 대구문화창조발전소(이후 대구예술발전소로 개칭) 조성 아이디어는 도심재생의 신호탄이 되었다는 평가를 받았기에 그러했다.

옛 연초제조창을 활용한 대구문화창조발전소 조성 프로젝트는 비록 반쪽에 그친 듯 보이지만 성과와 과제를 동시에 안겼다. 당시 내가 참여한 컨설팅 조직에서 대구시와 KT&G에 제안한 문화창조발전소 조성을 포함한 구도심 재생 마스터플랜에는 몇 가지 중요한 의미가 있다. 먼저 시민들과 언론의 평가를 받으며 민관 공동 프로젝트로 진행했다는 점이다. 대단한 성과는 아니지만 민관이 칸막이를 허문 것은 당시만 하더라도 쉽지 않은 일이었다. 하지만 무엇보다 중요한 결실은 구도심의 샛길을 전수조사했다는 데 있다. 큰 발견이었다. 대학생 스무 명이 3개월간 구도심 샛길을 모두 누볐다. 지적도에 없는 길까지 찾아냈다. 1,000개의 골목이다. 사람이 떠나 버린 건물도 찾아냈다. 1,000개의 이야기이다. 1,000개의 골목, 1,000개의 이야기는 이렇게 시작되었다.

혹자는 연초제조창이 반쪽짜리 공간이 되었다고 낙심했다. 하지만 1,000개의 골목은 도심재생의 새로운 이정표를 세우는 중요한 메시지를 준다. 1,000개의 이야기는 도심재생의 새로운 패러다임을 가져오게 한다. 흔히 도심의 골목을 걸으면 그 도시가 보인다고들 한다. 이 말에는 중요한 의미가 숨어 있다. 아무도 걷지 않던 인적 끊긴 길이 사람들의 발길이 이어지면서 숨을 쉬기 시작했다는 것이다. 골목이 살아나고 있다는 뜻이다. 도심이 이런저런 이야기를 품으며 재생되고 있는 것이다. 사람들의 이야기가 그물망이 되어 도심재생의 패러다임을 낚아 올리고 있다. 도심의 골목은, 옛것을 허물고 신축 건물로 공간을 채우고자 하는 욕구를 이겨내도록 돕는 완충지대인 셈이다.

대구문화창조발전소 조성 프로젝트 과정에서 경험했던 일들 중 한 가지를 이야기하고 싶다. 도심재생이 어떻게 이루어져야 하는지에 대해 더욱 깊이 고민하게 만든 일이었다. 연초제조창과 연계하여 도심의 역사와 문화 자산을 활용할 방안을 구상하던 2007년, 우연한 자리에서 듣게 된 교육계의 하소연이 예사롭지 않았다. "청소년들이 마땅히 갈 데가 없다"는 것이다. 도심의 역사·문화 자산을 발견하는 기회를 청소년들에게 줄 수 있지 않을까. 텅 빈 도심에 청소년들의 손길, 발길, 눈길이 모이면 도심이 어떻게 될까. 막연한 상상이 이어졌다. 아무도 해 보지 않은 일이라 막막했지만 설레는 마음은 사라지지 않았다.

구상 후 일 년여에 걸친 모색과 기획을 거친 뒤, 청소년들이 도심 골목을 누비며 학습을 시작하게 된다. 2011년의 일이니, 벌써 십 년을 넘기고 있다. 골목길을 누비는 청소년들이 도심 곳곳에 푸른 숨을 불어넣는다고 했다. 새 숨을 쉬는 계기가 되었다고 했다. 인기 있는 장소는 장터목이라는 별칭도 얻었다. 청소년들의 발걸음이 사시사철 이어졌다. 처음엔 떼로 몰려다니는 학생들이 의아했으나 이제는 보이지 않으면 되레 궁금해진다는 게 도심 상인들의 반응이었다. 도심이 활력을 얻어 갔다. 애초에 생각했던 교육적 효과를 넘어서는 중요한 성과였다. 분업화된 공간에서 살지만 모두가 협력한 결과였다. 나는 이러한 현상 속에서 도심재생의 새로운 패러다임이 싹트고 있다고 느꼈다.

물론 도심이 활성화되는 과정에는 부작용도 없지 않다. 어떤 주민들은 주거권이 침해당할 정도로 소란스럽다고 하고, 어떤 곳은 임대료가 올라 원주민이 떠나게 되었다는 안타까운 이야기도 들린다. 투어리스티피케이션과 젠트리피케이션 현상이다. 적정 수준 또는 임계치는 늘 고민해야 한다. 도심의 자생적 조건이 무엇인지 예측하기 어렵더라도, 새로 개발하고 짓는 일은 자율적 통제가 가능하도록 유도되어야 한다. 하드웨어에 지나치게 치중한 결과가 젠트리피케이션이다. 도심 곳곳에서 나타나고 있다. 조례 제정으로 막아 보려 애쓰고 있으나 "소 잃고 외양간 고친다"는 말처럼 때늦은 감이 없지 않고, 어쩐지 주민들에게 책임을 전가하는 듯하다. 이러한 아이러니를 대할 때마다 도심재생의 과정과 결과는 그 공간을 살아낸, 그리고 그곳에서 기꺼이 살아갈 사람들을 위한 것이어야 한다는 생각에 이르게 된다.

각 부별 내용은 다음과 같다.

1부에서는 세계 도시 또는 우리나라 곳곳의 도시에서 도심재생 방안들이 실행되고 있는 모습을 소개한다. 역사·문화 자산을 활용하는 사례와 이를 새롭게 바라보는 다양한 의견이다. 이를 통해 우리가 어떤 시사점을 얻을 수 있을지 함께 생각해 보자는 것이며, 이 책의 제안이기도 하다. 2부에서는 거주민의 이탈, 재정착의 실패, 젠트리피케이션과 투어리스티피케이션 현상 등 도심재생의 딜레마를 극복하기 위한 처방으로 역사·문화 콘텐츠에 내재된 속성의 활용과 주민 인식 변화를 다룬다. 3부는 역사·문화 콘텐츠의 활용이 사회적 자본과 기능적 공동체 형성에 미치는 영향을 분석하고, 협력적 행동의 기초가 되는 지표를 발굴한다. 4부에서는 역사·문화 자산의 활용 및 흐름과 과제를 분석하고, 도심재생 딜레마를 넘기 위한 사회적 자본의 확충 방안을 제시한다.

설문은 지난 2011년부터 3년간은 학생, 학부모, 교사를 대상으로 하였고, 이후 4년간은 도심 상인, 일반 시민, 외지인도 포함하였다. 매년 500~1,000명을 대상으로 실시한 자료이다. 체험학습 전후의 관심도, 만족도, 자긍심 등 개인 심리적 측면에 대한 시계열 분석 결과와 역사·문화 자산 활용이 갖는 다양한 가치 분석을 토대로 각 부의 세부 항목을 정했다. 특히 탐방 피드백의 체험 수기는 창의체험학습의 초점인 협력적 사고를 알아보기 위한 초점집단면접의 기초 자료로 활용되었다. 주요 조망 지점에 대한 설명을 참고하여 수기를 읽으면서 창의력이 새롭게 접목되는 느낌을 받았다. 도심을 탐방하다 보면 점으로 흩어져 있던 이야기 파편들이 날줄, 씨줄로 엮여 있음을 알 수 있다. 자긍심, 애향심과 같은 3차원적 상상력으로 우리의 생각이 나아가도록 한다. 참가자들도 이구동성이었다.

이 책에서 다루는 내용은 2017년 국토연구와 한국정부학회에 투고한 다섯 편의 논문, 2013년과 2014년에 걸쳐 진행한 두 개 대학의 건축학과 졸업 작품 심사와 특강에 기초하고 있다. 그러나 이 책은 정책 입안자나 대학의 관련 전문가만을 대상으로 쓴 것은 아니다. 도심재생의 배경과 과정, 결과를 역사·문화 콘텐츠의 속성과 결부해 이해할 수 있도록 구성하여, 도시를 공부하는 학생은 물론 현장 실무에 관심 있는 일반인들도 도심재생과 역사·문화 콘텐츠의 관계를 쉽게 이해할 수 있도록 하였다. 주석을 달고, 사례도 포함시켰는데 1부와 4부에서 소개하는 우리나라와 중국의 도심재생 사례가 그렇다.

독자들은 이 책에서 크게 두 가지의 메시지를 얻게 될 것이다. 하나는 역사·문화 콘텐츠의 활용이 협력적 행동의 발현에 영향을 미친다는 점이다. 2부 4장 '주민 인식 변화에 대한 시론적 분석'의 측정 경험에서 예로 든 협력학습 프로젝트의 실행 과정에서 보듯, '따로 하는 협력'(Cooperation)보다는 '같이 하는 협력'(Collaboration)이 협력적 행동을 견인한다. 민·관·학이 무엇을 어떻게 함께해야 하는지 이를 통해 깨달을 수 있다. 하지만 더 중요한 메시지가 있다. 역사·문화 콘텐츠의 활용이 도심이 안고 있는 딜레마 해결에 직간접적 영향을 미친다는 점이다.

본문에서도 명확히 이야기하겠지만, '도심재생'에 대한 새로운 인식이 필요하다. 현재 진행되고 있는 도심재생이 맞지 않을 수 있다고 의심해 보아야 한다. 특정 정책에 의해 만들어지거나 특정 시기에 생겨난 용어가 세월이 흐르면서 의미가 달라지거나 그 말 자체가 사라지는 경우가 있듯, 도심재생이라는 말도 처음 만들어지고 도심재생 사업이 실제 진행되면서 이 말이 담고 있는 의미와 가치가 변화되어 왔다. 만약 그동안 진행되어 온 '도심재생'을 비판적으로 검토하고 그 전망과 방향에 대해 새로운 패러다임을 갖지 않는다면, 여태까지 해온 식의 도심재생을 계속해야만 하는가라는 질문 앞에 서게 될 것이다.

이 책에서 제안하는 도심재생은 지금까지 해 온 방식을 업그레이드하자는 게 아니다. 도심재생에 대해 완전히 새로운 인식과 실천을 하자는 것이다. 역사·문화 콘텐츠를 도심재생에 접목하자는 제안은, 도심재생의 궁극적 목적이 도시의 지속가능한 발전뿐 아니라 공동체 회복에도 있어야 한다는 뜻이다.

우리는 지금껏 사람 중심, 문화 중심 등 온갖 형용구를 가져다 붙인 도심재생 방안을 경험했다. 그리고 엇비슷한 딜레마를 봐 왔다. 하지만 도심재생의 결과에 대한 깊이 있는 평가에는 소홀하고, 그저 보기 좋은 외관을 갖춘 것에 만족하는 걸로 그쳤다.

지금까지의 경험으로 볼 때, 도시 공동체가 한번 무너지면 다시 소생한다는 것은 거의 불가능에 가깝다. 전혀 다른 형태의 도시 구조가 나타나 버리기 때문이다. 3부의 측정 경험에서 밝힌 역사·문화 콘텐츠에 내재된 사회적 자본의 요소와 협력 촉진의 요소, 그리고 기능적 공동체 형성의 요소들은 지금까지의 도심재생을 부정하는 개념으로 이해될 수 있다. 하지만 도심재생이 애초에 추구하고자 했던 가치가 무엇인지를 생각해 보자는 것이다. 이 책은 도심재생에 대해 비판적 검토를 하되 열린 논의가 이어지기를 위한 것이기도 하다. 이러한 주장이 관심을 끈다면 나에겐 충분하다.

역사·문화 콘텐츠를 개발하고 활용하는 현장에서 체감한 진단과 통계적 피드백을 통해 제시된 과제에 공감하는 연구자를 여럿 만나게 되어 개인적으로는 기뻤다. 그러나 여전히 이 책에서 말하는 역사·문화 콘텐츠를 활용한 도심재생은 미완일 것이며, 현재의 완성도는 우리의 현실일 수밖에 없을 것이다.

제1부

왜 도심 공동체는 해체되는가

1장

역사·문화 자산을 바라보는
다른 시선

'굿바이, 도심재생'은 도심재생의 새로운 길을 묻는 역설적 표현으로 내가 자주 쓰는 말이다. 도심재생의 패러다임[1]이 변화하고 있음에도 불구하고 딜레마는 여전하다. 우리나라 대도시, 특히 중심지에서는 '도넛 현상'이 계속되고 있다. 도심재생이 계속되는 가운데서도 도심 공동화가 현재진행형인 이유는 무엇일까? 특히 이 과정에서 고령층과 저소득층이 그나마 유지하던 삶의 터전을 잃는가 하면, 지역의 정체성이 무너지고 커뮤니티가 소멸하는 결과를 가져왔다. 개발 이후 높아진 상가 임대 비용을 감당하지 못한 세입자 또

---

1 토마스 S. 쿤은 그의 저서 『과학혁명의 구조』에서 패러다임은 어느 일정한 시기에 전문가 집단에 모범이 되는 문제와 풀이를 제공하는 보편적으로 인식된 과학적 성취라고 말한다.

는 임차 상인들이 도시 외곽으로 밀려나는 젠트리피케이션[2]이 나타났다. 월세 임대 수입으로 생계를 유지하던 영세 건물주의 임대 소득 기반이 무너졌다. 결과적으로는 재정착율이 낮아지면서 지역공동체가 해체되는 문제를 유발했다. 무분별한 도심재생 방안들이 오히려 공동체 형성에 장애를 초래하는 딜레마를 낳고 있는 것이다. 지금껏 정부와 시장이 주도한 도시개발이 사업성·효율성 위주로 진행된 탓이다.

제인 제이콥스(Jacobs, 1961)는 이미 고전이 된 『미국 대도시의 죽음과 삶』(The Death and Life of Great American Cities)에서 도시는 디자인된 겉모습보다 작동 과정에 대한 포착이 중요하다고 했다. 그의 말대로 도시는 사람들과 건물이 촘촘하게 얽히고설킨 다양한 구조를 갖춰 끊임없이 서로를 지탱하고 있다. 건강하고 활력 있는 도시공동체가 유지되기 위한 열쇠는 도심 공동화 해소에 있다는 말이다. 최근 도시문제 해소의 궁극적 지향점으로 공동체 회복을 강조하는 흐름 또한 같은 맥락으로 이해할 수 있다. 이는 기존의 외형적·물리적 재건축과 같은 관행에서 탈피할 필요가 있다는 성찰이다. 기존 재생 방식은 도심 공동화를 유도했고 지역사회 정체성을 훼손했다. 즉 도심 공동화 현상은 지역공동체 해체의 신호탄이다. 따라서 도시문제 해결의 열쇠는 도심 공동화 해소에 있다. 도심의 사회

---

2 젠트리피케이션(gentrification)은 도심 내의 역학 변화로 새로운 고소득자들이 도심 내로 유입되면서 주거 비용을 상승시키고 이로 인해 기존에 거주하던, 상대적으로 경제력이 약한 사람들이 외곽 지역으로 밀려나는 현상을 말한다(이권희·박종화, 2017: 70 재인용).

적·경제적·문화적·환경적·물리적 활성화의 파급 효과는 도시 전체로 미칠 수 있기 때문이다.

그런데 도심의 역사·문화 자산이 어떻게 활용되고 있는지를 알면 도심의 미래를 알 수 있지 않을까? 도심의 쇠퇴는 여러 가지 복합적 원인들이 결부되어 나타나고 있다. 최근 연구 결과에 따르면 도심의 역사·문화 자산은 지식 기반 사회로의 이행 과정에서 중요하게 부각되고 있는 도심 커뮤니티의 문화와 가치를 높일 수 있는 요소이다. 물론 역사·문화 자산의 활용이 도심재생의 복합적인 문제를 원천적으로 해결할 수 있는 것은 아닐 것이다. 하지만 도심 커뮤니티 구성원들의 참여와 창의적 아이디어, 그리고 문화적 자긍심을 이끌어 낼 수 있는 상향적 개발전략으로서의 가치가 있다는 얘기다.

앞으로 소개할 내용은 역사·문화 자산을 바라보는 시각과 활용 방법이 우리의 삶에 얼마나 중요한 역할을 하고 있는지를 보여준다. 1부에서는 공유자원, 하드웨어, 소프트웨어 등 세 가지 키워드로 압축하여 역사·문화 자산의 활용 문제를 짚어본다. 역사·문화 자산의 공유자원적 측면의 활용은 도심재생의 새로운 수단으로서 공감대가 형성되고 있다. 공유자원이라는 키워드는 역사·문화 자산 활용의 방향을 암시하는 동시에 지침이 되고 있다고 해도 과언이 아니다. 이러한 가운데 역사·문화 자산의 하드웨어적 요소는 도심재생 과정에서 나타나는 젠트리피케이션과 같은 부작용의 원인으로 지적되고 있으며, 역사·문화 자산의 속성을 활용한 소프트웨어적 방법이 새로운 대안으로 주목받고 있다. 역사·문화 자산의 활용에서 주목되고 있는 공유자원, 하드웨어, 소프트웨어, 도심재생, 역사·문화 콘텐츠 등 핵심 키워드의 이해를 통해 도심재생 딜레마의 배경을 추론해 볼 수 있도록 1장을 구성하였다.

역사·문화 콘텐츠의
개념과 활용

문화란 언어·관습·제도 등 구성원들에게 공유되고 학습되는 지식체계를 말하는데, 역사적 자산에 대한 지식이 공유되고 학습으로 이어지면 역사와 문화가 융합된 지식 콘텐츠가 생겨난다. 따라서 이러한 지식 콘텐츠에는 사람들의 머리와 가슴으로 체화한 유·무형의 가치가 담겨 있다고 할 수 있다. 흔히 역사·문화 자산으로 불리는 어떠한 대상물은 그 자체의 실체적 모습 외에도 장소의 정체성과 역사성, 시대정신, 그리고 보전의 가치 개념을 지니게 된다. 이러한 대상물은 현재의 환경에서 개발·발굴, 연구·보전, 활용·응용할 수 있는 유·무형의 콘텐츠가 된다. 따라서 역사·문화 콘텐츠는 역사·문화 자원을 소재로 개발·발굴 과정을 거쳐 생산되고 배포·유통되는 문화적인 활동 및 재화와 서비스를 의미한다. 즉 일정한 시간과 공간 안에서 쌓아온 인간의 삶의 축적물로 구성된 역사·문화 자원을 교육, 스토리텔링, 공연, 축제, 전시, 관광 등의 소재로 활용하는 것을 말한다(송희영, 2012: 73~96). 유네스코 세계유산협약 (1972)에서는 역사·문화 자산을 유·무형으로 분류한다. 기념물과 시설, 건축물, 유적지와 같이 일정한 기간 같은 공간에서 쌓인 우리 들의 삶의 축적물은 유형의 자산이다. 지식 및 기술, 전달 도구로서 언어, 문화공간, 그리고 이러한 삶과 함께한 관습과 제도, 공동체 의 식 등은 무형의 자산이다.

이처럼 역사·문화 자산에서 비롯되는 역사·문화 콘텐츠에 대한 학술적 정의는 다양하게 논의되고 있다. 역사·문화 콘텐츠는 도시 와 지역의 정책 지표가 되고 있으며, 도시의 이미지를 규정하는 요 소로서 활용되는 등 현재의 환경에서 개발·발굴, 보존·보전, 이용 ·응용, 소비·향유 가능한 자산으로 이해하려는 시도도 많다(이권 희·박종화, 2014: 804~805). 근래 들어 역사와 문화는 각자의 장르를 넘어 융·복합적 결합을 통한 새로운 콘텐츠로 그 의미가 조명되고 있다.

최근 들어 우리나라뿐만 아니라 세계 유명 도시들이 경쟁적으로 도심의 골목을 스토리텔링하고 있다. 이러한 과정을 거치면서 도심 의 오래된 골목은 새로운 쓰임새로 살아나고 있으며, 또 다른 역사· 문화 콘텐츠로 진화한다. 이처럼 역사·문화 콘텐츠의 활용이란 역 사·문화 자산이 지닌 가치, 기능 또는 효율성에 대한 현재적 해석을 통해 지속가능하게 활용하는 행위를 의미한다. 아울러 역사적·학 술적·경관적 가치가 도심재생 과정에 결부되어 새로운 기능적 역 할과 시너지 효과가 나타나 활용 의미가 부가된다(권영상, 2011: 240;

이권희·박종화, 2017: 24).

최근 세계의 각 도시들은 도심재생 사업에서 핵심적 요소로 문화 콘텐츠를 활용해 도시 경쟁력의 원천으로 삼는 경우가 늘어나고 있다. 문화를 접목한 도심재생 사업이 도시마다 경쟁적인 배경에는 도시 이미지 향상은 물론 경제·사회적 파급 효과도 크게 나타나고 있어서다. 특히 2000년 이후 도심 지역의 인구 증가율 감소, 상권 쇠퇴 현상을 경험하면서 역사·문화의 가치 개념을 도입한 도심 재창조를 통해 도심의 활력을 찾으려는 움직임이 활발히 전개되고 있다. 특히 여러 유형의 역사·문화 자원을 보유하고 있는 세계 각 도시들은 도심을 새롭게 만들기 위한 다양한 사업들을 추진하면서 역사·문화 자산을 핵심적 콘텐츠로 활용하고 있다.

그런데 역사·문화 콘텐츠의 활용이 도심재생의 복합적인 문제를 원천적으로 해결할 수 있는 것은 아니다. 도심재생은 도심 쇠퇴와 직접 연계되어 있고, 도심 쇠퇴는 여러 가지 복합적 원인들이 결부되어 나타나기 때문이다. 하지만, 역사·문화 콘텐츠의 활용을 통한 도심재생 방식은 물리적인 도심재생 방식에 비해 확실히 재정적 수요가 낮다. 뿐만 아니라 도심 커뮤니티 구성원들이 참여하고 협력할 수 있는 기회가 많이 생겨나 상향적 개발 전략의 토대가 되기도 한다. 점들로 흩어져 있던 역사·문화 콘텐츠가 다양한 시민들의 발걸음을 통해 선으로 연결되고 새로운 면들이 형성되면서 하나의 공간이 생성되고, 이 공간들이 결합하여 3차원적으로 묶이면서 공동화 현상으로 쇠퇴하던 도심에 새로운 형태의 도심 커뮤니티 공간이 회복되는 효과가 가시화된다는 것은 향후 도심재생 정책에 중요한 시사점을 제시한다.

최근 저출산·고령화·저성장 추세 등이 심화되면서 한정된 도시 정부 예산에서 복지 예산 수요가 급증하고 있다. 그 결과, 기존 도심 정비 사업 중 상당수는 지연되거나 중단되고 있는 실정이다. 따라서 재정적 수요가 그렇게 높지 않으면서 도심 활성화에 기여할 수 있는 방안 모색이 절실한데, 기존 도심의 역사·문화 콘텐츠 활용은 한편으로 도심 내부의 기존 고유 자산을 활용하여 도시 이미지를 개선하고 또 다른 한편으로는 도심 지역 활성화에 기여할 수 있음으로써 그 효과와 능률성, 양 측면에서 바람직한 도심재생 정책 방안이 될 수 있을 것이다(이권희·박종화, 2014: 811 재인용).

역사·문화 자산에 대한
세 가지 인식

공유자원

공기, 바다, 우주 공간도 공유자원이지만 스위스와 오스트리아 산악지대의 공동 목초지도 공유자원이다. 뿐만 아니라 도심의 역사·문화 자원 또한 우리의 삶과 연계된 유·무형의 공유자원으로 존재하고 있다. 특히 지역공동체를 배경으로 다양한 모습으로 얽혀 있는 역사·문화 자원은 인간의 생활이나 생산 활동에 직간접적으로 공동 활용된다는 측면에서 최근 주목 받는 공공자원이다. 하지만 대상물 자체의 실체적 의미로만 보면 공유자원인지 또는 공공재인지 명확한 구분이 쉽지 않다. 근래 들어 역사·문화 자원은 건축물, 시설, 가로 등 대상물의 의미보다 역사성, 시대정신, 그리고 보전의 가치 등 그 속성이 활용의 개념으로 주목되고 있는 공유자원이라 할 수 있다.

공유자원의 관리와 운영이 순조롭지 못하면 혼자만 갖고 이웃과 나누지 않는 무임승차가 발생하고 공유자원의 남용이 초래된다. 따라서 공유자원의 자율적·효율적 활용은 '공유재의 비극'(the tragedy of commons)[3]을 최소화하는 핵심이다. 각자 자신의 이익만 추구하면 모두가 파국으로 향해 달리는 것과 다름없다. 모두에게 열려 있는 목초지에 목동들이 경쟁적으로 가축을 방목하면 목초지는 어떻게 될까?

역사·문화 콘텐츠의 활용은 공유자원이라는 본질적인 문제와 하드웨어 및 소프트웨어 인프라로 구분해 볼 수 있다. 대개 하드웨어

---

3 예컨대, 한정된 연안 어장에서 어부들이 경쟁적으로 물고기를 잡으면 어장은 금방 텅 빌 것이다. 관리되지 않는 공유자원도 문제이지만 잘못 관리되면 지켜지던 규범마저 훼손된다. 공유자원은 누구나 접근할 수 있는 비배제성 때문에 항상 '남용'의 딜레마 상황에 놓여 있다. 따라서 사회 구성원들에게 평등하게 접근되고 배분되도록 한다는 공유 규범이 있어야 한다. 이러한 규범이 무너지면 무임승차하려는 사람들이 반드시 나타나게 된다. 누구나 사용할 수 있지만 개인들이 무분별하게 사용하다 보면 자원은 고갈된다. 이런 사람이 많아지면 단기적으로는 개인의 이익을 보장해 줄지 모르지만 장기적으로는 황폐해져, 더 이상 그 누구도 물고기를 잡을 수 없는 어장과 같이 된다. 개인들의 무절제한 이익 추구가 전체에게 손실을 끼치면서 비극적인 결말로 이어지는 것이다. 공유자원의 딜레마는 역사·문화 자산의 활용에서도 예외가 아니다. 관광객에게 과다 노출되는 역사·문화 자산은 훼손되고 해당 지역 주민의 삶의 질을 떨어뜨리는 결과를 초래하기도 한다.

인프라 또는 소프트웨어 인프라로 각각 활용되는 경우가 많은데, 하드웨어 인프라가 소프트웨어 인프라와 결합하여 활용되는 경우도 있으며, 소프트웨어적 인프라 요소가 강한데도 하드웨어적 인프라 요소로 전이되어 활용되는 사례도 있다.

구체적 특성을 보면, 하드웨어 인프라의 활용 속성은 배제성이 강화되거나 경합성이 나타나기 쉽기 때문에 사적 자원 내지 공유자원적 성격을 보인다. 반면 소프트웨어 인프라의 활용 속성은 배제성과 경합성이 최소화되는 특징으로 인해 공공재적 속성이 나타난다.

도심재생의 경우에도 역사·문화 콘텐츠의 소프트웨어적 속성을 적용하는 다양한 방법을 재고할 필요가 있다. 도심 역사·문화 자산에 내재된 유·무형의 공유자원적 속성을 새롭게 이해하고 활용함으로써 지역의 고유한 규범적 가치가 살아나도록 할 수 있다. 역사·문화 콘텐츠 활용의 경험을 통해 개별적 수준에서 만족도나 자긍심이 높아지면, 자율적 통제 기능과 규범이 정착하게 되고, 이는 다시 공동체의 이슈에 참여하고 협력하는 행동으로 귀결된다고 가정할 수 있다. 이와 같은 선순환적 협력적 행동의 실천은 새로운 관리방식을 싹틔울 것이다. 결과적으로 역사·문화 콘텐츠의 공유자원성이 강화되면 공동체 복원에 필요한 촉매제로서 자리매김될 수 있고, 민관이 협력하는 동력으로 작용할 수 있다.

하드웨어

하드웨어 인프라는 문화시설, 교육기관 등의 만남의 장소 외 교통, 건강, 어메니티 등과 같은 지원 서비스를 포함한다. 역사·문화 자산의 개발과 활용에서 하드웨어 인프라의 경우 시간 및 공간, 접근성 등에서 흔히 경합성과 배제성이 상당 부분 나타나지만, 소프트웨어 인프라 요소의 활용은 오히려 그 반대이다. 즉 하드웨어 인프라는 이용·응용, 소비·향유 측면에서 배제성이 강화되거나 경합성이 나타나기 쉬워 무임승차 유혹으로 인한 '공유재의 비극'이 예상된다. 더구나 무분별하게 들어선 역사관, 전시관 등의 하드웨어 인프라는 공유자원이면서도 거주민들의 정주 공간을 침범하는 결과를 초래하여 특정 공간의 낭비 요인으로 작용한다.

건물, 시설, 가로 등 하드웨어적 요소의 재생은 도심의 변화와 함께 새로운 경제적 기회를 창출하기도 하지만 임대료 상승, 지가 상승 등으로 임차인들 이주를 부추기는 젠트리피케이션의 요인으로 작용하기도 한다. 그 결과 기존 공동체의 규범이 훼손되거나 주민들의 공동체 협력 행동을 주저하게 만드는 부작용이 야기되는 경우가 많다.

원도심 지역 자산의 개발·발굴, 이용·활용의 긍정적 의미에도 불구하고, 경제 기반 강화라는 이름 아래 지역 자산이 경쟁적으로 관광 상품화되어 사람들이 몰려들면서 투어리스티피케이션[4]이 발

---

4 투어리스티피케이션(touristification)은 관광을 뜻하는 투어(tour)와 젠트리피케이션 (gentrification)의 합성어로, 지역 주민들의 터전이 관광지화되면서 소음, 사생활 침해, 쓰레

생하여 거주민들에게 거주 선택을 강요하는 아이러니를 낳고 있으며 주변 지역과의 공간적·기능적 연계가 차단되는 문제가 발생하고 있다.

지역 주민의 이해와 공감 없이 들어선 하드 인프라는 한동안 지역의 정체성을 훼손하여 주민들의 공동체 의식을 약화시킨다. 주민들이 협력 행동을 주저하게 되는 것이다. 하드웨어 인프라 위주로 도심을 개선할 경우 기존 거주민들을 배제하는 경우가 발생하기 때문이다. 더구나 특정 외부인들에 의해 무분별하게 활용됨으로써 거주민의 생활 불편을 야기할 수도 있다.

도심 곳곳에 들어서는 무분별한 하드웨어 인프라는 기존 공동체 구성원들의 생활을 방해하는 결과를 초래하지만, 한편으로는 적은 돈으로 큰 효과를 보는 하드웨어도 많다. 횡단보도와 같은 조그만 소재도 도시의 경쟁력을 높인다. 구도심과 신도심을 잇는 횡단보도 하나가 도시의 이미지를 바꾸어 사람들의 마음을 얻는다. 거창한 구호가 도시를 바꾸는 건 아니다.

소프트웨어

영국의 도시학자 찰스 랜드리(Carles Landry, 2000)는 그의 저서 『창조도시』(*The Creative City*)에서 소프트웨어 인프라는 개인과 제도 사이의 아이디어의 흐름을 촉진하고 사람들과의 상호작용이 이루

기 투기, 노상 방뇨 등으로 인해 주거 환경이 위협받고 정주권이 침해되는 현상을 말한다.

어지는 시스템이라고 말한다. 예컨대 클럽과 비공식 단체의 모임, 공동의 이해를 가진 네트워크, 지역의 축제 행사 등으로 이해할 수 있다.

소프트웨어 인프라의 활용에서 나타나는 특성은 배제성과 경합성이 최소화되는 공공재적 속성이다. 공유경제[5]에서 말하는, 여럿이 공유해 쓰는 협력소비의 개념으로 이해하면 된다. 지역 축제와 같은 소프트웨어 인프라는 무임승차 유혹이 전제된 공공재적 특성을 활용함에도 불구하고, 오히려 자긍심 등의 긍정적 응집력으로 인해 구성원들의 자발적인 협력 행동을 기대할 수 있다. 그런데 역사·문화 자산과 같은 인프라의 경우 하드웨어 또는 소프트웨어 양쪽 측면으로 활용이 가능하다.

박물관처럼 유형의 자산이 하드웨어의 측면으로 이용될 경우는 공유자원의 특징에서 나타나는 비배제성이 결여되고 경합성은 더 강화되는 사례가 빈번하게 나타난다. 반면에 무형의 자산인 역사성, 시대정신 등 소프트웨어 측면의 활용은 배제성과 경합성이 최소화되는 공공재적 성격이 강하게 나타난다. 결과적으로 역사·문화 자원의 하드웨어와 소프트웨어 인프라 활용 측면 모두에서 공공재와 공유자원적 속성이 나타난다는 점에서 감시와 규칙 등의 적용 문제에 부닥친다.

---

5 '공유경제'는 사람들 간 협력을 기반으로 서로 이득을 보는 교환 활동을 말하는데, 1984년 하버드대 마틴 와이즈먼 교수가 제안하였으며, 2008년 하버드대 로렌스 레시그 교수가 구체화한 것으로 '협력소비'를 말한다

하드웨어 인프라와 달리 소프트웨어 인프라는 무임승차 유혹이 만성적으로 존재하는 공공재와 같은 특성을 활용함에도 불구하고, 오히려 구성원들의 자발적 협력 행동을 기대하게 한다. 예컨대 공동의 관심으로 형성된 모임을 통해 역사·문화 자산에 대한 경험을 쌓는 동안 자긍심과 같은 긍정적 응집력의 발현을 예측할 수 있다.

사람들은 대개 미래의 이익에 대해서는 할인율을 적용하는 경향이 나타난다. 당장의 이익에 더 관심이 많다. 개개인들은 흔히 먼 미래에 예견되는 편익은 낮게 평가하고 당장의 편익에 큰 가치를 부여하는 행태를 보인다. 도심재생에서 갈등의 요인도 마찬가지 이유에서 나타난다. 역사·문화 콘텐츠를 소프트웨어 인프라 형식으로 활용하더라도 혼잡과 남용 문제가 발생할 수 있는 것이다. 기상예보와 같이 다른 사람이 소비해도 양이 줄어들지 않는다는 측면에서는 오히려 공공재에 가깝기 때문이다. 역사·문화 콘텐츠가 공공재 성격을 갖는다 하더라도 모두가 다 접근하여 소비할 수 있는 인프라로 인식해서는 안 되는 이유이다. 교량의 파괴처럼 남용으로 인해 비용 발생을 초래하는 원인이 되기 때문이다.

이제껏 우리 도시에서 진행되어 온 역사·문화 자산의 활용 사례는 유형의 자산을 있는 그대로 활용하는 것을 말해 왔다고 해도 무방하다. 효과와 평가는 여전히 겉돌고 있는 실정이다. 그나마 근래에 추진되는 도시재생과 관련되는 여러 정책 사업은 시대적 변화에 부합하여 과거와 같이 하드웨어적 개선에 머물고 있지 않으며, 소프트웨어적 요소를 연계하여 통합적 관점에서 도심재생 방안을 찾는 사례가 늘어나고 있다. 이러한 인식 변화는 도심재생의 새로운 틀과 방향을 제시하는 근거가 될 것이다.

도심재생과
역사·문화 콘텐츠

　도심재생은 지속가능한 도심 커뮤니티 형성을 목표로 노후 시설의 개선을 포함한 기반 시설의 재정비는 물론이고 산업경제적 기능 및 경쟁력의 강화, 공간의 재구조화 및 매력적인 공간의 창출을 지향하는 통합적인 개념이다. 도심재생은 환경의 재생, 경제의 재생, 생활의 재생 등 포괄적이고 통합적인 도심 공간의 재생을 통하여 도심 지역의 활력 제고와 더 나아가 기존 도시의 기능과 활동의 전반적 재활성화를 지향하는 것이다(김항집, 2011).

　도심재생을 통하여 주민의 삶의 질을 향상시키기 위해 노력하는 것은 산업화가 상당 부분 진전된 많은 국가와 지역에서의 공통적인 과제이다. 도시 성장과 확산 과정에서 나타난 도심 주거 생활환경

악화, 도심 경제의 활력 저하, 그리고 그에 따른 인구의 역외 유출을 극복하기 위한 도심재생 프로젝트가 여러 곳에서 다양한 방법으로 진행되고 있다. 때로는 국가나 지방행정 차원에서, 때로는 시민단체 차원에서, 때로는 민간사업자 차원에서, 혹은 민관 협력 형태의 3섹터 방식으로 추진되고 있다. 추진 방법에 따라 그 성과와 지속성은 상당 부분 다르게 나타나고, 참여자의 의지와 도심재생의 인식 수준에 따라 도심재생 프로젝트의 성공 여부는 확연히 달리 나타나고 있다(Marschall, 2004).

도심재생의 개념

도심재생의 개념을 논의하기 위해서는 우선 도심의 입지와 개념을 명확히 정의할 필요가 있다. 도심은 지역별로 기능과 특성이 다르기 때문에 도심에 대한 학술적 정의와는 별개로 도시마다 입지적 특성과 개념이 다르게 적용되고 있다. 하지만 일반적인 정의와 특성에 따라 정리하면 도시의 기능이나 인구가 집중되어 중심적 역할을 수행하는 지역을 그 도시의 도심이라 칭하고 있으며, 도시가 생성되고 발전되어 가는 과정에서 필연적으로 나타나는 지역을 일컫는다. 도심은 도시의 성장과 쇠퇴의 함축적 흔적을 간직하고 있다는 측면에서 도시문제의 시작과 끝이 상존하는 장소로서, 신도심과 구분하여 구도심 또는 원도심으로 불린다.

후버(E. M. Hoover, 1970: 237~284)에 따르면, 도심이란 문화·업무·상업·서비스 등의 여러 가지 기능이 결집되어 이루어지는 공간으로, 도시 내에 형성된 중심지로서의 '하나의 도시 안에 나타나는 최상위 중심 기능의 집적체'라는 의미를 갖는 기능 지역이라고 할 수 있다. 즉 도심은 지역에서 '전반적으로 최대 접근도를 갖는 지점'(point of maximum overall accessibility)으로, 그 지역의 모든 주민들이 '최소 교통거리'로 모일 수 있는 장소에 형성되며, 하나의 도시 안에 나타나는 '접근도의 이점'이 도심 형성의 원천이 된다(조광호, 2013). 여기서 언급하는 도심에 대한 개념은 대상을 구체화하는 동시에 범위를 명확하게 한정한다는 측면에서 정의하고 사용한다. 즉 이 책에서 언급하는 도심은, 도시화가 진행되어 옛 도심에 연접한 신도심 내지 부도심권이 생겨나더라도 오랫동안 보수되지 않거나 낙후된 지역이 많아 재생지역으로 분류되고 있는 구도심 지역을 일컫는다.

같은 맥락에서 도심재생에 대한 개념적 정의 또한 다양한 측면으로 이해되고 있다. 도심의 특성, 시기와 장소, 적용 방법에 따라 다양하게 사용되고 있으나, 큰 틀에서 사용되는 도심재생은 도심의 공간적 측면, 그리고 기능적 측면에 대한 재생 또는 재창조를 통한 공동체 회복을 일컫는다고 할 수 있다. 도심재생의 의미는 1980년대 유럽을 중심으로 등장한 개념이다. 산업구조의 변화와 함께 도시 체계가 다핵적으로 변해 가면서, 도심 지역을 중심으로 도시쇠퇴가 발생하기 시작하면서 대두된 개념이다(유재윤 등, 2013). 도시

쇠퇴는 기본적으로 역도시화(逆都市化)를 의미한다. 즉, 도심 지역의 인구 감소가 교외지역에서의 인구 증가를 상회하여, 도시권 전체에서 인구 감소 현상이 발생하는 것을 의미한다. 이러한 현상이 심화되면 도심 지역뿐만 아니라 부도심 지역 및 주거지역에서도 인구 감소가 시작되어 도시권 전체의 인구 감소가 가속화하는 단계로 진전된다. 이러한 도시쇠퇴의 현상으로는 도시의 무분별한 확산과 저밀도 시가지 개발에 따라, 도심 지역의 인구가 감소하며 활력이 저하되고 실업 및 범죄가 증가하면서 도시의 경쟁력이 저하되는 문제를 들 수 있다. 이를 해결하기 위한 방안으로 구미지역의 도시를 중심으로 도심재생 정책의 필요성이 대두되었다(건설교통부, 2007). 도심재생은 후기 산업도시에서 산업구조의 변화 및 신시가지 위주의 도시 확장 등으로 상대적으로 침체된 기존 도심에 새로운 활력을 창출하기 위한 제반 활동을 지칭한다(박세훈 외, 2011: 6). 도시도 유기체적인 특성으로 인해 쇠퇴할 수 있고, 쇠퇴의 과정에 들어선 기존 도심에 새로운 활력을 불어넣어 쇠퇴 과정을 둔화시키고 새로운 성장 흐름에 재진입시키는 과정이 도심재생의 과정이다. 세계적으로 도심재생에 대한 논의는 1960년대는 활성화(revitalization) 차원에서 접근되었고, 1970~80년대는 적극적인 개조(renewal)와 재개발(redevelopment) 차원에서 접근되다가, 1990년대 이후부터는 종합적인 처방 형태로 재생(regeneration)이 강조되고 있다(배웅규, 2013: 40). 물리적 낙후에 대한 대처에서 사회적·경제적 침체에 대한 대처로 진화하고 있는 것이다.

우리나라에서 다양한 스펙트럼의 도심재생 관련 연구가 활발히 추진된 것은 2000년대 전후이지만, 명확한 개념 정립이나 전략 없이 도시환경 정비 사업의 일환으로 주택 재개발 사업에 치중해 왔다. 침체되고 있는 도시의 쇠퇴를 막기 위하여 또 다른 신시가지를 개발하거나 전면 철거 방식의 주택단지 재개발과 같은 방식의 모델로 해결하려는 물리적 재생사업이 주류를 이루어 왔다. 하지만 이러한 방법들은 오히려 도심부 인구의 유출을 촉진하고 기존 도심의 활력을 저하시키며, 도시의 정체성을 훼손하는 요소로 작용하여 도심 공동화로 이어지는 결과를 초래했다. 이에 따라 2013년 6월 기존 도시재생 관련법에 따른 정비방식 및 재생사업의 개별 추진에 따른 한계를 극복하고자 '도시재생 활성화 및 지원에 관한 특별법'을 제정하고 공공의 역할과 지원을 강화함으로써 도시의 자생적 성장 기반을 확충하기 위한 목적으로 도시재생 정책을 추진했다.

그러나 하드웨어 위주로 진행되던 기존 도시재생 사업의 관성화에 대한 우려와 더불어 도시개발 과정에서 훼손된 자연환경, 상실된 문화, 역사적 측면에서의 정체성 회복에 대한 요구가 활발해지면서 새로운 방법론에 대한 요구가 대두되었다. 이 같은 여론에 따라 지난 2018년에 궤도에 오른 '도시재생 뉴딜사업'은 기존의 뉴타운식 재개발사업을 대체할 목적으로 시행되고 있다. 매년 구도심과 노후 거주지 100곳을 선정해 공적 재원 10조 원을 투입하는데, 국비 2조 원, 주택도시기금과 공기업이 각각 5조 원과 3조 원을 투자하는 방식이다.

하지만 도시재생 뉴딜사업 실행에 따른 부작용도 만만찮다. 사업실행 추진 주체, 재원 전달 체계, 개발 방식 등을 둘러싼 갈등과 이견이 표출되고 있다. 특히 주택 수요 왜곡 등으로 빚어지는 갈등으로 대상지 선정에 대한 사회적 합의가 쉽지 않다. 지역 발전의 패러다임이 경제성장 위주에서 사회적 발전과 복지 위주로 전환되고 있으나, 이를 반영하기는커녕 하향식 개발 방식은 여전하기 때문이다.

그동안 우리는 글로벌한 차원에서의 도시재생 내지 도심재생의 흐름을 압축적으로 경험하였으나, 여전히 그 출발점에 서 있다고 해도 과언이 아니다. 급속한 도시화와 압축적 경제성장에 부응할 수 있는 신시가지 내지 신도시 개발 주택 공급 정책에 대한 관심사가 여전하다. 이로 인해 기성 시가지 중 정비 사업이 이루어지는 곳은 대부분 전면 철거 방식에 의존하고, 민간이 주도하여 새로 아파트 단지를 만드는 방식으로 정비된다. 이에 따라 여러 여건상 정비 사업이 진척될 수 없는 기존 도심은 노후화와 쇠퇴가 지속되어 부정적인 순환 구조에 노출되고 있다(배웅규, 2013: 40~41).

지금의 도심재생의 흐름을 살펴보면 사회적·경제적 침체에 대한 종합적인 대처 쪽으로 이행하고 있는 것은 분명하다. 특히 전면 철거가 아닌, 도심의 정체성을 고려하여 과거와 현재가 공존하는 장소로의 재생이 주목받고 있다(라도삼, 2014: 24~25). 공동화 현상이 발생하는 원도심을 활성화하기 위하여 어떠한 정책이 필요한지, 그리고 도심의 활성화를 위해서 물리적 환경 정비, 도심 상권 활성화, 거주 인구 확보 등의 방안이 제시되고 있다. 하지만 도심재생이라는 공동의 이익에 협력하지 않는 무임승차가 만연하고 급기야 젠트리피케이션 현상이 나타나기도 한다. 도심재생 과정에서 상권이 살아나면 임대료와 지가가 상승한다. 그러면 높은 임대료를 견디기 힘든 영세 상인들은 떠날 수밖에 없다. 상인들의 이탈이 진행되면 상권은 쇠퇴하고 임대료는 다시 떨어지기 마련이다. 사람들이 모였다 흩어지는 반복적 도심 공동화 현상은 현재진행형이다.

이미 십여 년 전부터 도심의 물리적 개선뿐만 아니라 지역 자산, 지역 콘텐츠의 활용, 근대 역사 환경의 활용, 문화지구 지정을 위한 제도 개선 방안 등 도시 문화 전략에 기반한 도심재생 논의가 있어 왔다(OECD, 2010: 8~9; 조광호, 2013). 그런데 관련 논의와 정책이 확대되고 있음에도 불구하고 역사·문화 콘텐츠가 어떻게 구성원들 간의 협력을 유발하는지, 그리고 더 나아가 도심재생과 연계되어 역사·문화 콘텐츠가 기여할 수 있는 기능적 역할이 무엇인지에 대한 기초적인 연구가 제대로 진척되지 못하고 있다.

도심재생의 방향

산업화 시기부터 최근까지 도심 공간은 주로 상업적 토지 가치로만 평가되면서, 그 속에 존재하는 역사·문화 콘텐츠의 가치에 대한 관심과 주목도는 상대적으로 낮았다. 하지만 삶의 질적 측면이 강조되는 성숙 사회로 진입하면서 역사·문화 콘텐츠는 도시의 환경적 측면과 더불어 경제·문화·교육·사회 등이 연계되어 도시의 이미지 제고 및 새로운 성장 동력 측면에서 그 가치가 새롭게 인식되고 있다. 후기 산업 도시들은 글로벌한 환경 변화 속에서 도시의 가치를 높이는 방안으로 물리적 환경, 삶의 질을 높이는 경제적 요소들 이외에 사회적 관계나 사회적 행위의 결과로서의 사람과 문화 등의 무형적 가치를 강조하고 있다(변미리, 2014: 115). 이제껏 도시 경쟁력의 주요 척도였던 소득 등의 경제지표 이외에도 사회적 시스템이나 역사·문화적 수준, 도시의 생활 스타일 등 도시가 갖고 있는 소프트한 측면을 강조하고 있는 것이다.

최근 도심재생 정책 방향은 건강, 교육, 문화, 사회, 환경 등 다양한 범주를 포함하고 주민, 사회, 자치단체 등 여러 주체들 간의 네트워크를 활용한 조정 등 공공의사결정 패턴을 도입, 관리 중심의 다양한 변화가 모색되고 있다. 정책 수립과 사업 집행에 있어서도 기존 주택 공급 중심의 정비 사업이 한계점을 드러내면서 지역 자산 활용 또는 지역 주민의 참여와 공감을 통한 도시 공동체의 복원 전략 등이 부각되는 등 복합적 도심재생 처방이 나타나고 있다. 도심의 문화 자산의 경우 대개 장소성 측면에서 도심 골목과 결부되어 있는 특징이 있다. 장소와 공간은 개념을 구분하여 사용하는데, 공간은 객관적으로 존재하는 물리적 실체인 반면, 장소는 물리적 실체와 함께 정서적 측면을 동시에 갖고 있는 복합적인 개념으로 받아들여지고 있다(최막중·김미옥, 2001: 153~160).

도심 골목은 사적인 영역과 공적인 영역 사이에 연속성을 허락하는 공간으로 개인과 이웃의 삶을 매개하거나 때로는 복원하는 공간이며, 규범의 필요성을 확인할 수 있는 곳이다. 구도심 가로마다 실핏줄처럼 퍼져 있는 골목은 삶의 흔적이 묻어 있는 상징적인 공간인 동시에 지역 공동체의 생활 양식을 싹틔운 곳이기도 하다. 그런 점에서 골목은 지역 정체성을 완전하게 보여주는 응축된 장소로 조명되고 있다. 즉 골목이라는 공간에 의미가 가미되면서 새로운 장소로서의 가치가 만들어지고 특정 장소와 구별되는 개념을 형성함으로써 문화 자산과 결부되어 장소성을 획득하게 된 것이다. 학술적 정의가 분명하게 정립되어 있는 것은 아니지만, 지역 문화는 한 지역의 역사적 공동 경험과 정체성 그리고 지역민의 공동체 의식을 포함하는 개념으로서 지역 문화 속에는 역사성이 존재한다. 따라서 역사성 없는 지역 문화는 지역 문화가 아니며, 지역 문화가 어떤 공간 내에서 문화적 특질로 구성되어 있다면 공유되는 과정의 역사성이 지역 문화의 가장 중요한 결정 요인이 된다(심응섭, 2004: 23).

지역 문화를 콘텐츠화할 경우 특정 장소와 연계된 문화 자산을 구성하는 내용물 내지 실체의 역사성이 핵심이다. 우리가 일상에서 접하게 되는 역사·문화 콘텐츠에는 역사의 흔적과 이야기가 있으며, 사람과 공간이 접촉하며 만들어지는 삶의 양식이 녹아 있다고 할 수 있다. 이에 따라, 근래에는 역사·문화 자산을 개발·발굴 과정에서부터 소비·향유 단계에 이르기까지 일상적 생활 공간으로 끌어들여 도심재생 과정에서 다양한 방안으로 활용하고자 하는 인식이 나타나고 있다.

모로코 페즈의 미로 마을

역사·문화 콘텐츠의 활용은 도심재생의 소프트웨어적 방법이다. 그러나 모든 도시가 역사·문화 콘텐츠를 성공적으로 사용하고 있지는 않다. 무분별한 개발과 활용이 오히려 살던 사람들마저 떠나가게 한다. 심지어 방치되는 지경에 이르기도 한다. 그 원인은 다양하다. 일상 용어로 쓰이고 있는 젠트리티피케이션, 투어리스티피케이션 현상을 동반하기 때문이다. 하드웨어에 치우친 개발도 원인으로 진단된다. 빈집이 늘어나는 가장 나쁜 결과를 초래하기도 한다. 난개발로 기존 원주민이 떠나거나 재정착 유도가 실패했기 때문이다. 관리하지 않는 역사·문화 콘텐츠도 문제이지만 일방적 또는 하향적으로 잘못 관리한 결과이다.

역사·문화 콘텐츠의 활용 전략이 근래 들어 경쟁적으로 도입되고 있는 흐름은 거주민의 재정착 등 도심에 새로운 맥박이 뛰게 하는 근본적인 처방이 필요하다는 반성에서 비롯된 것이라 생각한다. 이러한 인식 변화는 도심의 역사성과 장소성 등 유·무형의 공유자원적 가치를 활용하고자 하는 민관 협력의 동력이 되고 있다. 역사·문화 콘텐츠 활용 사례를 통해 긍정적·부정적 영향 그리고 도심재생의 성공과 실패의 원인을 진단해 본다.

모로코의 페즈는 도시 자체가 랜드마크이다. 페즈에는 자그마치 9천 개 이상의 골목이 있다. 세계에서 가장 긴 미로를 자랑한다. 더구나 손대지 않은 자연 그대로의 도시이다. 이곳에 사는 사람조차 길을 잃을 수 있다. 간신히 한 사람만 통과할 수 있는 길부터, 폭이 넓은 길까지 다양한 형태의 골목이 중세의 매력을 더욱 돋보이게 한다. 중세부터 내려오는 가죽 공장과 물건을 파는 시장 거리 등이 비위생적이고 지저분해 보이지만, 중세의 모습을 그대로 간직한 페즈는 열 채 정도의 집이 하나의 단위로 묶여 있어 그 자체로 미로 같은 형태를 만들고 있다.

8세기에 건립된 이슬람의 문화가 그대로 녹아 있는 모로코의 도시 페즈는 1,200년의 오래된 역사를 지닌 과거 모로코의 오랜 수도였다가 최근에 라바트로 수도가 바뀌면서 그 명성을 넘겨주었다. 건축가 승효상이 언급했듯 "오래된 것은 아름답다"는 것을 가장 확실히 실감할 수 있는 곳이다. 요즘 관광객 유치를 위해 랜드마크 붐이 일면서, 나라마다 도시의 상징이 될 수 있는 건축물을 보호하고 유지하는 데 공을 들이는 추세이다. 하지만 페즈는 처음 생겨난 그대로의 모습으로 랜드마크가 되어 있다.

페즈의 미로 마을은 많은 이들이 찾는 관광 명소로서 단순히 인위적으로 만든 공간이 아닌, 비둘기 배설물이나 동물 가죽 등 자연에서 나는 천연 재료를 이용해 생활하는 모습으로 그 가치를 더욱 높였다. 그 외에도 과거 이슬람의 주요 통로였던 이곳은 현재에도 종교적, 문화적으로 중요한 역할을 하고 있다. 보존 및 문화적 가치를 인정받아 세계유네스코 문화유산으로 지정 및 등재가 되었고 2000년에는 수원시와 자매 결연을 맺어 우리나라와도 인연이 이어지고 있다. 모로코 페즈의 미로 마을은 오랜 시간 동안 빚어진 섬세함과 정교함을 한눈에 엿볼 수 있다. 낡고 오래된 마을이 정감 있는 그 지역만의 토속적인 문화와 풍경 및 스토리텔링을 통해 모로코의 대표적 랜드마크로 자리 잡을 수 있었다.

만약 역사·문화 콘텐츠의 활용이 자긍심을 견인하는 등 주민 인식 변화에 긍정적 영향을 미친다면, 거주민의 이탈, 재정착 실패 등과 같은 도심재생에서 나타나는 딜레마를 해결하는 데에도 도움이 될 것이다. 앞서도 언급했지만 그동안 물리적, 하드웨어 위주의 도심재생 결과 도심 공동화라는 딜레마를 가져왔다. 그리고 이러한 딜레마를 해소하기 위해 지역 고유 자산 활용형 도심재생이 경쟁적으로 도입되었으나, 오히려 거주선택권을 강요하는 젠트리피케이션, 투어리스티피케이션 등과 같은 2차 딜레마가 생겨났다. 이는 역사·문화 콘텐츠의 긍정적 속성을 제대로 이용하지 못한 데 따른 것으로 이해된다. 역사·문화 콘텐츠가 관광 등의 목적으로 활용된 나머지 지역의 정체성을 제대로 반영하지 못했기 때문이라는 진단도 있다. 도심재생 과정에서 필요한 공동체 회복 방안으로 역사·문화 콘텐츠의 공유자원적 속성을 제대로 활용해야 한다는 목소리가 설득력을 갖는 이유이다. 규범적 규제는 집단의 내부 구성원 숫자가 늘어나면서 구성원들 간에 비공식적 규칙 또는 암묵적 공유의 규범이 생겨 규제가 발생하는 것을 의미한다. 현대사회가 개인의 권리를 위해 국가권력을 제한하고 규제하는 것을 지향하고 있다는 점에서 볼 때, 지역 구성원들이 자발적으로 만든 지역사회 규범을 지켜 나간다면 개인들의 권리는 더욱 높아질 것이다. 있는 그대로의 도시 모습으로도 사람을 모으고 삶을 이어가는 모르코 페즈의 지혜와 평온함이 부럽다.

통영 동피랑의 벽화 마을

동피랑은 경남 통영 동호동 산 언덕에 위치한 벽화 마을이다. 동피랑은 서, 남, 북피랑과 함께 통영 앞바다를 조화롭게 감싸 안고 있다. 요즘도 2년마다 벽화가 지워지고 새로운 그림으로 채워진다. 기존의 낡은 달동네를 벽화 마을로 탈바꿈시킨 동피랑 벽화 마을은 세월의 흔적이 묻은 건물들과 벽화의 완벽한 조화로 흥미로운 볼거리와 즐길 거리를 선사한다. 현재 이곳은 50여 채 80가구 200여 명의 주민들이 생활하고 있다. 이곳에 입주해 주민들과 함께 생활하는 작가들도 있다. 화가들의 그림이 마을을 살려 냈다는 자부심을 갖고 있다. 넉넉하지는 않지만 정이 넘치는 동네이다. 영화 드라마 촬영지로도 유명세를 타면서 많은 사람들이 찾아든다.

동피랑은 '동쪽 벼랑'이라는 뜻을 가지고 있다. 과거 동피랑 마을은 가파른 산 언덕에 자리 잡은 달동네로 철거가 예정된 매우 침울한 동네였다. 또한 재건축을 위해 통영시에서 주민들에게 보상금을 지급한 상태였던 시한부 삶 같은 동네였지만 예술가들의 그림이 하나둘 그려지기 시작했다. 마을이 벽화로 뒤덮이면서 아름다운 마을로 변한 것이다. 통영시의 철거 계획은 없던 일이 되고 이곳은 관광지로 부상하기 시작했다.

동피랑은 예술가들의 예술 활동이라는 소프트웨어가 벽화라는 하드웨어적 성과로 잘 접목된 사례라고 생각한다. 하지만 주말이면 너무 많은 방문객들로 북새통이 되기도 한다. 도심재생이라는 이름으로 만들어진 벽화 마을이 겪는 투어리스티피케이션 현상은 통영 동피랑도 예외가 아니다. 마을의 일상적인 삶이 관광의 주요 소재가 되다 보니 여러 문제점이 나타났다. 지자체가 도시재생 사업을 관광산업과 연결지으면서, 지역 주민들에게 혜택보다는 오히려 피해를 주었다. 관광이 관광을 망치는 '관광공해 현상'이다. 이는 과잉관광(over tourism) 문제로 '반(反)관광운동'(tourist is go out)을 펼치고 있는 프랑스 파리나 스페인의 바르셀로나를 떠올리게 한다. 관광만능주의가 빚어 낸 결과이다.

우리나라에서도 몇 해 전 서울 북촌 한옥지구 주민들이 일상생활이 힘들다며 집회를 열었다. "삼일장은 삼일마다 오일장은 오일마다 북촌은 날마다 장날", "People Before Money". 북촌 주민들이 내건 슬로건이다. 이런 상황은 서촌 한옥지구도 엇비슷하다. 서촌 일부 주민은 최근 한옥 꼼수개발(?)을 허용한 지자체에 대책 마련을 요구하며 공사중지 요청 민원을 수차례 내고 있다. 주민들은 한옥에 살고자 했던 것이지 관광지에 살고자 했던 것은 아니라고 항변하

고 있다. 북촌이나 서촌은 한옥 마을의 정체성을 지키는 것이 우선
이다.

대구 김광석길

　김광석길은 대구 중구 대봉동 신천대로 아래에 있는 방천시장의
샛길들과 맞닿은 가로를 말한다. 〈서른 즈음에〉로 유명한 가수 김
광석(1964~1996). 그는 이곳 대구 대봉동에서 나고 자랐다. 이 길은
그의 흔적을 기록한 골목길이다. 골목 곳곳에 배치된 다양한 아트
마켓을 비롯, 그의 삶과 음악 테마 그리고 살아생전 흔적들을 벽화
를 통해 볼 수 있다. 근래 들어 많은 사람들이 이곳을 찾아 친숙한
옛 동네 골목길과 더불어 김광석의 음악을 들으며 추억을 담지만
이 지역에 사는 주민들의 우여곡절과 애환은 여전하다.
　김광석길은 당초 재래시장을 살리는 차원에서 시작된 '방천시장
문전성시 프로젝트' 이후 부가적 문화콘텐츠로 개발된 것이다. 지역
예술 단체가 시작한 '문전성시' 프로젝트는 재래시장의 이미지를 탈
피하고 예술과 문화의 시장이라는 이미지로 탈바꿈하고자 시작된
아이디어이다. 지역민들에게 많은 관심을 받았다는 평가도 있지만
상인에겐 별로 혜택이 되지 않았다는 상반된 의견도 있다. 시장 상
인들의 이해 부족과 예술가 활동에 대한 이질적 감정이 겹쳐 시장
활성화에 별로 도움이 되지 않았다는 것이다.

이처럼 방천시장 살리기 프로젝트가 우여곡절을 겪는 과정에서 신천대로 아래 방천길이 김광석길로 자리잡는다. 김광석이 1994년에 발표한 〈서른 즈음에〉가 '슈퍼스타 K' 등 오디션 프로그램으로 재조명되면서 많은 방문객들이 이곳을 찾게 되었다. 하지만 김광석길의 유명세는 방천길과 방천시장의 상가 임대료를 크게 올렸다. 시장에서 퇴출된 상인이나 자영업자가 늘어났다. 시장 주변에 들어선 대기업 프랜차이즈 업체를 보면 임대료가 얼마나 올랐는지 짐작된다. 사정이 이렇다 보니 기존 지주들도 덩달아 임대료를 올리게 되고 임대료를 못 내는 상인들의 점포는 또 다른 저가 상점이나 대기업 프랜차이즈 업계의 표적이 됐다. 예전엔 상가 주인이 바뀌어도 품목만큼은 바뀌지 않았는데 시장에서 지켜지던 전통이 죄다 없어졌다는 하소연이 나온다.

뿐만 아니라 당초 시장 활성화 프로젝트에 참여했던 예술인들도 외곽으로 밀려났다는 안타까운 얘기도 들린다. 주민들의 호응으로 자유롭게 창작 활동을 하다 보니 시장이 유명해지고 많은 사람들이 찾게 되었지만, 임대료가 오르면서 활동 공간을 잃게 된 것이다. 그야말로 약육강식의 경제 논리가 판치는 곳이 돼 버린 느낌이 들어 씁쓸하다. 도심재생 과정에서 지역의 정체성을 잃어버리고 소통이 부족했다는 지역 주민들의 지적은 같은 맥락에서 중요하다. 이곳은 지역사회와 어우러진 문화 공간으로의 성공 가능성 여부가 여전히 실험되고 있다.

김광석길은 대기업 프랜차이즈 매장의 진출로 젠트리피케이션 현상이 발생한 대표적인 사례다. 김광석길 외에도 북성로, 약령시 등 대구 도심 곳곳에서 이 같은 현상이 나타나고 있다. 북성로 공구 골목의 경우, 20여 년간 골목 상가들은 임대료 걱정 안 하고 일해 왔는데 문화 예술 공간이 들어선 것도 놀랍지만 코앞에 주상 복합 아파트가 지어지면서 주변 땅값이 크게 올랐다고 입을 모은다. 대구 약령시 인근은 현대백화점이 들어온 후 임대료가 해마다 높아지면서 약재상과 유명했던 떡집들이 밀려나거나 빠져나가고 있다. 해마다 약령시 축제를 열어 관심을 유도하고 있지만 주민들은 약령시 이미지가 실제로 나아지지 않았다고 푸념한다. 도심의 재생 과정이 새로운 경제적 기회를 만든다 하더라도 기존 주민들에게 그 기회가 돌아가지 않기 때문이다.

부산 감천문화마을

부산시 서구 감천동에 있는 감천문화마을은 한국의 마추픽추라고 알려지면서 사람들의 발걸음이 늘어나고 있다. 감천(甘川)의 옛 이름은 감내(甘內)이다. 감(甘)은 '검'에서 온 것이며 '검'은 신(神)을 의미한다고 한다. 다른 유래로는 천(川)이 내를 한자로 적은 것이고 물이 좋아서 감천이라 했다고 한다. 감천동은 한국전쟁 당시 힘겨운 삶의 터전으로 시작되어 현재에 이르기까지 민족 근현대사의 흔적과 기록을 그대로 간직하고 있다. 또 뒷집을 가리지 않게 지어진 계단식 집단 주거 형태의 미덕이 살아 있는 감천동은 현대의 도시인들에게 추억을 회상하게 하는 장소가 되고 있다. 서로를 배려하는 공동체 문화의 원형과 전통을 보존하고 있는 마을이다.

많은 주민들이 떠나면서 빈집이 늘고 있으나 마을 곳곳에는 이들의 삶의 이야기와 흔적을 담고 있는 공간이 원형 그대로 보존되어 있다. 감천마을에는 전통과 현대가 어우러진 곳이 많다. 오래전 주민들이 사용했던 우물이 보존되어 있으며, 근래 지어진 감촌햇불작은도서관은 주민들의 독서 공간으로 꾸며졌다. '감천카페'를 만들어 주민들의 쉼터로 이용하고 있으며, 옛 목욕탕 건물은 주민들의 커뮤니티 공간으로 탈바꿈했다.

감천마을의 집들은 계단식으로 지어져 있다. 앞집과 뒷집이 서로 울타리가 되는 특이한 구조이다. 산의 7부 능선까지 계단식 집들이 촘촘하게 들어서 있다. 산이 생긴 모양에 따라 지어진 터라 아랫집은 윗집의 앞 담장이 됐고, 윗집(뒷집)은 아랫집 뒤쪽 담장 역할을 한다. 윗집에서 내려다보면 불규칙하게 들어선 옆집과 아랫집이 훤하게 다 보인다. 아랫집에서 보면 윗집도 같은 처지가 된다. 울타리가 없는 계단식 집 자체가 서로를 지켜주는 기능을 하여 마을의 안전이 저절로 확보된다. 공교롭게도 보호와 범죄예방 기능을 가진 환경 설계, 즉 셉테드(CPTED)[6] 원리가 자연스럽게 이루

---

6 셉테드(CPTED: Crime Prevention Through Environmental Design)는 건축 분야의 안전 환경을 위한 설계 기법을 설명하는 용어이다. 건축 설계 분야에 국한되어 사용되던 것이, 최근에는 범죄 예방 및 안전을 사전에 고려하여 설계하는 방식으로, 도시의 안전에 대한 포괄적 통칭 용어로 쓰이고 있다.

어진 것이다. 구불구불한 좁은 계단 길로 이어진 정감 어린 감천문화마을은 국제적인 관광 명소가 되었지만, 늘어나는 빈집은 예사롭지 않다.

　도심에 빈집이 가파르게 늘고 있는 도시가 많다. '빈집 쇼크'라 불릴 정도이다. 인구가 줄어드는 가운데 급속도로 증가하는 빈집 현상은 도시문제의 새로운 이슈가 되고 있다. 일본의 경우 빈집이 8백만 채가 넘었고, 우리나라도 만만찮다. 2017년 현재 우리나라는 2백만 채 이상인 것으로 알려졌다. 이들 빈집 가운데 아파트가 차지하는 비율이 70%가 넘는다. 빈집도 지역 자산이라는 시각에서 도심 빈집을 긍정적으로 이용하려는 움직임도 있지만 공론화가 쉽지 않다. 지주나 건물주에 의한 비가시적인 통제가 일상화한 데다 개발 이익을 기대하고 정보 노출을 꺼리는 이중적 문제가 맞물려 있어서다. 일부 지역에서는 빈집을 걷어내 새로운 하드웨어로 만드는 아이디어가 실행되고 있다. 그러나 물리적 환경 개선에 치우친 정책은 결국 주거 공간을 줄일 수 있기 때문에 주민 재정착의 기회를 근원적으로 박탈하는 것으로도 볼 수 있다. 도시 이미지 개선을 강조한 하드웨어 조성은 경제적 이익 추구를 위해 "새집만 짓다가 빈집이 쌓이게 됐다"는 지적을 떠올리게 한다. 빈집 문제의 본질이라는 생각이 든다. 무분별한 하드웨어 조성을 통한 도심재생에 시사점을 주고 있다.

수원 행궁동 마을

　수원시 팔달구에 소재한 행궁동 마을은 마을을 둘러싼 고풍스
러운 화성과 서민들이 즐겨 이용하는 전통시장이 조화를 이루고
있다. 교통과 상업의 중심지로서 유동 인구가 많지만, 수원화성이
1997년 유네스코 세계문화유산으로 지정된 이후 문화재보호법에
의해 개발이 제한되어 낙후된 구도심 지역이기도 하다. 행궁(行宮)
은 왕이 궁 밖을 행차할 때 머무르던 임시 처소를 뜻하는 말이다. 근
래에는 수원의 대표적인 명소로 떠오르고 있으며, '자동차 없는 마
을'을 시도하여 환경 캠페인에 선두적 역할을 하고 있다. 아울러 골
목마다 예쁘고 아기자기한 벽화가 그려져 많은 사람들이 방문하고
있다.

　행궁동은 몇십 년 전만 해도 팔부자 거리라는 말이 있을 정도로
번화한 곳이었다. 그러나 수원화성 인근에 위치한 마을은 문화재
보호정책으로 개발이 제한되었고, 그로 인해 주민들의 대부분은 마
을을 떠났다고 한다. 남은 주민들은 행궁동 주민발전협의회를 결성
하여 '아름다운 행궁동 만들기'를 시작하였고, 낙후된 마을을 부활
시키기 위해 벽화 마을을 조성하였다. 마을 주민들 외에 멕시코, 호
주, 브라질 등의 국외 작가 세 명과 국내 작가 열 명이 참여하였고,
2010년 '이웃과 공감하는 예술 프로젝트 행궁동 사람들'을 시작으로
하여 2011년 국제레지던시 프로그램인 '골목길 행궁동을 걷다'를 통
하여 멋진 벽화 마을을 완성시켰다. 국내외 작가들과 주민들이 함

께하여 얻은 뜻깊은 성과였다.

　하지만 벽화로 유명해진 전국의 여러 마을들이 겪었던 갈등이 이곳도 예외는 아니었다. 행궁동 담장 벽화들은 2017년 10월 붉은 페인트로 덧칠되었다. "제발 조용히 해 달라"는 민원이 "주거지에 관광지가 웬 말"이라는 항변으로 바뀌고, 급기야 "재산권을 침해하지 말라"는 요구가 전국의 벽화 마을 곳곳에서 나타난다는 사실은 시사하는 바가 크다. 벽화가 그려지기를 바라는 주민들과 조용히 지내길 바라는 주민들 간의 갈등을 넘어선 것이다. 벽화 그리기를 통한 도심재생 정책을 돌아보게 한다.

　행궁동의 사례는 역사·문화 콘텐츠가 관광자원으로만 인식되어 무분별하게 집중 개발되어 활용되는 경우 잠재적 이용 가치가 사라질 수 있음을 보여준다. 관광 위주의 하드웨어 개발 방식은 장소의 독특함을 쉽게 증발시켜 버리고 주민들의 상실감을 키울 수 있다. 이는 자발적 참여나 자기 규제 차원으로도 가능한 공유자원 관리 방식은 시도조차 하지 못하는 결과를 초래할 수 있다. 때로는 거주민들의 무관심을 유발하여 기존 역사·문화 콘텐츠가 방치되는 제2의 딜레마를 발생시킨다. 이와 같은 부정적 연계성은 경쟁적으로 도심 관광자원 개발을 추진하고 있는 국내 도시들의 정책과 관리 방안을 돌아보게 한다. 산업화 이후 도시의 외연이 확장되면서 구도심의 공동화 현상이 발생하자 이를 개선한다는 명분으로 너도나도 관광연계형 도심재생 사업을 전개해 왔다. 관광을 통해 모든 산업을 연계하고 지역까지 살려낼 것처럼 추진했지만 관광만능주의

가 가져다준 피해도 만만찮다.

역사·문화 콘텐츠의 개발·발굴 과정에서 관의 역할은 시행 이후 나타나는 결과의 원인으로 작용할 수 있다는 측면에서 매우 중요하다. 역사·문화 콘텐츠를 관광산업 활성화 측면만 부각하여 무분별하게 개발하여 활용하다 보면 예상치 못한 부작용을 맞게 된다. 경제 논리만 강조한 개발은 규범을 훼손하고 원주민 간 호혜적 관계마저 밀어낸다.

베이징 스차하이

중국 베이징 구도심 스차하이(什刹海) 지구는 과거와 현재가 공존하는 마을이다. 열 개의 사찰이 있는 호수라 하여 십찰해, 중국어 발음으로 스차하이라고 한다. 자금성 북쪽 1킬로미터쯤에 있는 이곳은 현재 600여 개의 골목길과 500여 채의 전통 가옥만 남았지만 800년 역사를 이어가고 있다. 명·청 시대 이곳 주변에는 3천 개가 넘는 골목과 수천 채의 전통 가옥을 보존하고 있었다. 주민들은 전통 보존 정책에 따라, 불편함을 감수하며 공동화장실을 사용하는 등 옛 생활 공간을 지키고 있다. 개발지상주의로 인해 불도저에 밀리는 수난도 당했지만 지금은 베이징의 대표적 명소로 부상했다. 중국 정부가 때늦은 반성과 함께 역사·문화 지구로 지정, 십여 년 전부터 지원금까지 지급하면서 보존에 나섰기 때문이다.

이러한 개발 환경의 변화 과정은 주민들의 자발적 공동체 의식을 북돋으며, 명소로서 지속가능한 마을을 만들어내는 아이디어로 이어진다. 주민들이 직접 참여하는 안내와 관광 상품으로 내놓은 인력거가 대표적이다. 스차하이 골목의 전통 보존 지역을 소개하는 전문 가이드는 이 마을 주민들로 구성되어 있다. 주민 스스로 전통을 보존한다는 의미와 지역에 대한 자부심의 결과이다. 역사의 전통성을 고스란히 느낄 수 있는 하드웨어와 더불어 마을 주민들이 공동체를 이루어 지역 곳곳을 안내하는 인력거 운영은 거주민들이 더불어 살아가는 훌륭한 소프트웨어 프로그램이다. 전통 가옥과 골목길은 각각의 고유 번호가 매겨 있다. 이방인도 쉽게 자신의 위치를 상대에게 알릴 수 있도록 한 것이다. 연간 50여 만 명의 외국 관광객이 두려움 없이 이곳에 발걸음을 놓는 이유이다. 스차하이에 펼쳐지고 있는 과거와 현대의 만남, 하드웨어와 소프트웨어의 조화, 그리고 공동체 의식이 돋보인다.

스차하이 주민들의 사례처럼 구성원들 간의 자발적 협력 행동은 어디에서 오는가? 이 물음에 대한 답은 역사·문화 콘텐츠를 활용한 도심재생 정책의 핵심일 것이다. 『협력의 진화』(*The Evolution of Cooperation*)를 쓴 액설로드(R. Axelrod, 2009)는 규범의 중요성을 역설하면서 협력 행동의 발현은 지속적인 상호작용과 미래를 소중하게 생각하는 공동의 규범에서 비롯되는 속성이 있다고 말했다. 즉 미래를 소중하게 생각하는 공통 인식이 협력 행동의 자연스러운 발현의 전제가 된다는 것이다. 만약 역사·문화 콘텐츠의 활용 경험을 통해 참여자들이 자긍심과 같은 긍정적인 생각을 갖게 된다면 구성원들 간 비공식적 규칙 또는 규범이 생겨 스스로 지킬 것은 지키는 자발적 협력 행동이 나타날 것으로 기대해도 되지 않겠느냐는 생각에 이른다.

물론 역사·문화 콘텐츠의 개발과 소비 과정에서 나타나는 구성원들 간 생각의 차이가 좁지 않다. 개발 과정에서 빚어지고 있는 자치단체 또는 민간기업과 주민들 간에 관행화된 수직적인 관계가 신뢰 부재 현상을 낳고 있다. 주민참여 배제는 더 큰 문제이다. 대구 약령시나 방천시장 등 전통시장의 경우도 반복 강조되어 온 보존·보전 필요성에 비해 주민들의 피부에 와닿는 정책적 뒷받침은 미약하여 기존의 지역공동체가 개발이익에 밀려나 당초 시장의 정체성을 잃어가고 있음을 볼 수 있다.

하지만 역사·문화 콘텐츠의 소비 단계에서 구성원들 간 협력 행동의 가능성도 보인다. 공통의 관심과 흥미를 가진 구성원들의 반복적 만남으로 네트워크가 강화되고 이에 기반을 둔 공동체가 동시다발적으로 형성됨을 알 수 있다. 대구 북성로와 향촌동 일대는 문화를 체험하고 소비하는 곳으로 활용되는 사례가 늘어나고 있다. 6.25 전쟁 당시 피란 문인들과 예술인들이 드나들던 옛 모습 그대로 남아 있는 건축물을 복원하여 향수를 자극하며 사람들을 불러들이고 있다. 특히 전국의 문인 또는 문화·예술 지망생들의 피란 문학 순례 코스로 이름나면서 향촌동 주변 상가들의 업종 전환도 발 빠르게 진행되고 있다. 이 과정에서 일상적 생활 문화로 활용하고자 하는 민관의 공통 인식이 나타나면서 상가의 영업 스타일도 개선되고 있으며, 건물의 복고풍 리모델링 바람도 거세다.

근래 들어 당시 세대를 겨냥한 악기 또는 레코드 업소가 입점하고, 옛 음식 가게, 실버 영화관, 화방 등이 잇달아 문을 여는 등 1950~70년대 역시·문화 자산과 연계한 활용 패턴이 나타났다. 특히 피란 문인들이 드나들었던 옛 다방이 복원되어 활용되고 있으며, 도심 골목을 무대로 100년 전 한복 또는 교복을 입고 다니는 의류 체험도 인기를 끌었다. 이러한 영화 세트장 같은 소프트웨어적 인프라는 드라마·영화 제작자를 불러들였고, 동시에 사진 동호회나 도심 해설사와 같은 아날로그적 거리 활동도 늘어났다. 뿐만 아니라 2.28 민주운동, 국채보상운동, 3.1 만세운동 등 대구의 시대정신을 재조명하는 문화·예술 행사가 구도심 곳곳에서 연중 열리고 있으며, 애국지사를 기리는 연극과 체험 행사도 좁은 골목을 무대 삼아 상설화되는 등 도심이 도시민과 주민들의 일상적 삶이 어우러진 공간으로 거듭나는 중이다.

구성원들 간의 협력과 상호 관계가 극대화된 이러한 결과는 역사·문화 콘텐츠에 내재된 속성이 활용 방식에 따라 다르게 작용한다는 것을 보여준다. 동시에 무분별한 활용을 억제할 필요가 있음을 알 수 있다. 또한 역사·문화 콘텐츠의 활용이 도심재생 과정에서 주민 인식 변화를 견인하고 신뢰, 규범, 공감, 협력 등을 이끌어내는 속성이 있다는 점을 추론할 수 있다. 기존의 정책 처방과는 다른 시각의 정책 접근 모색이 필요하다.

2011년 3월, 대구 중구 계산동 일대 골목길 풍경이 확 달라졌다. 계산성당을 중심으로 반경 300미터 이내에 있는 골목길마다 사람들로 북새통이다. 해설사의 마이크 소리와, 어깨를 부딪치며 지나는 학생들의 말소리가 보태져 장터를 방불케 한다. 두어 해 만에 3만 명이 넘는 학생들이 다녀갔다. 이후 일반인을 포함해 연간 수십만이 다녀간 골목 체험은 전국의 관심을 불러일으킨 최고의 체험 콘텐츠가 됐다. 코로나19가 시작된 2020년 초부터 찾는 사람이 줄었지만 이곳을 찾는 사람들의 숨결이 도심 골목으로 번져 나가는 생기가 느껴진다. 잿빛 도시에 사람들의 발길, 눈길, 손길이 남긴 여운 때문이 아닐까 싶다.

예나 지금이나 계산동 일대 골목길은 구도심과 신도심을 잇는 완충지대 역할을 해오고 있다. 지난 2008년, 내가 참여한 민간기업이 실시한 전수조사를 통해 대구 구도심에 1,000개가 넘는 골목이 있다는 사실을 알았다. 버려지다시피 한 좁은 골목길마다 가슴 먹먹해지는 삶의 흔적이 여전했다. 묻혀 있던 이야깃거리도 1,000개 이상 발굴했다. 이때부터 1,000개의 골목과 1,000개의 이야기는 대구 도심 골목을 상징하는 대명사가 된 듯 회자되었다. 이곳 골목들은 상대적으로 개발에서 소외된 구도심 북성로와 서성로 주변에 걸쳐 있다. 오랜 기간 손대지 않아 오히려 원형이 잘 보존된 역설적 공간 속에 묻혀 있는 것이다. 실핏줄처럼 넓고 길게 퍼진 구도심 골목은 우리나라 어디에도 없는 이 지역의 자산으로 평가된다.

계산동에 버금가는 이력을 지닌 골목길은 도시마다 여럿 있다. 부산 동구에서 중구를 거쳐 서구로 구부구불 이어지며 산 중턱을 가로지르는 산복도로는 부산에 사는 사람이면 누구나 아는 도로이다. 산복도로에는 지금은 관광 명소가 된 감천문화마을처럼 산의 7부 능선까지 계단식 집들이 촘촘하게 들어서 있다. 이런 도로는 부산뿐만 아니라 마산, 목포, 통영 등 바다를 끼고 형성된 작은 도시에서 흔히 볼 수 있다. 뿐만 아니라 서울 남산 사방과 북촌, 서촌 주변 등 서울과 같은 대도시도 예외가 아니다.

거창한 구호만이 쇠퇴한 도심과 골목을 살려내는 것은 아니다. 경관을 바꾼다든가 트레일을 조성하는 것도 필요하지만 횡단보도 같은 작은 배려가 도시를 바꾸는 아이디어가 된다. 코로나19가 지나가면 또다시 사람들의 웃음소리가 골목길을 깨울 것이다. 이름조차 얻지 못한 투박한 구도심 작은 골목에도 어린이와 청소년들의 소리가 스며들도록 골목길 깊숙한 곳까지 안전을 확보해 주어야 한다. 도심 골목은 문화 콘텐츠를 넘어 도시의 경쟁력을 가늠하는 바로미터로 진화 중이기 때문이다. 이제는 구도심에 실핏줄처럼 퍼진 샛길의 '시즌 2'를 고민할 때가 온 것이다.

이 사례에서 보듯 대구 도심의 약령시, 방천시장 김광석길, 북성로 등지는 젠트리피케이션 지역으로 분류되고 있는 데다 개발 방식을 둘러싸고 민관 갈등이 나타나고 있다. 예컨대, 도심재생 사업의 명분으로 시작된 북성로 '순종 황제 어가길' 복원 사업의 경우 자치단체가 역사·문화 콘텐츠를 자의적으로 해석해 다크투어리즘적 요소의 왜곡을 둘러싸고 시민단체와 갈등을 빚고 있다. 한쪽에선 일제의 식민지 지배를 정당화한 순종의 행차라 비난하고, 다른 쪽은 굴욕의 역사 현장이지만 잊어서는 안 되는 우리 역사라고 주장한다. 게다가 그곳에 사는 주민들은 이로 인해 슬럼화되지는 않아야 한다고 말하고 있다. 역사·문화 콘텐츠가 무분별하게 개발되어 활용되면서 구성원들 간의 불신을 유발하여 지역사회 규범이 훼손되는 경우가 나타나고 있는 것이다.

역사·문화 콘텐츠는 오래된 삶의 유·무형적 축적물로서 그 지역의 정체성과 결부되어 있다. 이 때문에 도심재생에서 활용되는 역사·문화 콘텐츠는 공동체 의식을 북돋우는 데 핵심 가치가 있다고 해도 무방하다. 필자의 연구에 의하면 도심재생 과정에서 나타나는 민관의 비협력적 행동의 문제점은 역사·문화 콘텐츠의 활용 방식에 대한 이견에서 비롯된다.

결론적으로 볼 때 서로 협력할 수 있는 요소가 빠졌기 때문이다. 일제에 의해 대구읍성이 허물어지면서 만들어진 어가길 주변 구도심은 항일과 친일의 흔적이 함께 녹아 있다. 역사 교훈의 장소로 일본의 제국주의적 행태를 확인할 수 있는 곳이다. 도보여행가 베르나르 올리비에가 설립하여 걷기 프로그램를 통해 비행 청소년들의 사회 복귀를 유도해 온 쇠이유(Seuil, 문턱) 재단처럼, 어가길을 걸으며 성찰의 기회를 갖자는 공감대가 있었다면 서로 반목할 이유가 없었을 것이라 생각한다. 역사·문화 자산의 속성에 대한 이해 없이 무분별하게 남용한 결과라고 생각한다. 이 책 3부에서는 역사·문화 콘텐츠의 가치는 자율적 통제와 규범적 규제 측면의 발현과 더불어 구성원들 간의 협력을 가능하게 하는 선순환적 속성이 있다는 것을 보여준다. 따라서 역사·문화 콘텐츠는 지역의 정체성과 자긍심이 녹아 있는 자산의 집합체라는 측면에서 공동체 의식에 직간접적인 영향이 있을 것으로 짐작할 수 있다.

공동체는 상호의존적인 사람들이 형성하고 있는 관계의 그물망이다. 공동체 의식은 개인적 책무와 소속감을 고양시켜 무임승차를 배격하는 공공의식이며, 개인과 공동체 간의 상호의존성과 지속가능한 생활을 만들어 가는 인간관계이다. 근래 자치단체들은 공동체 복원 및 활성화를 위해 마을 만들기, 사회적 기업, 커뮤니티 비즈니스, 협동조합 등 다양한 공동체 시책을 추진하고 있다. 공동체 구성원들의 이러한 활동들은 서로 간의 사회적 상호작용을 통해 가치나 규범, 역사, 정체성 등의 특정 관습들을 공유·활용함으로써 공생적 관계를 유지·강화시켜 갈 것으로 보인다. 이를 위해서는 무엇보다 지역 주민이 참여할 수 있는 다양한 지역 문화 프로그램의 기획과 실행이 중요하다. 예컨대 지역 주민이 자발적으로 참여한 프로그램을 통해 만남과 교류, 상호 소통이 시작되고, 이러한 커뮤니티 공간에서 이루어지는 활동들이 모여 공동체 의식을 높이는 요인으로 작용하게 될 것이다.

2부의 측정 경험에서 보듯, 도심에서 이뤄지는 역사·문화 콘텐츠를 활용한 협력 학습의 성과는 교육적 효과를 넘어 예상치 못한 결과를 가져왔다. 도심이 살아나는 것을 느낀다는 실증 분석이 나온다. 도심재생의 궁극적 목적이 지역의 공동체가 살아나는 것이라고 한다면, 협력 학습이 또 다른 차원의 협력을 이끌어내고 있는 것이 분명하다. 이웃한 학부모끼리 친하게 지내면 자녀의 성적이 향상될 수 있음을 규명한 미국의 교육사회학자 제임스 콜먼(J. S. Coleman, 1988)의 기능적 공동체 형성 이론과 동일 맥락으로 이해된다.

역사·문화 콘텐츠를 활용하는 과정에서 교육, 복지, 문화 등을 기반으로 하는 이웃들이 많아지면 서로 잘 아는 이웃끼리는 공동체 의식이 강화될 것이다. 그리고 이런 관계 형성은 도심재생에서 빚어지는 갈등을 해소하는 데 큰 영향을 미치게 된다고 추론해 볼 수 있다.

3장

도심재생의 문제와 도전

도심재생이 최근 들어 도시문제 해결을 위한 새로운 패러다임으로 등장하면서 도심재생 환경에 급격한 변화를 가져오고 있다. 어느 도시나 나름의 역사를 가지고 있으며 그 속에는 살아온 이들의 삶의 문화가 녹아 있다. 국제 경제의 글로벌화, 교통 통신 수단 및 정보 통신의 비약적 발전은 세계 각 도시가 보유하고 있는 고유의 역사·문화 콘텐츠를 공유 가능하게 했다.

그러나 우리나라 대다수 도시에서 도심재생 사업이 경쟁적으로 진행되고 있음에도, 소프트웨어적 방법을 통한 도심재생 효과와 인식의 변화는 제대로 논의되지 못하고 있는 실정이다. 그나마 근래에 추진되는 도시재생과 관련되는 여러 정책 사업은 시대적 변화에 부합하여 과거와 같이 하드웨어적 개선에 머물고 있지 않으며, 소프트웨어적 요소를 연계하여 통합적 관점에서 도심재생에 나서는 사례가 늘어나고 있다. 따라서 소프트웨어 프로그램을 통한 도심재생 인식 변화의 도출은 향후 도심재생 방향을 제시하는 큰 틀이 될 수 있다는 점에서 의의가 있다.

역사·문화 콘텐츠 활용에 대한 인식 변화

1장에서 언급한 것처럼 역사·문화 콘텐츠의 활용이란 역사·문화 자산을 있는 그대로를 이용하는 것이라기보다 가치, 기능, 속성을 살려 지속가능하게 이용하는 행위를 의미한다. 즉 역사적, 학술적, 경관적 가치 또는 기능을 살려 효율적으로 사용하는 행위를 지칭한다. 따라서 역사·문화 콘텐츠 활용을 통해 얻을 수 있는 지역 정체성과 공동체 회복 등의 활용 가치에 대한 주목도가 높아졌다. 즉 역사·문화 콘텐츠 활용이 해당 도시민의 인식 변화에 어떤 영향을 어느 정도로 미치는가에 대한 추론은 중요해진다.

도심재생과 결부하여 정책적으로 보면 근래 들어 역사·문화 콘텐츠는 맹목적 보존보다 일상적 생활 공간으로 끌어들여 다양한 방안으로 활용하고자 하는 인식이 나타나고 있다. 특히 도시재생 정책의 성공적 추진을 위해서 공동체 형성의 필요성과 중요성이 강조되면서 사회적 자본[7]과의 연계가 관심사로 등장하고 있다. 역사·문화 콘텐츠의 활용이 점·선적 보존 정책에서 면적·공간적 활용 정책으로 바뀌고 있듯, 달라진 공동체 네트워크가 어떻게 사회적 자본 형성에 영향을 미치는지가 중요해졌다.

따라서 2부 4장의 주민 인식 변화 측정 경험에서 보듯, 역사·문화 콘텐츠가 도심재생의 인식 변화뿐만 아니라 교육적, 문화관광적 효과, 그리고 도시 이미지 향상 등에 매우 긍정적인 것으로 나타났다. 이는 도심의 역사·문화 콘텐츠를 개발·보존·활용이 한편으로 도심재생에 기여하고, 다른 한편으로는 도심재생 과정상의 연관 효과를 개선하는 효율성이 높은 정책으로 인식되고 있음을 보여준다. 특히 이 책 3부의 측정 경험에서 보듯 구성원들 간 강화되는 상호보완적 작용은 응집력 강화로 귀결될 수 있음을 알 수 있다.

따라서 역사·문화 콘텐츠의 활용 과정에서 나타나는 다양한 집단과 사람들의 행위 특성이 무엇인지, 그리고 활용 단계에 따라 나타나는 인식의 차이를 파악하는 것이 중요해진다. 즉 어떠한 속성이 주민 인식 변화의 지표로 나타나는지를 특정할 필요가 있다. 이는 흩어진 기억과 흔적의 소생을 통해 무너진 공동체를 다시 묶어

---

7 로버트 퍼트넘(2015)은 사회적 자본은 개인이나 공동체 모두의 행복을 예견할 수 있는 강력한 지표라고 강조한다. 예컨대, 스포츠 클럽이나 음악 동호회 등 지대 추구보다 모임 자체가 목적인 공동체의 사회관계망과 결속이 건강, 행복, 교육적·경제적 성공, 공공 안전 등 사회적 자본 발현에 긍정적 영향을 미친다고 본다. 하지만 이러한 사회적 자본이 인적 자본 또는 재정 자본과 마찬가지로 고르게 분포되어 있지 않다고 언급, 분포의 불균등성도 제기하고 있다(Putnam, 2015: 298~299; 박종화, 2015: 1~22).

내는 보완재로서의 가치가 무엇인지 파악할 수 있어서다. 하지만 이와는 달리 활용 과정에서 이해관계자들 간 이견이 표출될 경우 규범적 공동체의 무력화로 이어질 수 있다는 점도 상정해 볼 수 있다. 이와 관련해 박종화(2018)는 사회적 자본은 그 기능에 따라 묶음이 되는 다양한 종류의 사회적 관계들이며, 한 가지 맥락에서는 긍정적인 효과가 나타날지 모르지만 또 다른 맥락에서는 부정적인 효과가 발현될 수 있다고 지적한다.

도심재생
패러다임의 변화

지난 반세기 우리나라는 산업화 시대에 부합하는 성장 위주의 개발 정책이 도시 개발에 적용되어 도시의 기능 및 생활 편익 개선에 치중해 왔다. 그런데, 이는 도시 인구 집중 현상을 가속화시켜 도시의 평면적 확산을 초래했을 뿐만 아니라 도시의 역사·문화적 정체성의 상실, 환경문제의 야기, 도시 생활의 질 저하, 그리고 도시 경쟁력 저하라는 부정적 결과를 동시에 야기해 왔다.

근래 도시재생에서의 정책 방향은 재개발, 재건축, 신규 개발 등에서 관리 중심의 도시 정비와 도시 재생으로의 전환이 이루어지고 있으며, 보다 다양한 도시재생 사업으로의 변화가 모색되고 있다. 기존 주택 공급 중심의 정비 사업은 한계점을 드러내면서 정비

구역 해제, 뉴타운 사업의 철회 등이 잇따랐다. 또한 물리적, 국지적 도시 정비에서 사회, 경제, 문화 등 복합적 도시재생으로의 패러다임 전환이 시작됐다. 특히 도시 경쟁력의 확보를 위해서 도시의 사회경제적 고려와 역사·문화에 대한 관심이 증대하면서 역사·문화 콘텐츠 활용을 통한 도시재생이 새롭게 주목받고 있다. 그 외, 행정 주도의 정책 집행 체제에서 주민참여형 거버넌스 체제가 도입됐다. 사업 집행에 있어 행정조직 중심체제만으로는 지역 주민의 참여와 공감을 얻는 과정에서 한계를 보임에 따라 정책 수립과 집행 과정에서 폭넓은 주민 의사 반영이 필요해졌기 때문이다. 최근의 도시 재생은 인구 집중에 따른 불가피한 신규 주택 공급 개발과 도심의 복원을 병행하여 성장을 관리하는 방식으로 전환하고 있다. 하지만 도시정 책 대상이 기반 시설 구축 및 공간 구조 개편에서 생활환경의 질적 개선으로 이행하고 있는 점은 분명하다.

　이러한 환경 변화는 도시 경쟁력 제고에도 인식의 변화를 가져왔다. 즉 경제적 요소들 이외에 사회적 관계나 사회적 행위의 결과로서의 사람과 문화 등의 무형적 가치에 대한 강조로 이어지고 있다(변미리 2014, 115). 이제껏 도시 경쟁력의 주요 척도였던 소득 등의 경제지표 이외에도 사회적 시스템이나 역사·문화적 수준, 도시의 생활 스타일 등 도시가 갖고 있는 소프트한 측면이 강조되고 있는 것이다. 이러한 경향에 따라 지역 자원의 활용과 새로운 기능의 창출을 통해 경제적, 사회적, 환경적 활성화가 도심재생의 핵심 전략이 되고 있다. 이처럼 도심재생은 도시 성장과 확산 그리고 쇠퇴 과정에서 나타난 도심 주거 생활환경 악화, 도심 경제의 활력 저하, 그리고 그에 따른 인구의 역외 유출 현상 등으로 인해 다양한 처방이 요구되고 있다.

제2부

누가 역사·문화 콘텐츠를

재구성하는가

4장

인식 변화의 차원

여기에서 소개하는 시론적 분석 사례는 자치단체와 교육기관, 민간기업 등 5개 기관이 공동 추진한 협력 학습 프로젝트[8]이다. 이 프로젝트는 지역 정체성과 연계된 역사 인식의 중요성을 발아시키는 하나의 출발점이 되었다는 평가를 받고 있다. 이 프로젝트는 학생,

---

8 2010년 대구시, 대구시 교육청, 언론 기관, 민간기업 등 5개 기관이 도심의 역사·문화 자원 및 콘텐츠를 활용한 구도심 역사·문화 탐방 체험학습 공동 추진 방안을 모색하였다. 학생, 학부모, 교사, 시민이 함께 참여하는 프로그램으로 11년째 운영되고 있으며, 지역 학생들과 시민들에게 애향심을 고취하는 창의 인성 체험학습장으로 지금까지 지속적으로 활용되고 있다. 이 프로그램의 활성화는 민·학·관이 서로의 칸막이를 허물면서 긴밀하고 지속적인 네트워크를 구축하였기 때문에 가능했다는 평가와 더불어 사회적 자본에 접근할 수단이 없는 사람들에게 여러 가지 중요한 도움과 기회를 제공했기 때문에 애향심 등의 신뢰가 생성되었다는 평가를 받았다(이권희·박종화, 2017: 60).

학부모, 교사, 시민이 함께 참여하면서 점으로 흩어져 있던 주요 조망 지점을 선으로 연결시켰다. 나아가 이들의 발걸음을 통해 만들어진 선들이 면을 만들고, 면들이 모여 도심에 새로운 3차원 공간을 만들어 내었다. 이러한 성과는 모두가 협력한 결과로, 도심의 주요 공간이 다양한 주제와 콘텐츠가 접목된 문화 플랫폼 역할로 새롭게 자리매김했다. 예술·인물·종교 등 다양한 주제와 콘텐츠를 교육과 연계함으로써, 모든 도시민들의 접근이 가능한 공간으로 만든 것이다. 또한 이러한 결과는 도심재생에 대한 새로운 인식을 갖는 계기가 되었다.

여기서는 역사·문화 콘텐츠의 발굴과 활용 경험을 살펴봄으로써 그 과정에서 나타나는 역사·문화 콘텐츠의 속성을 포괄적으로 이해하고자 한다. 역사·문화 콘텐츠의 어떠한 속성이 실제 구성원들에게 사회적 자본과 기능적 공동체의 형성에 영향을 미치는지, 그리고 협력적 행동을 촉진하는 영향이 무엇인지에 대해 구체적으로 이해하고, 활용 주체를 통찰하고 해석할 수 있을 것이다. 아울러 제이콥스(1961)의 말처럼 도시의 건강성과 활력을 알 수 있는 지표가 디자인된 겉모습이 아니라 작동 과정이라면 이를 포착할 수 있는 촘촘하게 얽히고설킨 다양한 주체가 어우러진 구조를 살펴볼 필요가 있다. 5장에서는 역사·문화 콘텐츠 개발과 활용 차원의 두 가지의 사례를 중심으로 소개한다. 하나는 구도심 역사·문화 콘텐츠의 활용 아이디어와 기획 배경이며, 다른 하나는 이 프로젝트를 심층적으로 해부하고 학계와 전문가, 시민들의 의견을 수렴하여 가장

적합한 방안을 도출하고, 이를 공론화하고 실행해 나간 과정이다. 즉 민관이 함께한 도심 역사·문화 콘텐츠 활용 프로젝트에 대한 내용으로 보면 된다.

　여기에 소개되는 시론적 분석 사례는 내가 참여한 민간기업의 제안으로 처음 시작된 프로젝트이다. 프로젝트의 실행에 앞서 첫 단계에서 중요했던 과제는 수요자와 공급자가 공동으로 참여하는 가운데 나타나는 협력의 요소를 찾아내는 일이었다. 이를 위한 사전 준비로 도심 역사·문화 자산에 대한 기초 조사가 필요했고, 적합한 주제를 분류하는 일이 진행되었다. 기초 조사에 해당하는 구상, 모색, 기획, 실행 등 일련의 과정은 프로젝트의 기초가 되며, 시범 사업 기간 중 실시한 세 차례의 설문 조사 결과는 프로젝트를 실행하는 토대가 된다. (이 과정 동안은 프로젝트의 이름을 짓지 못했고 시범 사업이 시작되기 직전 논의를 통해 프로젝트의 명칭을 붙였다.) 프로젝트가 궤도에 오른 후 학생, 교사, 지역 상인, 일반 시민 등 수요자를 대상으로 진행한 한 차례의 설문 조사와 면접 조사 결과는 2부에서 다루는 시론적 분석 자료로 활용되었다. 아울러 이 자료는 3부에서 다루는 사회적 자본의 형성, 협력적 행동의 기초, 기능적 공동체 형성을 측정할 수 있는 기초 자료로 활용되어 실증 분석의 타당성과 신뢰성을 제고하는 성과로 이어졌다.

구상하다

우리가 매일매일 걷고 있는 도심지의 길은 수많은 골목들과 실핏
줄처럼 연결되어 있다. 그 길들은 과거의 모습과 현재의 모습이 공
존하며 소통하고 있다. 골목에 녹아 있는 우리의 과거, 현재, 그리고
미래를 그려 보고 싶었다. 우선 지도를 만들어 보면 쉽게 와닿지 않
을까 생각했다. 도심에 펼쳐진 골목이 얼마나 되는지, 그 속에는 어
떤 이야기가 숨어 있는지 궁금해졌다.

2008년 7월 지역 대학생 스무 명이 이 같은 생각에 동참하여 2개
월 간 구도심 샛길을 누빈다. 골목 샛길을 찾아 나선 것이다. 1차 현
장 조사와 2차 자료 정리 등 연인원 200여 명이 투입되었다. 학생들
이 조사한 대상지는 옛 대구읍성 내 경상감영을 중심으로 반경 1킬
로미터 이내에 형성된 대략 1백만 제곱미터에 해당하는 대구 구도
심 지역이다. 도보로는 직선거리로 15분 정도 소요되는 구간이지만
구불구불한 샛길이 많아 실제는 훨씬 많은 시간이 더 소요된다. 이
곳은 옛 대구읍성이 헐리면서 2.7킬로미터 정도로 추정되는 성곽을
따라 생겨난, 지금의 동성로, 서성로, 북성로, 남성로 안팎 지역이
다. 이들 가로와 이어진 좁은 골목 샛길은 국내 다른 도시에서는 보
기 드문 모습으로 남아 있다.

1차 현장 조사는 기초 자료 수집, 사진 촬영 그리고 지적도를 가
지고 길을 확인하는 작업이었다. 2차 작업은 지도 제작을 위한 건

축물과 가로를 그려 나가는 과정에서 지역 주민들을 만나는 작업을 함께 하였다. 길 찾기의 수단은 기존의 지적도를 통해 현재의 길을 맞추어 보는 데칼코마니[9] 기법이었다. 참고할 수 있는 자료는 옛 지도 달랑 한 장, 그리고 (주)동우 E&C에 의뢰하여 받은 도심 골목 지도 기초 도안이 고작이었다. 모든 골목들을 직접 돌아다니며 표시하는 것 외에 지도를 만들 수 있는 방법이 없었다. 주민들의 이야기를 듣기 위한 방법으로 스노우볼 샘플링(눈덩이 표집)[10] 방식을 활용, 이야기를 이어갈 수 있었다.

2008년 7월 1일부터 시작한 1차 현장 조사는 7월 30일까지 진행하였으며, 이어진 2차 지도 제작과 자료 정리는 8월 30일에 완료하였다. 이 기간에 조사된 골목은 대구읍성을 중심으로 약 1,000개이며, 한옥 291채, 근대 건축물과 일본식 건축물 265채, 특정 건물 77채, 오래된 고목이 열여섯 그루였다. 지도 작업의 핵심은 새로 발견한 4미터 이하의 골목을 새로이 그려 넣는 작업이었다. 근대 건물, 일본 가옥 등 오래된 건물과 멸실된 건물들을 지도에 체크하고 사진 촬영을 해나갔다. 한옥, 특정 건물 등의 위치는 기존 지도와 구분하여 표기하였다. 오토캐드(AutoCAD)를 이용하여 기본 지도 골격

---

9 초현실주의 회화 기법의 하나로, 종이를 반으로 접은 한쪽 면에 물감을 칠한 후 다시 접었다 펴면 양쪽이 유사한 무늬를 만들어 하나의 대칭적인 형상을 구현하는 기법을 말한다.

10 스노우볼 샘플링(snowball sampling)은 최초의 표본을 선택하여 그를 통해 표본을 확대해 나가는 방법으로, 임의로 선정한 사람으로부터 추천 혹은 소개를 받아 다른 표본을 선정하는 과정을 되풀이하여 표본의 크기를 누적해 가는 조사 방법이다. 눈덩이를 굴리는 것과 같다 하여 이같이 불려진다.

을 정리하고 새로 조사한 골목길을 표시했다. 또 포토샵을 이용해서 각종 레이어를 구분 짓고 지도에 첨부해야 할 내용 및 자료들을 입력했다. 도로, 인도, 한옥, 일본 가옥과 근대 가옥, 공원, 특정 건물 등은 모두 레이어와 색상을 구분하여 표시하였다. 새롭게 발견한 4미터 이하의 골목을 표기하고, 주요 건물에는 3D 아이콘을 삽입하기도 했다. 북성로, 서성로, 달성공원, 대구역, 향촌동, 교동, 동성로, 약령시까지 대구읍성을 중심으로 그린 지도에서 우리는 모세혈관과도 같은 골목 1,000여 개가 퍼져 있는 것을 발견하게 된다.

전수조사된 구도심의 샛길 중에는 지적도에 없는 길도 많았다. 샛길을 걸으며 촬영한 수백 장에 이르는 사진을 보면 을씨년스런 도심의 모습이 생생하게 다가온다. 구도심의 현주소를 볼 수 있었다. 인적 없는 샛길 속의 빈집과 허물어진 폐가 사진은 가슴을 먹먹하게 하였다. 학생들과 함께하는 동안의 현장 답사 에피소드와 글쓰기 작업도 1,000개의 이야기 중 한 부분이 됐다. 떠날 곳이 없어 이곳에 머문다는 주민들의 이야기는 가슴을 더욱 저리게 하였다. 하지만 경상도의 중심에 살았다는 자부심과 근대화의 주역이었던 삶을 이야기하는 주민들도 많았다. 대구의 시작을 담고 있는 달성 토성과 경상도 중심의 상징인 감영, 그리고 옛 대구읍성 등 자랑거리가 넘친다. 국내에서 가장 오래된 약령시, 세계적 기업인 삼성그룹의 발상지, 우리나라 최초의 연초제조창 등 헤아릴 수 없다. 독립 운동에서부터 민주화 운동에 헌신한 인물도 부지기수였다. 자긍심이 넘쳐났다.

최근 국채보상운동 기록물이 유네스코에 등재되고, 2.28 민주 운동이 국가기념일로 제정되면서 세상을 일깨운 시대정신에 대한 자부심은 한층 더 높아졌을 것이다. 한여름 뜨거운 뙤약볕 아래서 스무 명의 학생들이 발로 뛰며 찾아낸 골목은 1,000개의 골목과 1,000개의 이야기가 되어 우리 손에 쥐어졌다. 그 지도를 통해 우리는 골목 안에 녹아 있는 이야기에 주목할 수 있었다. 이처럼 전수조사로 새롭게 알게 된 1,000개의 골목과 1,000개의 이야기는 새로운 상상력을 북돋우는 보물이 되었다. 도심 역사·문화 자산을 활용한 창의체험학습의 아이디어로 발전하는 밑거름이 되었기 때문이다. 새로운 지도와 이야기는 구도심의 낙후된 공간의 재생과 자료 보존 그리고 무차별적인 개발을 막아 보존과 개발의 균형을 맞추는 자료로 활용하고자 하는 열정으로 만들어진 것이다.

모색하다

2010년 7월이다. "청소년들이 마땅히 갈 데가 없어요". 대구 교육계 한 인사의 말이다. 아직도 생생하다. 갈 곳이 부지기수일 텐데 하는 의구심이 들어 다시 물어봤다. 가 볼 만한 곳은 죄다 다닌 데다 늘 같은 장소라 교사 자신들조차 식상해 한다는 것이다. 학생들에게 필요한 창의체험학습 장소 이야기를 이어가며 곰곰이 생각하다 도심을 걸으면 어떨지 슬쩍 물어봤다. 묵묵부답이었다. 당시 이러한 제안은 대구 시내 연초제조창 주변에 펼쳐져 있는 원삼국시대의 달성토성을 비롯, 근현대사의 수많은 역사·문화 자산의 활용 가치를 염두에 둔 것이었다. 뿐만 아니라 연초제조창이 지역의 건축학과 대학생에게 현장학습장으로서 큰 호응을 받기 시작했기 때문이다. 구도심의 랜드마크로 남아 있는 연초제조창이 문을 닫고 폐산업유산으로 방치된 지 10년을 넘기면서 학생, 시민들로부터 관심을 받기 시작한 것이다. 경북대 건축학과의 경우 연초제조창과 주변 도심 역사·문화공간 재생을 주제로 한 수업을 해마다 진행하고 있었고, 계명대 건축학과를 비롯한 많은 대학이 엇비슷한 주제로 이곳 연초제조창에서 현장 수업을 하고 있었다.

당시 연초제조창 건물은 건축학적 측면에서 우리나라 어디에도 없는 기적 같은 건축물로서 건축학과 대학생들에게 훌륭한 학습 재료였다. 공장 건물은 정방형으로 이루어진 단순한 라멘 구조[11]에다 4미터 이상의 층고를 가진 국내 유일의 건축물로서의 기능적 가치를 지녔다. 특히 국내 1호 담배 공장이면서 해방 전후 대구에서 가장 큰 규모의 산업유산적 의미도 크다. 하지만 더욱 중요한 것은 이 터가 주변에 미치는 영향력이다. 앞서 언급한 것처럼 이곳 주변 반경 1킬로미터 안 구도심의 지리적 가치도 빼놓을 수가 없다. 더구나 이 공장에서 일하다 퇴직한 사람들의 공통된 기억과 흔적은 구도심

---

11 라멘 구조는 벽이 아닌 층을 수평으로 지지하는 '보'와 수직으로 세워진 '기둥'이 건물의 하중을 버티는 구조를 말하는데, 보가 설치된 공간만큼 벽식 구조보다 층고가 높다. 맞춤형 구조의 아파트가 등장한 것은 아파트 건축의 기법을 벽식 구조(집 내부에 있는 벽이 건물의 하중을 버텨내는 구조)에서 라멘 구조로 바꾸면서 가능해진 것이다. 라멘 구조는 위·아래층의 소음이 벽을 타고 전달되지 않고, 층과 층 사이에서 무게를 떠받치는 보가 완충 역할을 해 층간 소음에도 강하다는 장점이 있다.

랜드마크로서의 의미를 더해 준다. 하지만 대구시는 재정 여력이 없고, 민간기업 KT&G는 뚜렷한 개발 컨셉이 없다며 나 몰라라 하는 사이 이 공장터와 인근이 슬럼가처럼 변해 가고 있었다.

이즈음 나는 구도심 한복판에 덩그러니 남은 옛 연초제조창과 주변 역사·문화 자산의 활용 아이디어에 골똘하고 있었다. 지역 문화와 역사의 요충지인 구도심에 새 숨을 불어넣을 또 다른 방법은 없을까? 시민들이 도심 역사와 전통에 대해 얼마나 알고 있는지를 인지하고 관심을 유발시키는 첫 단추가 중요하다는 생각이 맴돌았다. 역사·문화 자산을 시민 스스로 발굴하고 시민들로 하여금 도심의 가치와 재생의 필요성에 대한 공감대 형성이 자연스럽게 이뤄지도록 하는 게 관건이라는 생각이 들었다. 특히 국책사업[12]으로 추진되는 대구문화창조발전소 조성 시범 사업이 진행되고 있었기 때문에 역사·문화 자산을 활용할 수 있는 분위기가 마련되고 있다고 판단하였다. 이곳과 주변에 즐비한 역사·문화 콘텐츠가 학생, 시민 모두에게 좋은 체험 공간이 될 수 있겠다고 생각한 것이다.

기획하다

도시는 그 속에서 살아 숨 쉬는 사람들의 창의적인 영감에 의해 발전하고 성장한다. 또한 도시의 모습은 그 문화와 역사적 전통을

---

12 2008년 7월, 내가 참여한 민간기업에서, 대구 중구 수창동 소재 KT&G 옛 연초제조창 부지 면적 1만 5176제곱미터, 연면적 4만 9320제곱미터에 이르는 시설 가운데 별관 창고 건물을 대상으로 'KT&G 건물 활용 대구문화창조발전소 조성 계획안'을 제안하였고, 문화체육관광부의 '근대 산업 유산을 활용한 문화·예술창작 벨트 조성' 시범 국책사업으로 선정되었다.

먹고 자란다. 1,000개의 골목 1,000개의 이야기가 준 창의적 아이디어는 창의체험학습의 시범 사업을 통해 재구성된다. 시범 사업에 앞서 기획된 주요 내용은 민관 공동 추진 MOU 체결, 프로그램 개발, 교과 연계 교재 개발, 탐방 코스 개발, 창체 진행 교사 양성, 시범 사업 실시 등 일련의 과정들이 2010년 6월부터 2011년 12월까지 진행되었다. 당시 기획안의 핵심은 2011년부터 모든 학교에서 주 5일 수업제 전면 자율 도입을 앞두고 있는 상황을 반영, 현장체험학습이 부각되는 시점에서 대구 도심의 역사·문화 자산을 활용, 교과와 연계하여 현장학습으로 진행하는 프로그램 운영에 관한 것이었다.

교재 개발은 시교육청 창의인성과 관계자를 비롯, 각 학교 교사들로 구성된 자문위원을 중심으로 구성되었다. 초등학교 4·5·6학년 사회, 중학교 사회·역사, 고등학교 한국사 등 교과와 연계되는 조망 지점, 학습 활동, 체험 활동 내용을 발굴, 이를 반영한 교재를 개발하고 부교재로 도심 지도를 디자인, 제작했다. 시범 사업 실시 과정에서 진행한 워크숍[13], 자문회의[14]를 비롯, 민관 공동 추진 MOU 체결 후 기획 기간 동안 진행한 프로그램 개발, 교과 연계 교재 개발, 탐방 코스 개발, 진행 교사 양성을 위한 각종 토론을 이어 나갔다. 〈표 1〉과 〈표 2〉는 워크숍과 자문회의 등을 통해 논의된 도

---

13 1, 2, 3차 워크숍(2010년 8월, 2011년 4월, 2011년 5월)이 진행되었다. 천재지변에 따른 탄력 운영 방안, 교재 활용 방안 및 홍보 방안이 논의되었다.

14 교재 편집 및 해설 위원회 자문회의(2010년 8월 ~ 2011년 12월)에서는 자원봉사자 확보 및 활용 방안, 해설사 및 자원봉사 대학생의 역할과 상호 간의 협력 방안 등을 논의하였다.

<표 1> 대구 도심의 역사·문화 콘텐츠와 교과 연계

역사·문화 콘텐츠	교과 연계
경상감영	초 — 사회 (우리 지역 현장 답사) 중 — 역사 (조선의 성립, 전국을 8도로 나누다) 고 — 한국사 (조선의 성립과 체제 정비, 통치 체제의 정비)
한의약박물관	초 — 사회 (대구의 생활) 중 — 역사 (외세의 침략과 극복, 동의보감, 허준) 고 — 한국사 (조선 후기 상업과 무역 활동)
청라언덕	초 — 사회 (우리 지역 현장 답사) 중 — 음악 고 — 음악
계산성당	초 — 사회 (우리 지역 현장 답사) 중 — 역사 (다양한 문화권의 형성, 고딕 양식, 천주교의 전래) 고 — 한국사 (천주교와 동학의 확산), 미술 사조(고딕 양식)
이상화 고택	초 — 사회 4-1 (대구의 생활) 중 — 역사 (다양한 민족운동의 전개) 고 — 한국사(사회문화운동의 전개), 국어 (일제 저항 시인, 이상화)
국채보상운동기념공원	초 — 사회 (우리 지역 현장 답사) 중 — 역사 (국권수호운동, 우리가 진 빚을 우리가 갚자) 고 — 한국사 (국권수호운동의 전개, 국채보상운동)
2.28 민주운동기념회관	중 — 사회 (인권 보호와 법), 역사 (정치 생활과 민주주의) 고 — 한국사 (민주주의의 시련과 발전) 　　　동아시아사 (동아시아 각국의 정치와 사회)
3.1 만세운동길 (90계단)	초 — 사회 (우리 지역 현장 답사) 중 — 역사 (3.1 운동과 대한민국 임시 정부) 고 — 한국사 (일제의 식민지 지배와 민족 운동의 전개)
대구근대역사관	초 — 사회 (우리 지역 현장 답사) 중 — 역사 (민족 운동의 전개) 고 — 한국사 (근대 국가 수립 운동과 일본 제국주의의 침략)

역사·문화 콘텐츠	주요 학습 활동	주요 체험 활동
경상감영	• 문화재의 중요성 • 경상감영의 역할 • 고건축물 이해하기	• 관찰사의 하루 • 감영 풍속 행사 • 선정비, 측우대
한의약박물관	• 대구 약령시의 가치 • 허준의 동의보감 • 동·서양 의학 비교	• 한약의 재료 • 한방 문화 체험 • 몸속 탐험
청라언덕	• 관련 스토리 이해 • 청라언덕, 동산언덕이라고 불리는 이유	• 함께 〈동무 생각〉 합창하기 • 청라언덕 4행시
계산성당	• 고딕 양식의 특징 • 문화재로서의 가치 • 이인성 화가 스토리텔링	• 이인성 감나무 • 스테인드글라스의 특징 • 둥근 천장, 첨탑, 장미꽃 문양 확인

이상화 고택	• 대표적 민족 시인
	• 시에 나오는 빼앗긴 들,
	  봄이 상징하는 것은?
		• 이상화 고택 둘러보기
		• 「빼앗긴 들에도 봄은 오는가」
		  다 함께 시 읽기

국채보상운동기념 공원	• 서상돈 민족운동가 • 국채보상운동의 의의 • 국권 수호의 중요성	• 서상돈 고택 둘러보기 • 나라를 위해 할 수 있는 것 적어 보기
2.28 민주운동기념 회관	• 2.28 민주운동의 의의 • 민주주의의 중요성 • 4.19 혁명과의 연계	• 2.28 주역들에게 편지 쓰기 • 2.28 관련 퀴즈 체험
3.1 만세운동길 (90계단)	• 3.1 운동이 발생한 이유 • 국가 주권의 중요성 • 당시 참여한 사람들은?	• 90계단에 있는 당시 사진 자료 보기 • 90계단 의미 찾기
대구근대역사관	• 르네상스 양식의 특징 • 조선식산은행 관련성 • 근대, 현대 생활품 비교	• 대구 지역 출신 예술가, 문학가, 경제인, 교육인 찾기

심 역사·문화 자산의 교과 연계 내용과 학습 및 체험 활동 내용이다. 대구시교육청, 대구시의회 관계자를 비롯, 교재 편집 위원 등 15명이 참석하였다.

시범 사업 진행 기간인 2011년 6~8월과 2012년 6~8월, 2013년 6~8월, 2014년 10~12월까지 4년 동안 4회에 걸쳐 총 80여 명의 문화해설사가 양성됐다.

실행하다

도심 역사·문화 체험 프로젝트는 자치단체와 민간기업이 공동 추진함으로써 부처 간 칸막이 행정을 극복한 성공한 사례로 전시민적 공감대를 얻으면서 도심 활성화의 새로운 전기를 마련했다. 적절한 역할 분담으로 중복 낭비 행정을 줄였다는 평가를 받기도 했다. 특히 이 프로젝트는 방치된 도심 역사·문화 콘텐츠가 소프트웨어적 교육 프로그램으로 활용된 전국의 첫 사례로 꼽힌다. 도심재생 차원에서 볼 때도 지역 주민 참여와 주민친화적 정책으로 발전하는 모델이 되었다는 의미가 있다. 도심의 역사·문화 자산을 찾는 사람의 수가 수백 명에 불과하던 당시, 시범 사업 기간인 2011년 한 해 동안 5,250명의 초·중등 학생들이 도심을 찾았다. 이후 매년 2만여 명의 학생들의 손길, 발길, 눈길이 모여들면서 교육적인 성과를 내고 있으며, 매년 수십만의 일반인이 찾는 공간으로 바뀌면서 구도심이 활력을 얻었다.

스토리텔링 :
이야기를 듣다

1,000개의 골목 1,000개의 이야기 발굴이 촉매가 된 도심 탐방 체험 프로젝트는 시범 사업을 통해 내용이 구체화됐다. 역사·문화 자산의 활용 콘텐츠의 재구성과 교육 과정 연계를 위한 설문 조사가 실시됐다. 시범 사업 중 실시한 1차 조사는 학생, 학부모, 교사 등 프로그램 수요 당사자를 중심으로 전수조사를 하였으며 이후 학생, 학부모, 해설사, 지역 주민 등 일반 시민을 대상으로 2차 표본조사 결과를 반영, 코스 선정, 교재 편집, 역사·문화 자산의 해석(스토리텔링) 등 다양한 문제를 도출하고 해결해 나가는 기초 자료로 활용됐다.

여기서는 먼저 2017년 상반기 체험학습 참가자 1,679명(초등학생 1,283명, 인솔 교사 75명, 참가 학부모 321명) 대상으로 설문 조사한 결과를 소개한다. 조사 결과, 대구 도심의 역사·문화 자산을 탐방하는 현장체험학습이 학생, 교사, 학부모들로부터 큰 호응을 얻은 것으로 나타났다. 특히 도심 역사·문화 체험학습은 지금까지는 없었던 창의적인 프로젝트라는 교사들의 평가와 함께 응답자의 80%(1,300여 명) 이상이 다시 찾겠다는 반응을 보여 주목되었다. 또한 체험학습 상반기 사업 기간 동안 함께 참가한 교사의 70%와 동행한 학부모 66%가 "도심 체험학습이 확대되었으면 좋겠다"고 응답, 도심 역사·문화 탐방 프로그램을 긍정적인 창의체험학습 프로그램으

구분		질문 내용	빈도 (비율%)
체험학습 호감도	가장 좋았던 점	직접 걸어 골목문화 체험	872 (51.9)
		여러 가지 볼거리	449 (26.7)
		재미있는 자료 배부	205 (12.2)
	가장 아쉬웠던 점	짧은 체험학습 시간	863 (51.4)
		알고 싶은 내용의 기록과 조사 시간의 부족	309 (18.4)
		짧은 질문 응답 시간	172 (10.2)
체험 장소 선호도	가장 기억에 남는 장소	대구약령시 한의약박물관	618 (36.8)
		3.1 만세운동길	324 (19.3)
		이상화 고택	213 (12.7)
	가장 재미있었던 장소	대구약령시 한의약박물관	663 (39.5)
		3.1 만세운동길	279 (16.6)
		대구근대역사관	227 (13.5)
	지루했던 장소	의료선교박물관	512 (30.5)
		동산언덕	318 (18.9)
		대구근대역사관	216 (12.6)
체험학습 만족도	가족과 다시 오고 싶은 장소	대구약령시 한의약박물관	724 (43.1)
		대구근대역사관	440 (26.2)
		3.1 만세운동길	192 (11.4)
	체험학습 후 계획	부모님께 함께 가자고 요청하겠다.	1,134 (67.5)
		둘러봤던 곳의 자료를 좀 더 자세히 찾아보겠다.	306 (18.2)
		주위에 추천하겠다.	207 (12.3)
체험학습 기여도	체험학습 후 대구에 대한 생각이 어떠한지	대구 시내 골목에 대해 새로운 사실을 많이 알게 되었다.	583 (34.7)
		대구의 역사와 문화에 대해 잘 알게 되었다.	551 (32.8)
		대구가 자랑스럽게 생각되었다.	507 (30.2)

로 인식하고 있는 것으로 조사됐다. 학생들의 50% 이상이 체험 시간이 짧았던 점을 아쉬워했으며, 67% 이상 학부모가 다시 함께 가자고 하겠다고 응답했다.

가장 기억에 남는 장소와 재미있었던 장소에 대한 질문에 다수가 대구약령시 한의약박물관을 1순위로 꼽았으며, 그다음으로 3.1 만세운동길에 대한 호응이 큰 것으로 나타났다. 가장 지루했던 곳으로 30.5%가 의료선교박물관, 18.9%가 동산언덕을 꼽았으며, 학습자료 만족도에 대한 질문에서 55%가 부족하다고 답해 체험학습에 적합한 투어 코스와 자료 개발이 필요한 것으로 조사됐다. 분석 결과를 종합하면, 참가한 학생 및 교사, 학부모들의 만족도와 관심도가 높은 것으로 나타났으며, 향후 도심 역사·문화 자산을 활용한 창의체험 프로그램의 양적 팽창 및 질적 향상이 요구되고 있음을 알수 있다. 설문 조사 응답 결과는 〈표 3〉과 같다.

자료 수집 :
이야기를 묶다

도심의 역사·문화 콘텐츠를 활용한 교육 프로그램에 참가한 경험이 있는 일반 시민, 문화해설사, 교사 등 300명을 대상으로 설문지를 배부하고, 그 중 유효한 응답을 한 설문지 263부가 통계 자료를 활용하였다. 프로그램 만족도, 가치 인식 등을 분석한 자료는 탐방 코스와 교재 구성, 역사·문화 자산의 스토리텔링 방안 등의 자료로 활용되었다. 설문 조사는 2017년 10월 15일부터 12월 31일까지 진행하였으며 응답자가 직접 작성하는 자기평가 방식으로 하였다. 설문에 대한 응답에서 평균값 비교가 필요한 문항은 리커트(Likert) 5점 척도(매우 중요: 5점, 중요: 4점, 보통: 3점, 중요치 않음: 2점, 전혀 중요치 않음: 1점)를 사용하였다.

분석 방법으로는 빈도 분석, t 검증, 그리고 분산분석(ANOVA)이 활용되었다. 설문 조사에 참여한 전체 응답자 263명을 성별로 구분하면 남자는 99명으로 전체의 37.6%, 여자는 164명으로 62.4%를 차지하여 남자에 비해 여자의 비중이 높게 나타났다. 연령별로는 20대는 35명으로 전체의 13.3%, 30대는 62명으로 23.6%, 40대는 85명으로 32.3%, 50대는 79명으로 30.0%, 60대 이상은 2명으로 0.8%를 차지하였다. 직업별로 구분하면, 교사는 126명으로 전체의 47.9%, 문화해설사가 72명으로 27.4%, 일반 시민이 65명으로 24.7%를 차지하고 있다.

〈표 4〉에 의하면, 교육 프로그램에 참가한 시민들을 대상으로 도시 이미지 향상, 도심재생 인식에 대한 조사에서 리커트 5점 척도상 평균 4.5 이상의 값이 나타나, 도심 역사·문화 콘텐츠를 활용한 소프트웨어 프로그램이 시민들의 교육적 측면, 문화관광적 측면, 도심재생 인식 측면, 그리고 도시 이미지 향상 측면에 효과가 매우 높음을 알 수 있다.

특히 역사·문화 콘텐츠에 대해 도심재생 인식에 관한 영향을 질

〈표 4〉 역사·문화 콘텐츠 교육 프로그램의 효과 (N=263)

내용	평균	표준편차
도시 이미지 향상 측면	4.66	0.61
도심재생 인식 측면	4.70	0.53
교육적 효과 측면	4.86	0.36
문화관광적 효과 측면	4.82	0.41

• 출처: 도심 탐방 체험 프로젝트 설문 조사 결과.

문한 결과, 〈표 5〉에서 나타나듯이 전체 평균 4.38로 상당히 긍정적인 영향을 미치는 것으로 인식하고 있음을 알 수 있다. 평균값 4.5 이상을 나타낸 역사·문화 콘텐츠는 계산성당(평균 4.91), 경상감영(평균 4.83), 이상화 고택(평균 4.74), 서상돈 고택(평균 4.70), 한의약박물관(평균 4.62), 의료선교박물관(평균 4.62), 달성토성(평균 4.58), 대구근대역사관(평균 4.50) 등이었다. 반면에 가장 낮은 평균값을 나타낸 콘텐츠는 '삼성상회 옛터'로 도심재생 인식에 '그저 그렇다'보다 다소 높은 응답이 나타났다.

주제	평균	표준편차
이상화 고택	4.74	0.52
서상돈 고택	4.70	0.54
이인성 감나무	3.95	0.67
계산성당	4.91	0.40
대구근대역사관	4.50	0.64
경상감영	4.83	0.47
한의약박물관	4.62	0.69
청라언덕	4.53	0.49
의료선교박물관	4.62	0.48
국채보상운동기념관	4.58	0.64
2.28 민주운동기념관	4.41	0.64
신문전시관	4.12	0.77
100년 된 사과 자손목	3.99	0.76
순종황제 어가길	4.17	0.74
진골목	4.20	0.77
약전골목	4.41	0.71
영남대로	4.07	0.87
종로	4.17	0.86
삼성상회 옛터	3.65	0.90
KT&G 연초제조창	3.77	0.81
달성토성	4.58	0.64
대구읍성	4.74	0.51
전체 평균	4.38	0.66

• 출처: 도심 탐방 체험 프로젝트 설문 조사 결과.

가치 분석

도심의 역사·문화 콘텐츠가 왜 성별이나 직업에 상관없이 도심 활성화 방안으로서 그 필요성이 인지되고 있는지를 역사·문화 콘텐츠의 가치 평가를 통해 살펴보았다. 가치 평가는 〈표 6〉과 같이 도심 역사·문화 콘텐츠 22개에 대해 역사·전통적 가치, 문화·예술적 가치, 교육적 가치, 경제적 가치로 구분하여 검토하였다.

22개 역사·문화 자원의 역사·전통적 가치의 종합 평균은 4.54로 나타나 역사·전통적 가치가 매우 높게 인지되고 있었다. 역사·전통적 가치가 매우 높음에 해당하는 평균 4.50 이상을 응답한 상위 10개 자원은 경상감영(평균 4.91), 계산성당(평균 4.86), 대구읍성(평균 4.82), 대구근대역사관(평균 4.80), 국채보상운동기념관(평균 4.78), 달성토성(평균 4.76), 한의약박물관(평균 4.74), 서상돈 고택(평균 4.72), 이상화 고택(평균4.71), 약전골목(평균 4.69)의 순으로 나타났다.

문화·예술적 가치를 분석한 결과, 종합 평균은 4.26으로 역시 상당히 높게 나타났다. 평균 4.5 이상의 응답 자원은 계산성당(평균 4.86), 이상화 고택(평균 4.67), 청라언덕(평균 4.61), 달성토성(평균 4.60) 등으로 나타났다. 앞서 분석한 역사·전통적 가치와 비교하면 문화·예술적 가치가 상대적으로 다소 낮게 인식되고 있었다.

교육적 가치에 대해 분석한 결과 22개 전체의 평균이 4.55로, 앞서 살펴본 역사·전통적 가치나 문화·예술적 가치보다도 높게 평가하고 있는 것으로 나타났다. 교육적 가치를 가장 높게 평가한 콘텐츠는 국채보상운동기념관(평균 4.91)로 나타났으며, 그다음 순으로 경상감영(4.89), 2.28 민주운동기념관(4.88), 대구근대역사관(4.87), 대구읍성(4.82), 한의약박물관(4.81), 달성토성(4.80) 등의 순으로 나타났다. 이는 대구지역의 시대정신을 상징하는 국채보상운동기념공원과 2.28 민주운동기념관, 교육과 역사 자료를 담고 있는 대구근대역사관에 대한 교육적 가치를 매우 중요하게 인식함을 의미한다. 이와 더불어 대구읍성, 달성토성, 한의약박물관은 역사적 뿌리의 근간을 이루는 주요 요소로서 교육적 가치를 높게 평가하고 있음을 알 수 있다.

22개 역사·문화 콘텐츠에 대한 경제적 가치의 종합 평균은 4.20으로 나타나, 앞서 살펴본 교육적 가치, 역사·전통적 가치, 문화·예술적 가치에 비해 상대적으로 낮은 평균값을 나타내고 있다. 도심 역사·문화 콘텐츠 가운데 가장 경제적 가치를 높게 평가하고 있는 것은 약전골목(평균 4.53)으로 나타났으며, 가장 경제적 가치를 낮게 평가하는 콘텐츠는 이인성 감나무(평균 3.85)로 나타났다.

아울러 도심 역사·문화 자산 22개에 대해 역사·전통적 가치에 대한 인식을 분석한 결과, 역사·전통적 가치가 매우 높음에 해당하는 평균 4.50 이상을 응답한 상위 10개 자원은 경상감영(4.91) > 계산

〈표 6〉 개별 역사·문화 콘텐츠의 가치 분석 (N=263)

주제	역사·전통적 가치평균	문화·예술적 가치평균	교육적 가치평균	경제적 가치평균
이상화 고택	4.71(0.52)	4.67(0.53)	4.76(0.48)	4.22(0.73)
서상돈 고택	4.72(0.51)	4.28(0.61)	4.79(0.41)	4.21(0.71)
이인성 감나무	4.21(0.68)	4.41(0.65)	4.19(0.71)	3.85(0.79)
계산성당	4.86(0.41)	4.86(0.39)	4.66(0.52)	4.47(0.57)
대구근대역사관	4.80(0.46)	4.22(0.71)	4.87(0.35)	4.19(0.61)
경상감영	4.91(0.33)	4.47(0.65)	4.89(0.36)	4.43(0.62)
한의약박물관	4.74(0.48)	4.12(0.67)	4.81(0.48)	4.57(0.61)
청라언덕	4.65(0.58)	4.61(0.57)	4.52(0.61)	4.05(0.76)
의료선교박물관	4.55(0.55)	4.29(0.65)	4.48(0.62)	4.07(0.74)
국채보상운동기념관	4.78(0.45)	4.27(0.73)	4.91(0.33)	4.28(0.72)
2.28 민주운동기념관	4.75(0.49)	4.24(0.77)	4.88(0.36)	4.10(0.67)
신문전시관	4.33(0.67)	4.07(0.67)	4.59(0.61)	4.04(0.82)
100년 된 사과 자손목	4.30(0.69)	4.07(0.68)	4.15(0.79)	3.98(0.79)
순종황제 어가길	4.36(0.70)	4.09(0.67)	4.41(0.65)	3.96(0.67)
진골목	4.37(0.71)	4.38(0.75)	4.28(0.73)	4.21(0.70)
약전골목	4.69(0.57)	4.20(0.32)	4.48(0.62)	4.53(0.58)
영남대로	4.41(0.66)	4.07(0.66)	4.38(0.69)	4.01(0.67)
종로	4.31(0.65)	4.09(0.72)	4.18(0.64)	4.06(0.78)
삼성상회 옛터	3.94(0.76)	3.65(0.82)	4.17(0.76)	4.32(0.90)
옛 연초제조창	3.98(0.69)	3.71(0.80)	4.11(0.75)	4.34(0.82)
달성토성	4.76(0.49)	4.60(0.60)	4.80(0.45)	4.21(0.61)
대구읍성	4.82(0.43)	4.46(0.66)	4.82(0.40)	4.32(0.73)
전체 평균	4.54(0.57)	4.26(0.66)	4.55(0.56)	4.20(0.71)

· ( )안의 숫자는 표준편차.
· 출처: 도심 탐방 체험 프로젝트 설문 조사 결과.

성당(4.86) > 대구읍성(4.82) > 대구근대역사관(4.80) > 국채보상 운동기념관(4.78) > 달성토성(4.76) > 한의약박물관(4.74) > 서상 돈 고택(4.72) > 이상화 고택(4.71) > 약전골목(4.69)의 순으로 응답 하였다. 문화·예술적 가치의 경우 앞서 분석한 역사·전통적 가치 와 비교하면 문화·예술적 가치에 비해 역사·전통적 가치의 평균 이 약간 높게 나타나, 이는 도심 역사·문화 자원이 문화·예술적 가 치도 높게 평가하고 있으나 역사·전통적 가치를 보다 높게 평가하 고 있는 것을 알 수 있었다.

〈그림 1〉부터 〈그림 8〉까지는 주제별 가치 분석 결과를 다이어그 램으로 시각화한 것이다.

'인물' 관련 콘텐츠별 가치 평가를 정리한 〈표 7〉과 이를 다이어 그램으로 표현한 〈그림 1〉은 한눈에 봐도 콘텐츠별로 큰 차이가 느 껴지지 않는다. 이후 2차로 진행한 다수의 '우리 지역을 빛낸 인물' 에 대한 조사에서도 같은 그림 형태를 볼 수 있었다. 따라서 민족시 인 이상화, 민족운동가 서상돈, 대구지역 출신 천재 화가 이인성 등 인물에 대한 역사·전통, 문화·예술, 교육, 경제적 측면에서 살펴본 가치 평가는 큰 차이가 없다고 해석할 수 있다.

계산성당, 대구근대역사관, 의료선교박물관은 건축양식과 관련 되는 대구의 대표적인 역사·문화 자산이다. 그림에서 보듯 주제별 가치 인식이 많이 다르게 나타난다. 더 자세히 살펴보면 다음과 같 다. 지역의 대표적 고딕건축인 계산성당의 경우 교육적 가치가 높 다. 반면 경제적 가치는 가장 낮게 인식되고 있다. 르네상스 양식

<표 7> '인물' 관련 콘텐츠별 가치 평가 요약

주제	관련 콘텐츠	세부 가치 평가				평균	가치 종합 평가
		역사 · 전통	문화 · 예술	교육	경제		
인물	이상화	4.71	4.67	4.76	4.22	4.59	441.8
	서상돈	4.72	4.28	4.79	4.21	4.50	407.3
	이인성	4.21	4.41	4.19	3.85	4.17	299.4

<그림 1> '인물' 관련 콘텐츠별 가치 평가

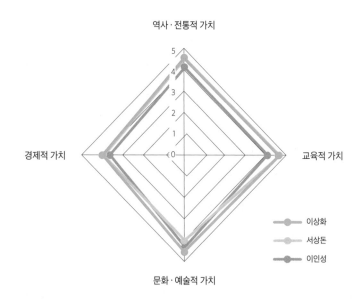

<표 8> '건축양식' 관련 콘텐츠별 가치 평가 요약

주제	관련 콘텐츠	세부 가치 평가				평균	가치 종합 평가
		역사·전통	문화·예술	교육	경제		
건 축 양 식	계산성당	4.86	4.86	4.66	4.47	4.71	492.0
	대구근대역사관	4.80	4.22	4.87	4.19	4.52	413.3
	의료선교박물관	4.55	4.29	4.48	4.07	4.35	355.9

<그림 2> '건축양식' 관련 콘텐츠별 가치 평가

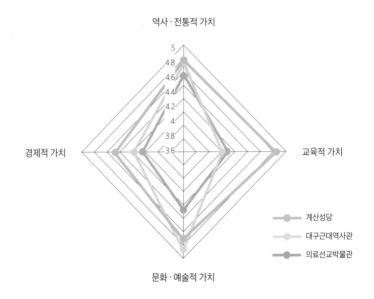

건물로 대표되는 대구근대역사관은 역사·전통적 가치와 문화·예술적 가치가 매우 높은 것으로 나타났으며, 의료선교박물관도 엇비슷한 인식을 하고 있음을 알 수 있다. 건축물의 특징에 따라 가치평가가 달라진다고 해석할 수 있다. 이를 종합한 가치를 요약하여 〈표 8〉, 〈그림 2〉에 나타내었다.

〈표 9〉와 〈그림 3〉은 대구의 시대정신으로 대표되는, 대구 도심의 역사·문화 자산인 국채보상운동, 2.28 민주운동이 해당된다. 둘에 대한 가치 인식은 거의 같다. 국가가 위기에 처한 상황에서 대구의 시민 정신이 표출된 운동이라는 동일한 자긍심이 작용하고 있기 때문으로 보인다. 주권 회복과 민주화 운동의 본산지인 대구의 사회운동은 전국적인 규모로 확대될 정도의 활력을 가지고 전개되었다. 국채보상운동(1907), 독립만세운동(1919), 조양회관 건립(1922)과 이를 거점으로 전개된 독립운동, 장진홍의 조선은행 대구지점 폭탄 투하 사건(1927), 4.19 의거를 촉발한 2.28 민주운동(1960) 등이 있다. 이를 종합한 가치를 요약하여 〈표 9〉, 〈그림 3〉에 나타내었다. 종합평가 결과, 국채보상운동 〉 2.28 민주운동 순으로 나타났다.

다음은 이인성 감나무, 박태준 청라언덕 등 문화·예술과 관련되는 응답이다. 인물에 대한 응답과 마찬가지로 차별적 인식이 없음을 알 수 있다. 그리고 각 콘텐츠를 역사·전통, 문화·예술, 교육, 경제적 측면에서 살펴본 가치 평가와 이를 종합한 가치를 요약하여 〈표 10〉, 〈그림 4〉에 나타내었다. 종합평가 결과, 청라언덕 〉 이인

<표 9> '시대정신' 관련 콘텐츠별 가치 평가 요약

주제	관련 콘텐츠	세부 가치 평가				평균	가치 종합 평가
		역사 · 전통	문화 · 예술	교육	경제		
시대정신	국채보상운동	4.78	4.27	4.91	4.28	4.56	428.9
	2.28 민주운동	4.75	4.24	4.88	4.10	4.49	402.9

<그림 3> '시대정신' 관련 콘텐츠별 가치 평가

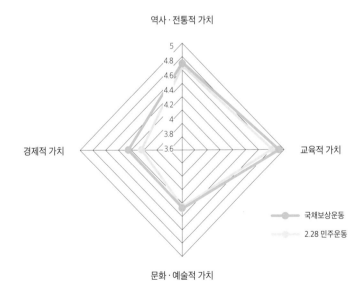

<표 10> '문화·예술' 관련 콘텐츠별 가치 평가 요약

주제	관련 콘텐츠	세부 가치 평가				평균	가치 종합 평가
		역사·전통	문화·예술	교육	경제		
문화·예술	이인성 감나무	4.21	4.41	4.19	3.85	4.17	299.4
	박태준 청라언덕	4.65	4.61	4.52	4.05	4.46	392.4

<그림 4> '문화·예술' 관련 콘텐츠별 가치 평가

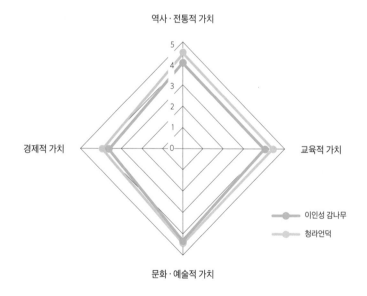

성 감나무 순으로 나타났다.

한의약박물관, 약전골목, 영남대로 등 전통 보존과 관련되는 대구 도심 역사·문화 자산에 대한 인식은 다소 차이를 보인다. 한의약박물관과 약전골목은 역사·전통, 문화·예술적 가치에 대한 인식이 높게 나타났다. 특히 이 둘은 경제적 가치에 대한 응답이 높아 명맥을 유지하고 있는 약전골목에 대한 기대가 많은 것으로 보인다. 이와는 대조적으로 영남대로의 경우 경제적 가치를 비롯, 주제별 가치에 대한 인식이 미미한 것으로 나타났다.

〈그림 5〉를 보면 경제적 측면은 아주 낮게, 그리고 전통과 문화적 측면에서 다소 높게 나타나고 있으나 유의미한 수준은 아닌 것으로 평가된다. 이를 종합한 가치를 요약하여 〈표 11〉, 〈그림 5〉에 나타내었다. 종합평가 결과, 한의약박물관 > 약전골목 > 영남대로 순으로 나타났다.

달성토성, 경상감영, 대구읍성 등 역사성과 관련되는 대구 도심 역사·문화 자산의 경우, 가장 관심을 보인 주제는 역사·전통, 문화·예술 측면에 대한 응답이었다. 두 주제는 교육, 경제적 측면과 큰 차이를 드러냈으며, 교육적 가치가 클 것으로 예상됐지만, 미미한 응답 결과로 볼 때 제대로 활용되지 않고 있음을 반영한 것으로도 해석할 수 있겠다. 이를 종합한 가치를 요약하여 〈표 12〉, 〈그림 6〉에 나타내었다. 종합평가 결과, 경상감영 > 대구읍성 > 달성토성 순으로 나타났다.

삼성상회 옛터, 옛 연초제조창 등 경제 주역과 관련되는 대구 도

<표 11> '전통 보존' 관련 콘텐츠별 가치 평가 요약

주제	관련 콘텐츠	세부 가치 평가				평균	가치 종합 평가
		역사 · 전통	문화 · 예술	교육	경제		
전통 보존	한의약박물관	4.74	4.12	4.81	4.57	4.56	429.2
	약전골목	4.69	4.20	4.48	4.53	4.47	399.7
	영남대로	4.41	4.07	4.38	4.01	4.22	315.2

<그림 5> '전통 보존' 관련 콘텐츠별 가치 평가

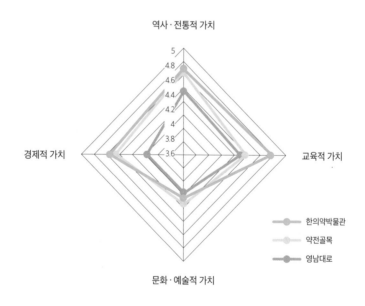

역사 · 전통적 가치

경제적 가치

교육적 가치

문화 · 예술적 가치

한의약박물관
약전골목
영남대로

주제	관련 콘텐츠	세부 가치 평가				평균	가치 종합 평가
		역사 · 전통	문화 · 예술	교육	경제		
역사성	달성토성	4.75	4.60	4.80	4.21	4.59	441.5
	경상감영	4.91	4.47	4.88	4.43	4.67	474.4
	대구읍성	4.82	4.46	4.82	4.32	4.61	447.6

〈그림 6〉 '역사성' 관련 콘텐츠별 가치 평가

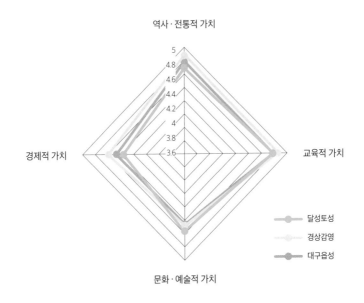

심 역사·문화 자산은 예상처럼 응답 결과가 거의 비슷하며 경제적 가치에 대한 응답이 다른 주제보다 훨씬 높게 나타난다. 이를 종합한 가치를 요약하여 〈표 13〉, 〈그림 7〉에 나타내었다. 종합평가 결과, 옛 연초제조창 〉 삼성상회 옛터 순으로 나타났다. 대구 최초의 산업은 중구 인교동에 세워진 우문일양조장(1902)이다. 주식회사 1호인 대구수산주식회사(1905), 최초 백화점 이비시야(1932), 근대식 최초의 백화점인 미나카이 등이 뒤를 잇는다. 그리고 반월당의 양장점(1934), 서문로의 쇼윈도를 갖춘 양품점 무영당(1937), 한일극장의 전신인 키네마 구락부(1938), 대구백화점의 전신인 대구상회(1944) 등 산업화 시대를 이끈 주역의 자산들이 즐비하다.

순종황제 어가길, 진골목, 종로 등의 스토리텔링에 대한 인식을 보면, 진골목과 종로에 대한 주제별 기대치가 상당이 높다는 점을 알 수 있다. 반면 순종황제 어가길은 다른 가치들에 비해 교육적 가치를 상대적으로 낮게 평가한다. 교육적 가치를 반영한 순종황제 어가길 스토리텔링이 필요할 것으로 생각된다. 어가길 조성과 관련해 논란이 되었던 역사 왜곡 문제도 이러한 교육적 공감대가 형성되지 않았기 때문으로 평가할 수 있다. 이를 종합한 가치를 요약하여 〈표 14〉, 〈그림 8〉에 나타내었다. 종합평가 결과, 진골목 〉 순종황제 어가길 〉 종로 순으로 나타났다.

대구 근대 문화 스토리 자원은 대구읍성의 흥망성쇠를 기초로 하여 형성되고 있다. 고종황제가 군사적 목적으로 대구읍성을 중수하였으나 친일 세력의 도심권 확장 의도에 의해 중수 명령과 상관

<표 13> '경제 주역' 관련 콘텐츠별 가치 평가 요약

주제	관련 콘텐츠	세부 가치 평가				평균	가치 종합 평가
		역사 · 전통	문화 · 예술	교육	경제		
경제 주역	삼성상회 옛터	3.94	3.65	4.17	4.32	4.02	259.0
	옛 연초제조창	3.98	3.71	4.11	4.34	4.04	263.3

<그림 7> '경제 주역' 관련 콘텐츠별 가치 평가

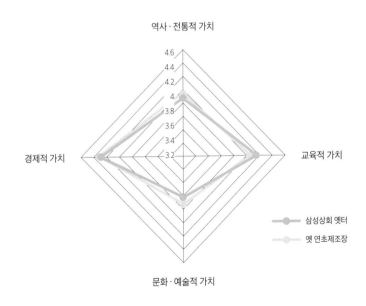

<표 14> '스토리텔링' 관련 콘텐츠별 가치 평가 요약

주제	관련 콘텐츠	세부 가치 평가				평균	가치 종합 평가
		역사 · 전통	문화 · 예술	교육	경제		
스토리 텔링	순종황제 어가길	4.36	4.09	4.41	3.96	4.21	311.4
	진골목	4.37	4.38	4.28	4.21	4.31	344.8
	종로	4.31	4.09	4.18	4.06	4.16	299.1

<그림 8> '스토리텔링' 관련 콘텐츠별 가치 평가

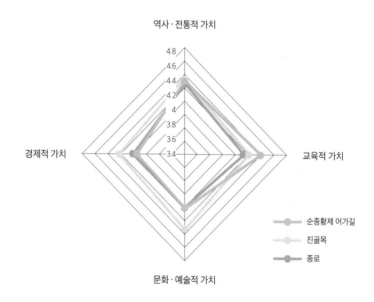

없이 철거되면서 도로와 공간의 재편성이 이루어지게 되었다. 대구 읍성의 붕괴와 더불어 서양 종교가 유입되면서 학교 및 병원 등 근대 시설물이 들어서게 되었다. 일제강점기에는 대구 출신 문화·예술인들의 활동이 두드러졌고, 6.25 전쟁을 겪으면서 향촌동을 중심으로 피난지에서의 문인들의 이야기들이 전해 오고 있다. 대구 근대 문화와 관련된 대표 스토리는 본 설문 외 대구읍성, 종교, 문화·예술인, 사회운동, 산업, 교육, 학교, 공공시설 등으로 분류해 볼 수 있다.

분산분석

직업별로 도심 역사·문화 콘텐츠의 주제가 도시 이미지 영향에 어떠한 차이가 있는가 알아보고자 분산분석을 실시하고 그 결과를 요약하여 〈표 15〉에 나타내었다. 인물, 건축물 및 건축양식, 민주화 및 시대정신, 문화·예술, 전통 보존, 역사성, 경제 주역 및 근대화 발자취 등 일곱 가지 주제 가운데 문화·예술, 전통 보존, 경제 주역 항목에 대해서는 5% 유의수준에서 직업별 시각 차이가 존재하고 있음을 알 수 있다. 인물과 역사성 항목의 경우에는 11% 유의수준에서 직업별 시각 차이가 나타나고 있다. 그 외의 주제의 경우는 사실상 직업별 시각 차이를 인지하기 어렵고, 공통적으로 역사·문화 콘텐츠의 도시 이미지에 미치는 영향을 매우 높게 인지하고 있다.

내용	구분	빈도	평균	표준편차	F 값	p 값
인물	교사	126	4.78	0.46	2.43	0.090
	해설사	72	4.72	0.53		
	학부모	65	4.89	0.31		
	계	263	4.79	0.45		
건축양식	교사	126	4.88	0.34	0.765	0.466
	해설사	72	4.83	0.41		
	학부모	65	4.81	0.39		
	계	263	4.85	0.37		
시대정신	교사	126	4.84	0.40	0.625	0.536
	해설사	72	4.80	0.46		
	학부모	65	4.76	0.42		
	계	263	4.81	0.42		
문화·예술	교사	126	4.69	0.54	3.857	0.022 (*)
	해설사	72	4.59	0.59		
	학부모	65	4.84	0.40		
	계	263	4.70	0.53		
전통보존	교사	126	4.82	0.42	3.672	0.027 (*)
	해설사	72	4.75	0.49		
	학부모	65	4.93	0.24		
	계	263	4.83	0.41		
역사성	교사	126	4.81	0.40	2.272	0.105
	해설사	72	4.76	0.45		
	학부모	65	4.90	0.29		
	계	263	4.82	0.40		
경제주역	교사	126	4.63	0.60	5.231	0.006 (**)
	해설사	72	4.52	0.64		
	학부모	65	4.33	0.53		
	계	263	4.53	0.60		

* $p < .05$, ** $p < .01$.
• 출처: 도심 탐방 체험 프로젝트 설문 조사 결과.

분석 결과

역사·문화 콘텐츠를 활용한 교육 프로그램의 효과에 대해 긍정적인 인식의 정도가 매우 높게 나타나고 있다. 리커트 5점 척도상 교육적 효과 측면 평균이 4.86, 문화관광적 효과 측면 평균이 4.82, 도심재생 인식 측면 평균이 4.70, 그리고 도시 이미지 향상 측면 평균이 4.66으로서 도심재생 과정에 소프트웨어적 요소의 중요성을 인식하고 있는 것은 분명하게 보인다. 그런데 역사·문화 콘텐츠가 도시 이미지에 미치는 영향을 보다 세밀하게 주제별로 파악해 본 결과, 건축물·건축양식과 같은 하드웨어적 요소에 대한 기대가 여전히 높게 나타나고 있다. 하지만 전통 보존, 역사성, 시대정신, 인물 등의 소프트웨어적인 요소에 대한 영향 기대 역시 거의 유사하게 높게 나타나고 있는 것을 알 수 있다.

도심 역사·문화 콘텐츠의 도시 이미지 향상 관련 성별 차이는 사실상 거의 두드러지지 않는 것으로 보인다. 역사·문화 콘텐츠의 주제별·직업별 도시 이미지 영향 분석 결과에 의하면, 모든 항목에서 직업별 또는 성별 시각차가 없는 것은 아니지만 문화·예술, 전통 보존, 경제 주역 항목에서는 직업별 시각차가 존재하는 것으로 나타나고 있다. 반면 역사성과 인물 항목 외 나머지 항목에서 역사·문화 콘텐츠가 도시 이미지에 미치는 긍정적 영향을 매우 높게 인지하고 있다. 아울러 도심재생의 기능 또는 도심 활성화에 대한 역사·문화 콘텐츠의 활용 가치에 대한 평가도 매우 높다. 전체 22개 역사·문화 콘텐츠의 도심재생 영향 인식 역시 리커트 5점 척도상 전체 평균 4.38로 상당히 긍정적임을 알 수 있다. 반면에 삼성상회 옛터와 KT&G 옛 연초제조창의 경우는 도심재생 인식에 '그저 그렇다'보다 다소 높은 응답이 나타나고 있다. 다만, 역사·문화 콘텐츠의 도심 재생 영향 인식에 있어서 유의수준 1%에서 남성이 여성보다 긍정적인 인식을 하고 있는 것으로 나타나고 있다.

　도심 지역 활성화 방안으로서의 필요성 인식 분석에서는 리커트 5점 척도상 역사·문화 자원 개발 및 활용이 4.53, 관광 투어 코스 개발이 4.47, 주민 상호 공동체 공간 개발이 4.37, 문화시설 배치가 4.20, 공공시설 배치가 4.12, 그리고 골목 재정비가 4.01로 전반적으로 필요성의 정도를 상당히 높게 인식하고 있다. 특히, 역사·문화 콘텐츠 개발 및 활용을 통해서 도심 지역을 활성화할 수 있다는 측면에 대해 그 필요성을 매우 높게 인식하고 있는 것을 알 수 있다. 전반적으로 하드웨어 중심의 공공시설 배치나 골목 재정비보다 소프트웨어 중심의 개발 방식을 선호하고 있음을 알 수 있다. 관련 내용에 대한 성별 비교 분석에 있어서 5% 유의수준에서 문화시설 배치와 골목 재정비 항목에서는 남녀 간 인식 차이가 나타나고 있고, 그 외는 거의 대부분 남녀 간 인식 차이가 분명하지 않지만 전반적으로 필요성을 상당히 높게 인식하고 있다. 문화시설 배치에서는 남성이 그 필요성을 높게 인지하고 있고, 골목 재정비에서는 여성이 그 필요성을 높게 인지하고 있다.

　특히 도심 역사·문화 콘텐츠가 성별·직업별로 별 차이 없이 전반적으로 도심 활성화 방안으로서의 그 필요성이 인지되고 있다.

이 분석 결과를 보다 구체화하기 위해 역사·문화 콘텐츠가 가지고 있는 다양한 가치를 역사·전통적 가치, 문화·예술적 가치, 교육적 가치, 또는 경제적 가치로 구분하여 검토하였다. 전체 평균에 있어 서는 교육적 가치와 역사·전통적 가치가 리커트 5점 척도상 각각 4.55와 4.54로 매우 높게 나타났다. 그리고 문화·예술적 가치와 경제적 가치가 각각 4.26과 4.20으로 상당히 높게 나타나고 있다. 역사·문화 콘텐츠의 개별 주제 항목별로 가치 평가에 차이가 나타나고 있지만, 전체적으로 긍정적인 가치 평가가 상당히 높게 나타나고 있다. 특히 경상감영의 경우는 역사·전통적 가치와 교육적 가치를 리커트 5점 척도상 각각 4.91과 4.89로 아주 매우 높게 인식하고 있다. 그 외 계산성당의 경우 역시 역사·전통적 가치와 문화·예술적 가치를 모두 4.86으로 매우 높게 인식하고 있다. 그 가치가 4.0 미만으로 인식되고 있는 경우는 이인성 감나무, 100년 된 사과 자손목, 순종황제 어가길의 경제적 가치와 삼성상회 옛터와 옛 연초제조창의 역사·전통적 가치와 문화·예술적 가치 정도이다.

실태 조사를 종합하면, 역사·문화 콘텐츠의 활용은 도심재생의 인식 측면뿐만 아니라 교육적 효과, 문화관광적 효과, 그리고 도시 이미지 향상 효과 등에서 모두 매우 긍정적으로 인식되고 있음을 알 수 있다. 결과적으로, 도심의 역사·문화 콘텐츠를 개발·보존·발전시켜 나가는 것이 한편으로는 도심재생에 기여하고, 다른 한편으로는 도심재생 과정상의 연관 효과를 개선함으로써 실효성이 높은 도심재생을 가능하게 하는 방안이 될 수 있다. 도심의 경제, 문화, 사회, 그리고 이미지가 모두 연계되어 선순환적인 시너지 효과를 창출하는 기저에 도심의 역사·문화 콘텐츠의 개발·보존·발전 전략이 존재하고 있는 것이다. 특히 역사·문화 자산을 활용한 교육 프로그램에 대한 호응은 하드웨어 위주로 진행되던 기존의 도심재생정책에 대한 시사점을 보여준다.

5장

역사 · 문화 콘텐츠 활용 방식의 차원

여기서는 심층 면담과 자료 분석을 통해 지표와 임시 가설을 추론하였다. 역사 · 문화 콘텐츠 활용 방식에 따른 사회적 자본의 유형을 파악하기 위해 우선 초점집단면접(FGI)[15]을 통해 실증 분석 자료

---

15 초점집단면접(Focus Group Interview : FGI)은 특정 주제에 대해서 정보 획득 및 문제 파악을 위하여 면접 대상 개인들을 특성별로 집단화한 후 각자의 믿음, 경험, 견해, 느낌 등에 대해서 발표하고 토론하도록 하는 면접 방식이다. 이 방식은 참여자가 단순히 자신의 의견과 태도를 말하는 것이 아니라, 자신의 경험에서 생성된 시각으로 특정한 의견과 태도를 말하기 때문에 집단 참여자들의 경험과 시각을 파악할 수 있으며, 다른 연구 방법을 통해서는 관찰할 수 없는 그들의 사고 또는 인지 과정 등을 통해 연구 집단의 상호작용을 알 수 있다. 연구 집단 또는 연구 현지를 평가할 수 있게 해 준다는 측면에서 새로운 연구 분야로 지평을 넓힐 수 있는 유용한 연구 방법이다. 본 연구에서는 특히 초점집단 토론을 통해 역사 · 문화 콘텐츠 활용 관련 유사한 경험을 하면서 느꼈던 공동의 관심사 등 다양한 문제들을 참여자끼리 서로 공유하고 의견 교환을 하게 함으로써 역사 · 문화 콘텐츠의 속성을 더욱 명확하게 파악할 수 있을 것으로 기대된다.

를 포착하고자 하였다.

　역사·문화 콘텐츠의 속성과 기능적 역학 관계, 그리고 도심재생에서 적용되는 사회적 자본의 형성 및 작동에 미치는 긍정적 요인에 대한 인과관계 등 연구의 범위를 넓게 설정하였다. 추론된 가설은 3장에서 소개되는 다양한 측정 경험 연구의 구체적 가설을 설정하는 근거로 활용되었다. 세부 변인들 간의 관계에 대한 부가적 가설들은 3차 FGI 및 심층 면접을 통한 계속된 자료 수집으로 연구의 관점을 확장해 가는 과정에서 도출하였다. 이러한 과정을 통해 측정을 위한 조사 모형을 정립하고 수집된 지표를 검토하여 양적 분석을 위한 조사 도구를 개발, 연구 문제와 결과의 관계를 명확히 하고자 하였다.

　이 실증 분석에서 활용되는 체험 수기는 학생, 학부모, 교사들뿐만 아니라 일반 시민, 상인 등의 솔직한 감정과 태도를 잘 알 수 있는 자료이다. 아울러 면담 내용은 체험학습에 대한 학생들의 반응이 어떠한지, 어떠한 영향을 미치는지를 파악하는 데 유용하며, 주변 상인들의 반응을 이해하는 데에도 도움이 된다. 특히 학생, 교사, 해설사, 자원봉사 학생들로부터 받은 체험 수기는 도심 역사·문화 콘텐츠의 재구성과 활용 방안을 모색하는 유용한 자료이다. 여기에 소개하는 학생들의 수기는 2011년부터 최근까지 교사의 지도 아래 체험학습 홈페이지[16]에 게재된 내용이며, 교사들의 의견은 체험학

---

16 대구 도심 역사·문화 탐방 홈페이지(www.golmok.or.kr) 서비스가 사업장 소재지 변경으로 일시 중단되어 있다. 서버 확장 및 시스템 개편 작업 후 2022년 1월 오픈할 예정이다.

습 참가 이후 전화 또는 이메일을 통해 접수한 자료이다. 해설사의 경우, 자신의 해설 수업을 녹음하여 분석하는 등 주기적 오리엔테이션을 통해 도출된 의견이다.

이처럼 다양한 느낌과 의견을 통해 새롭게 이해된 내용을 분석한 결과를 바탕으로, 반복적으로 나타난 역사·문화 콘텐츠의 세부적 활용 특성을 개발·발굴, 보존·보전, 이용·응용, 소비·향유 등 네 가지 측면에서 살펴본다. 나아가 생산자와 소비자라는 두 가지 측면을 통제하여 의견을 분석해 봄으로써 다양한 집단 간의 이해관계를 유추하고자 하였다.

탐방 피드백의 내용 분석을 위한 각 단계별 특성을 보면, 첫째, 개발·발굴 단계는 지역 자산 활용에 대한 공감대 형성을 바탕으로 개인과 이웃의 삶을 매개하고 나아가 도심재생 과정에 긍정적 영향을 미치는 역사·문화 자산을 개발하고 발굴하는 과정이다. 둘째, 보전·보존 단계는 지역 자산의 유형을 파악, 지역 특성을 반영한 우선순위를 정하면서 지역의 정체성에 기반한 역사·문화 자산의 속성을 확인하고 이해하는 단계이다. 셋째, 이용·응용단계는 지역 자산의 연계를 통한 활용 전략 수립과 모니터링 등을 통한 체계적인 확산 과정이다. 넷째, 소비·향유 단계는 공동의 관심과 흥미로 모인 개인과 집단이 그들의 이익을 위해 상호 관계를 넓혀 가는 단계로, 역사·문화 자산의 소비자에서 개발·발굴하는 생산자로 환류하는 단계를 포함한다.

다음 내용은 사전 조사를 위해 모은 체험 수기 또는 소감을 바탕으로 공급자와 수요자 측면으로 임의로 분류, 설문 조사를 실시했다. 아울러 초점집단면접과 심층 면접을 병행하여 개발·발굴, 보존·보전, 이용·응용, 소비·향유 등 네 가지 범주에서 살펴본 실증 분석 내용이다. 구체적인 자료의 분류는 개발·발굴, 보존·보전 측면의 경우 자치단체, 민간기업, 학계 등을 공급자 부류, 이용·응용, 소비·향유는 학생, 학부모, 시민, 외지인 다양한 개인과 단체 등을 수요자 부류로 임의 분류하여 살펴본 것이다. 단계별 수요와 공급에 따른 직간접적 이해 당사자들의 인식과 행위 특성은 역사·문화 자산의 재구성과 활용 속성을 파악하는 중요한 지표가 된다. 이는 개인과 집단 또는 집단 간에 생겨나는 갈등의 원인과 유형은 무엇인지 그리고 각자 다른 환경과 배경을 지닌 구성원들이 이러한 갈등을 넘어 어떻게 협력하여 집단을 이뤄 나가는지를 추론할 수 있기 때문이다.

역사·문화 콘텐츠 활용 사례 분석의 틀

연구 모형

역사·문화 콘텐츠 활용은 적용 대상과 척도에 따라 다양한 방식으로 구분될 수 있지만(송희영, 2012: 78~79; 심민지, 2011: 102~103), 이 실증 분석에서는 도심재생 과정에서 주로 발생하는 역사·문화 콘텐츠의 개발과 소비 주체를 둘러싼 인식 변화 측면을 조명한다는 점에서 개발·발굴, 보존·보전, 이용·응용, 소비·향유 등 연구 범위를 넓게 설정한다. 자료 분석 범주는 많은 부분이 직관적인 과정이긴 하지만, 연구 목적과 연구자가 생각하고 있는 이론적 근원과 지식, 연구에 참여하는 이들에 의해 명백하게 표방된 의미에 기반을 두고 체계적으로 만들어진 것이다(Merriam, 1998). 이러한 관점에서 역사·문화 콘텐츠에 대한 이론적 분석, 언론의 분석 보도 방향, 지역 주민, 자치단체 등 생산과 소비 주체가 생각하는 개념, 사업 추진 과정 자료 등에서 반복적으로 나타난 개발·발굴, 보존·보전, 이용·응용, 소비·향유를 분석 기준으로 정하여 분석 범주화하기로 하고 자료를 분석하였다. 따라서 본 연구의 내용 분석은 각 단계별 특성에 따라 네 단계로 구분하여 검토한다.

첫째, 개발·발굴 단계에서는 도심재생 과정에서 하향적으로 추진되어 온 관 또는 민간 개발 방식에 대한 주민들의 비판적 인식이 역사·문화콘텐츠의 개발 방식에서도 여전한지 여부에 대한 분석이 필요하다. 개발 방식에 대한 개인적 가치는 공동체 형성의 중요한 요인이기 때문이다. 둘째, 보존·보전단계에서는 개발 이익에 대한 구성원들의 높은 관심이 예상되는 동시에 집단 이익을 위한 행위 특성도 예상된다. 따라서 주민들 간 이견의 요인이 된 개인적 가치와 집단 이익을 위한 합의 과정을 살펴볼 필요가 있다. 셋째, 이용·응용 단계는 공동의 관심과 같은 목적으로 구성원들이 모이는 특성이 예상된다. 따라서 기능적 공동체 작동의 요소가 잘 나타날 수 있다는 측면에서 상호관계를 형성하는 요인이 무엇인지 밝혀야 할 것이다. 넷째 소비·향유 단계에서는 소비자들이 생산자로 전환되는 특징을 보인다는 점에서 기능적 공동체의 작동 측면에 대한 분석과, 개발발굴의 생산자로 순환하는 요인이 무엇인지 살펴봄으로써 역사·문화콘텐츠 활용의 지속가능성 여부도 가늠할 수 있을 것이다.

보다 구체적인 분석 방법은 다음 두 가지 측면이다.

우선 역사·문화 콘텐츠가 도심재생 과정에서 신뢰, 규범, 공감, 협력 등을 견인 내지 확장하는 속성이 있다는 이권희·박종화(2017: 22)의 연구에 착안, 역사·문화 콘텐츠 활용 관련 개인 또는 집단 간의 협력적 행위를 가능케 하는 요인이 무엇인지, 그리고 구성원들 간의 상호작용이 미치는 요소가 무엇인지를 탐색하고자 한다. 이는 역사·문화 콘텐츠의 개발·발굴, 보존·보전, 이용·응용, 소비·향유 단계에서 나타나는 개인적 심리 측면 및 사회적 공감 측면과 순환 구조적으로 연계되어 나타나는 집합적 행동 측면의 발현 여부를 밝힘으로써 도심에서 작동하고 있는 사회적 자본의 유형을 포착하는 데 유용할 것으로 예상되기 때문이다. 이권희·박종화(2017)의 집합적 행동의 기능적 상보성 연구 모형과 지표를 활용, 역사·문화 콘텐츠 활용 관련 개발·발굴, 보존·보전, 이용·응용, 소비·향유 단계별 경험에 대한 반구조화된 질문, 그리고 의견 등을 토대로 양적·질적 자료를 구체화하고자 하였다. 이를 위한 분석 도구로 FGI를 활용하였다. FGI 연구는 지금까지 양적 연구에서 밝혀지지 않은, 역사·문화 콘텐츠 활용 과정에서 상대와 어떠한 상호작용이 있었는지, 변화하는 도심 환경에 대한 느낌이 어땠는지 등 일상의 사정을 알 수 있다는 점에서 사회적 자본의 유형을 파악하는 데 유용할 것으로 판단된다.

둘째, 역사·문화 콘텐츠를 활용한 도심재생 정책의 선행 연구 결과와 제임스 콜먼의 기능적 공동체[17] 가설을 이론적 배경으로 하고, 최근 이권희·박종화(2017)의 연구에서 분석한 MIT&UE 기반형 기능적 공동체 연구 모형을 활용, 개발·발굴, 보존·보전, 이용·응용, 소비·향유 단계의 특성 탐색을 통해 도심에서 실제 작동하는 사회적 자본의 현상을 파악하고자 한다. 자료 수집은 FGI 외 심층 면접을 통해 이루어졌다. 심층 면접은 역사·문화 콘텐츠 활용과 관련된 유사한 경험을 하면서 느꼈던 공동의 관심사 등에 대해 참여자들끼리 서로 공유하고 의견을 교환하게 한 후, 개인적·집단적·공공적 가치 측면으로 구분한 반 구조화된 질문을 실시하였다. 이상의 논의를 토대로 구성한 내용 분석의 틀은 〈그림 9〉와 같다.

---

17 콜먼(1988)의 '기능적 공동체'는 공동의 관심, 이해관계를 공유하는 개인과 집단이 완결형 유대망을 형성하고 있는 경우 그들의 모임, 결속뿐만 아니라 부가적으로 그들 자녀의 교육 안전에도 영향을 미친다는 연구이다. 이는 사회적 자본의 핵심적 특성인 '부가적 기능' 또는 '우연적 성격'을 말하는 것으로 이해할 수 있다. 이러한 사회적 자본의 특성을 재해석하여 MIT&UE 기능적 공동체 모형을 만들었다. 즉 역사·문화 콘텐츠를 활용하는 과정에서 교육, 복지, 문화 등을 기반으로 하는 기능적 공동체를 형성하게 되면, 부가적으로 구성원 간 공동체 의식이 강화되면서 도심재생 과정에서 빚어지는 갈등을 해소한다는 추론을 해 볼 수 있다. 따라서 역사·문화 콘텐츠를 활용하는 구성원들이 자주 보고(Meet), 상호 교류하고(Interact), 이야기하는(Talk) 등 함께 움직일 수 있도록 하는 네트워크가 형성되면 이와 같은 네트워크가 바탕이 되어 서로 이해하고(Mutually Understand), 공감하며(Empathy) 신뢰를 쌓게 되어 결과적으로 유용한 사회적 자본으로 작용한다는 측면에서 MIT&UE 기능적 공동체 형성과 작동 모형이 개발된 것이다.

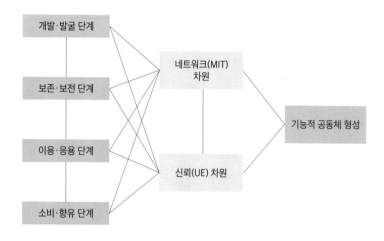

〈그림 9〉 연구 분석의 틀

- 자주 만나고 상호 교류하고 이야기하면서 네트워크를 형성하게 되고, 이러한 네트워크가 토대
가 되어 서로 이해하고 공감하게 되면서 공동체로서의 신뢰가 쌓인다는 측면에서 기능적 공동체
를 MIT(Meet, Interact, Talk)와 UE(Understand, Empathize) 기반형으로 구분한 이권희·박종화
(2017)의 연구와 선행 연구를 바탕으로 구성하였다.

분석 방법 및 자료 수집

여기서 이루어진 사전 조사는 실증 분석에서 검증하고자 하는 가
설을 추론하기 위한 선행 연구로 FGI 및 심층 면접을 진행하였다.
아울러 역사·문화 콘텐츠 활용과 관련, 설문지 구조화를 위한 지표
및 변수 개발 등 기초 자료를 수집하여 실증 분석의 신뢰성과 타당
성을 제고, 3부에서 다루는 사회적 자본의 형성 과정에 나타나는 현
상을 파악하고자 하였다. 사전 조사로 실시하는 FGI 및 심층 면접

은 사회적 자본의 기능적 메커니즘과 그 과정을 종합적으로 이해하는 한편 도심재생 과정에서 역사·문화 콘텐츠를 활용한 사회적 자본의 형성에 대한 주민 인식을 알아보기 위한 것이다.

역사·문화 콘텐츠의 활용은 늘 변화하는 도심의 독특한 환경에서 이뤄진다는 점에서 심층적 이해가 필요하다. 따라서 개인, 소집단, 참가 사례, 현상 등 다양한 분석 자료를 활용했다. 첫째, 실증적 기초 자료 수집을 위한 문서 자료는 먼저 학술 문헌과 간행물, 주요 도심재생 경험 사례 보고서 및 관련 진행 녹취록, 연구 동향, 언론 보도, 설문 자료 등의 실증적 자료를 검토하였다. 둘째, 저자가 참여한 대구 도심재생 관련 언론 캠페인(2009~2010), 대구문화창조발전소 기본 계획 및 실시 용역(2008~2010), 민·관·학 도심재생 연구 모임(2009), 순종 어가길 조성 기본 구상 용역 수행(2010) 등의 자료와 2011~2017년 대구 도심 역사·문화 탐방 프로젝트, 도심 역사·문화 해설사 양성 프로젝트 자료를 사례 대상으로 선정했다. 이를 토대로 심층 면담 집단과 질문지를 구성하였다. 셋째, 심층 면접 대상자는 학생, 해설사, 지역 주민, 일반 시민 등의 참여 대상자를 관찰하고 심층 면담한 기록을 활용하였다. 넷째, 1차 FGI는 2017년 4월 초부터 6월 초, 2차 FGI 및 심층 면접은 7월 초부터 8월 중순까지 진행하였으며, 4~5명으로 구성된 5개 집단을 대상으로 했다.

면접 대상자는 지난 8년간 역사·문화 콘텐츠의 개발과 활용 프로젝트를 운영해 온 전문 회사를 통해 선정하였다. 또 개별 심층 면접 조사 대상인 주민의 경우, 대부분은 스노우볼 샘플링 방식을 사용, 응답자로부터 다른 응답자를 소개 받아 진행하였으며 FGI와 병행 실시하였다. 응답자들은 진행자가 제기한 주제에 대해 자유롭게 토론하도록 하였으며, 토론은 30분에서 한 시간 정도 이루어졌다. 심층 면접과는 달리 역사·문화 콘텐츠의 활용을 경험하면서 느꼈던 문제들에 대해 응답자들끼리 공유하고 의견을 교환하게 하여, 다소 민감한 부분도 서로 엇비슷한 처지로 인식하는 과정을 인지하면서 적극적인 의견을 내놓기도 해 주제를 명확히 파악하는 데 도움이 되었다. FGI에 참가한 사례는 34건이다.

지표 및 변수 추론

도심 역사·문화 콘텐츠 단계별 활용 경험의 사례 분석을 통해 사회적 자본의 형성·작동 현상을 발견하고자 하였다. 따라서 역사·문화 콘텐츠의 속성을 개념화하여 지표를 추출함으로써 실제 도심에서 작동하고 있는 사회적 자본의 특성을 파악하고자 한 것이다. 엘리엇 아이즈너(Elliot W. Eisner, 1994)에 따르면, 개념은 시각적인 형태뿐만 아니라 미각, 후각, 촉각, 청각의 형태로도 형성될 수 있기 때문에, 개념의 형성은 인간이 가지고 있는 감각 체계에 그 생물학적 뿌리를 두고 있다는 것이다. 즉 어떤 개념이 의미가 도출되려면 이미지로 상상하거나 회상할 수 있어야 한다고 주장한다. 예컨대 가을이라는 개념 속에는 한 가지의 개념만 존재하는 것이 아니라 가을을 경험하는 사람들의 방식에 따라 여러 가지 특질이 섞여서 나타나기 때문에 다양한 의미의 개념이 나타날 수 있다는 것이다.

아이즈너(1994)의 언급처럼 역사·문화 콘텐츠 활용을 통한 경험이나 느낌 등은 한두 개의 감각기관에 의해서라기보다 여러 개의 감각기관에 의해 포착된 각각의 자료 간의 상호작용에 의해 결정된다고 볼 수 있다. 따라서 인간의 경험에서 가장 주요한 것의 상당 부분이 눈에 보이는 것이 아니라 눈에 보이지 않는 것에 대한 느낌이기 때문에 건축물, 시설 등 대상물보다 그 속에 담겨 있는 정서적 삶의 관점에서 파악될 필요가 있다(박승배, 2014: 87~96).

동일 맥락에서 사람들은 역사·문화 콘텐츠를 통해 다양한 유형의 주제를 경험하면서 결속력을 쌓아 갈 것으로 짐작된다. 예컨대 북성로를 걸으며 대구읍성이 일제에 의해 훼손되던 그날의 아픔을 기억하고, 2.28민주운동과 국채보상운동이 시작된 골목을 걸으며 시대정신을 공감할 수 있을 것이며, 수많은 문인들과 예술가들의 삶의 흔적과 남긴 작품을 도심 곳곳에서 만나는 다양한 경험해 볼 수 있을 것이다. 분절된 도시 공간에서 이러한 경험을 공유하는 구성원들은 과거와 현재 그리고 미래를 잇는 네트워크를 만들면서 또 다른 결속을 다지는 감성으로 진화하지 않을까라는 상상을 해본다.

연구 참여자들의 면접 결과, 역사·문화 콘텐츠 활용에 대한 주요 주민 인식 지표는 공동체 의식, 교육·문화·예술 가치 인식, 지역사회 안전 및 발전, 지역사회 관심 및 만족도, 경제 활성화 요인 등이 부각되었다. 집합적 행동의 기능적 상보성 관계의 출발점으로 볼 수 있는 개인적 심리 지표인 주민 관심도의 경우, 이권희·박종화(2017)의 연구 결과처럼 역사·문화 콘텐츠 개발·발굴 과정에서, 자궁심, 개방성, 만족도 등을 나타내는 지표는 이용·응용 및 소비·향유 과정에서, 자율적 통제, 규범적 규제, 셉테드성 등의 지표는 보전·보존 과정에서 주로 나타났다. 특히 소비·향유 단계에서는 소비자가 개발·발굴 생산자로 전환하는 선순환성은 협력적 행동이 개인적 심리 측면과 사회적 공감 측면과 순환 구조적으로 연계되어 있는 특성과 유사한 특징이 발견되어 연구 문제에 대한 가설 추론의 근거가 되었다. 역사·문화 콘텐츠에 대한 가치 인식 지표는 선행연구 고찰에서도 살펴봤듯이 역사·문화 콘텐츠는 대상물 자체의 실체적 의미보다 역사성, 시대정신, 보전의 가치 개념과 결부되어 있다는 측면에서 개인이나 집단 또는 공공의 이해관계와 직간접적으로 관련이 있을 것으로 보인다.

따라서 오랜 시간 쌓아온 사람들의 삶의 축적물을 전제한 환경에서 역사·문화 자산으로 존재하거나 전해지고 있는 건축물, 시설 등에 대한 개인적 가치, 집단적 가치, 공공적 가치를 인식 지표로 규정하고자 하였다. 구체적으로 보면, 공공적 가치에 대한 지표는 역사·문화 콘텐츠의 활용 과정에서 형성되는 기능적 공동체가 실질적 공동체로서의 역할 수행을 전제하고 있음이 예상되어 신뢰, 규범, 안전 등과 관련하여 지표를 개발하고자 하였다. 집단적 가치 지표 역시 공공적 가치 일부와 일치성이 높을 것으로 보이며, 개인적 가치의 경우에도 그 과정에서 긍정적 외부성을 발생시켜 집단적 가치와 공공적 가치에 영향을 미칠 수 있음이 짐작되어 자아성취, 비즈니스 등을 개인적 가치의 지표로 도출하였다.

역사·문화 콘텐츠 활용 사례
분석 결과

역사 · 문화 콘텐츠의 개발 · 발굴

 역사·문화 콘텐츠의 개발·발굴 단계는 주로 관 또는 민간기입 주도로 이뤄지는 경우가 여전하다. 따라서 역사·문화 콘텐츠와 연계한 도심 개발에 대한 개인적 생각을 분석하기 위해 민간 자본에 의해 추진된 옛 KT&G 부지 개발과 현대백화점 개발에 대한 주제를 놓고 집단토론을 실시하였다.

 ◆ 도심 역사·문화 자산이 관광자원화되면서 도심의 옛 모습이 점점 없어지는 느낌이 듭니다. 오래된 기억과 삶의 흔적을 떠올리며 찾는 사람들에게 허탈감을 심어 주기도 합니다. 비워 두면 더 괜찮을 자투리 공간에 조형물이 들어서고, 장소마다 관광 안내 입간판이 세워져 시야를 가리니, 도심에서 풀 한 포기가 더 소중한 사람들에게 상처를 주는 것 같습니다. (경북대 대학원생 C씨)

 ◆ 한마디로 상전벽해가 따로 없죠. 속칭 자갈마당 길에 문화·예술 공간이 들어설 줄 누가 알겠습니까. 이곳 북성로 공구골목 사람들은 아직도 얼떨떨해 합니다. 누군가 득을 보겠지요. (대구시 중구 주민 B씨).

◆ 20여 년간 공구골목 상가에서 전세 걱정 안 하고 일해 왔는데……. 문화·예술 공간이 들어선 것도 놀랍지만 코앞에 주상복합아파트가 지어지면서 주변 땅값 오른 게 더 놀랍죠. (대구시 중구 주민 L씨)

◆ 현대백화점이 들어온 후로 확연히 달라진 게 있습니다. 약령시와 약전골목 주변 임대료가 해마다 높아지면서 약재상과 유명했던 떡집들이 밀려나거나 빠져나가고 있는 게 제일 큰 문제지요. 해마다 약령시 축제니 뭐니 해서 관심을 유도해도 약령시 이미지가 나아진다고 보기는 힘들겠죠. (대구 중구 약전골목 약재상 J씨)

역사·문화 자산의 개발·발굴 과정에서 서로 다른 입장 차이를 보여주는 도심 주민 C, B, L, J씨와의 대화이다. 역사·문화 콘텐츠의 개발·발굴 단계는 시장적 가치와 비시장적 가치가 동시에 적용된다는 점에서 개발 주체 간 갈등 여부가 쟁점이다. 지금껏 도심재생이 주로 관 주도로 이뤄져 왔듯, 역사·문화 콘텐츠가 도심재생의 주요한 수단으로 부각된 것과는 별개로 하향적 방식의 관행화에서 비롯되는 주민 불신 등의 문제점이 나타나고 있음을 짐작할 수 있다. 더구나 근래 들어 역사·문화 콘텐츠 개발에 대한 주민들의 관심이 높아지고 있음에도, 하향적 개발 흐름이 지속적으로 적용되고 하드웨어 위주의 물리적 수요 충족으로 치우치고 있다는 주민들의 인식이 강하다. 이는 지역 주민들이 참여하고 소통하는 자율성이 배제되면서 빚어진 결과로 짐작할 수 있다. 대다수 응답자로부터 나타나는 이러한 시민들의 인식 변화는 타성에 젖어 국지적으로 이뤄지고 있는 하드웨어 위주의 기존 도심재생 사업에 대한 거부감과 함께 상실된 문화와 정체성 회복에 대한 요구로 이어지고 있는 것으로 보인다.

◆ 요즘 향촌동엔 예전에 없던 문학관, 역사관, 체험관이 여럿 들어섰습니다. 그런데 정작 지역 주민들의 활용도가 그리 높지 않아요. 참여와 공감을 얻는 과정이 없어 역사·문화 콘텐츠가 개발된 데다 주민들에게 당장 득이 되는 일이 아니라는 생각 때문이겠죠. (대구시 문화해설사 W씨)

◆ 솔직히 향촌동이 제일 후미진 골목이지. 예전엔 서울 명동, 부산 남포동에 이어 전국 세 번째로 명성을 날리던 대구 시내 최고 중심지를 이렇게 놔둬서 되겠어요? 6.25 전쟁 때 피난민들 피난 와서 향촌동으로 많이 들어왔지. 그런데 주변은 빈집이 수두룩하고 여기는 완전 실버거리가 되어버렸어. 이젠 젊은 사람들은 오지도 않고, 술값 싸고 안주 값 싸니까 나이 많은 사람들이 모이기에 좋은 곳으로 변해 버렸어. (대구 중구 향촌동 K씨)

가파르게 늘고 있는 도심 빈집[18]의 경우 활용 방안에 대한 공론화가 쉽지 않다. 빈집도 지역 자산(남지현, 2015)이라는 측면에서 이러한 환경을 이용하고자 하는 입장과 지주 또는 건물주에 의한 비가시적인 통제와 개발이익이 맞물리면서 해당 자치단체가 주도하는 새로운 하드웨어 건립 아이디어가 실행되고 있다. 하지만 구도심의 대표적 슬럼가로 인식되고 있는 북성로 주변을 비롯, 주변 향촌동의 경우 민간의 개발 방식에 대한 지역 주민들의 입장 차이가 분명하며, 이해관계에 따른 첨예한 문제를 안고 있다. 다양한 계층의 공감대 속에 이뤄지는 도심재생 정책이라 할지라도 예측하지 못하는 딜레마가 나타날 수 있음을 보여주고 있는 것이다. 관성화된 관 주도의 개발 정책 또는 개발이익을 위한 민간 자본의 유입에 따라 개인 내지 집단의 이익이 침해당하고 있다고 생각하는 것으로 보인다. 문화해설사 W씨는 "지역 주민들이 문화 공간의 주인이나 다름없는데도 외지 관광객을 맞는 데 치중하는 느낌이다"라며 "새로 들어선 문화 공간에 주민들을 위한 운영 프로그램이 제대로 마련되지 않은 게 문제"라고 말한다.

이 같은 지적은, 물리적 환경 개선에 치우친 하드웨어 위주의 정책은 매력적인 건축물이 들어와 우선 좋아 보이지만 주민의 재정

---

18 도심 빈집이 가파르게 늘고 있다. 인구가 줄어드는 가운데 급속도로 증가하는 '빈집 현상'은 도시문제의 새로운 이슈가 되고 있다. 일본의 경우 빈집이 8백만 채가 넘었고, 우리나라도 만만찮다. 2017년 현재 우리나라는 2백만 채 이상이 빈집으로 방치되고 있는 것으로 알려졌다. 대구경북의 경우 13만 7천여 가구가 빈집이며, 대구의 빈집 가운데 아파트가 73%를 차지하는 것으로 조사됐다(영남일보, 2017. 8. 10.).

착의 기회를 박탈하는 데다 주거 공간이 줄어들게 한다는 측면에서 회복의 가능성이 근원적으로 배제된 데 따른 것으로도 볼 수 있다. 개발과 발굴 과정에서 관 또는 민간기업 등의 개발 주체와 소비자가 체감하는 이러한 차이는 소비 주체인 시민들의 공감과 자발적 참여 등 개인적 가치가 배제된 결과로 볼 수 있을 것이다. 특히 역사·문화 콘텐츠 활용에 있어서 소비자 입장에 있던 시민들이 생산자가 되고자 하는 경향과 사례가 늘고 있다는 점은 개발·발굴 정책 수립에 시사하는 바가 크다. 즉 도시 이미지 개선 측면이 강조된 하드웨어 조성은 경제적 이익 추구를 위해 새집만 짓다가 빈집이 쌓이게 됐다는 지적과 같은 맥락으로 이해된다.

역사 · 문화 콘텐츠의 보존 · 보전

역사·문화 콘텐츠의 보존·보전 단계는 지역 거주 주민에게 관심이 높을 것으로 예상된다. 따라서 지역사회를 기반으로 오랫동안 살아온 주민을 대상으로 방천시장 개발 전후의 변화에 대해 집단 토론을 실시하였으며, 북성로 일대의 변화에 대해서는 심층 면접을 실시하였다.

> ◆ 재래시장을 살리는 차원에서 자치단체가 주최가 되어 전문가 그룹과 지역 예술단체에 의해 시작된 '문전성시'라는 프로젝트이 지역민들에게 많은 관심을 받았었죠. (대구 중구 대봉동 주민 L씨)

◆ 그렇지 않아요. 우리 상인에겐 별로 혜택이 안 됐어요. 시장 상인들의 이해 부족과 예술가 활동에 대한 이질적 감정이 겹쳐 시장 활성화에 별로 도움이 되지 않았죠. (대구 중구 교동 주민 S씨)

◆ 아닙니다. 시장 살리기가 실패한 줄 알았는데 덕분에 시장이름은 제법 유명세를 탔어요. (문화산업 분야 L 연구원)

◆ 그렇지만 십여 년이 흐른 지금은 신천대로 아래 방천길이 시장과 상관없는 유명 관광코스로 개발되면서 상가 임대료가 크게 올랐고, 시장에서 퇴출된 상인도 늘어났어요. 시장 주변에 들어선 대기업 프랜차이즈 업체를 보면 임대료가 얼마나 올랐는지 짐작되지요. (대구 중구 대봉동 주민 L씨)

◆ 사정이 이렇다 보니 기존 지주들도 덩달아 임대료를 올리게 되고, 임대료를 못 내는 상인들의 점포는 줄 서서 기다리던 또 다른 저가 상점이나 대기업 프랜차이즈 업계의 표적이 되는 거지요. 예전엔 상가 주인이 바뀌어도 품목만큼은 바뀌지 않았는데, 시장에서 지켜지던 전통이 죄다 없어졌다고 봐야죠. (대구 중구 대봉동 주민 L씨)

◆ 뿐만 아니라 초창기 시장 활성화 프로젝트에 참여했던

예술인들이 주민들의 호응으로 자유스럽게 창작 활동을 하다
보니 시장이 유명해지고, 유명해지니까 많은 사람들이 참여
하게 되었는데, 지금은 오히려 외곽으로 밀려나는 안타까운
애기를 들었습니다. 그렇다면 당초 의미와 정체성이 없어졌
다고 봐야 하고, 그야말로 약육강식의 경제 논리가 판치는 곳
이 돼버린 느낌이 들어 씁쓸하네요. (문화산업 분야 L 연구원)

주민 L씨의 경험에서 보듯, 지역 주민의 이해와 공감 없이 들어선
역사·문화 콘텐츠는 한동안 지역의 정체성을 훼손할 수 있음을 짐
작할 수 있다. 이는 '김광석길' 조성 목적으로 그려진 벽화 교체를 둘
러싼 예술가들과 관의 갈등에서도 드러났다. 해당 자치단체가 벽화
교체 사업을 추진하면서 당초 벽화를 그린 예술가들이 배제되자 이
곳을 배경으로 활동하고 있는 이들이 반발하고 나선 것이다. 이는
거주민의 참여를 배제한 무분별한 하드웨어 조성이 오히려 구성원
들의 공동체 생활을 방해하는 결과를 초래한 것이라 할 수 있다.

◆ 순종황제 어가길 조성을 두고 말이 많아서 헷갈려요. 한
쪽에선 일제의 식민지 지배를 정당화한 순종의 행차라 비난
하고, 다른 쪽은 굴욕의 역사 현장이지만 잊어서는 안 되는
우리 역사라고 주장하니······. 좌우지간 이곳에 사는 우리 입
장은 이곳이 슬럼화되지는 말아야 한다는 거지요. (대구 중구
주민 S씨)

◆ 도심이 살아나려면 도심에 사람이 모여야 합니다. 자투리 공간마저 의미 없는 조형물을 채워 전시하는 등 쓸데없는 하드웨어 조성으로 보는 이들의 이맛살을 찌푸리게 하고 있습니다. 도심의 매력적인 요소가 하나둘씩 뿌리 뽑히면서 거주민들이 밀려나고 있는 실정이 안타깝습니다. (문화산업 분야 L 연구원)

◆ 여기 처음에 이사 온 때랑 비교하면, 나빠졌다면 더 나빠졌지 좋아진 건 없어. 이사 온 후 8년 동안은 아무 일도 없다가 근래 대구예술발전소도 들어오고 순종황제 어가길도 만들었지만, 모텔이나 다세대주택도 많이 생겼어. 그 이후로 불법주차가 너무 많아서 주차난이 너무 심해. 원래 살던 사람들은 다 자기 집 앞에 주차했는데 그 사람들 때문에 주차할 공간이 없어. 그리고 여기 지구대가 없어져서 도둑이 안 든 집이 없을 정도로 도둑이 한 번씩 다 들었거든. 여기 지구대가 다시 생기면 좋겠어. (대구 북성로 자갈마당 인근 주민 K씨)

보존·보전 측면에서 나타나는 문제는 지역공동체가 개발이익에 밀려나고 현실에 답답함을 느끼고 있었다. 특히 항시적으로 보존·보전의 중요성이 강조되는 전통시장 등 주민 생활과 밀착된 자산에 대한 수요 특성은 경제적 이득에 기반해 참여나 협력에서 지속성보다 일회성이 강하게 나타나고 있음을 알 수 있었다. 따라서 개발 또는 보존 정책 집행에 앞서 개발 주체와 지주는 물론 지역 주민들 간 공감 형성을 위한 방안이 우선 마련되어야 할 것으로 보인다. 특히 최근 갈등을 빚고 있는 대구 북성로 '순종황제 어가길' 조성의 경우, 해당 자치단체가 '다크투어리즘'적 요소의 활용이라고 주장하지만, 시민단체에서는 역사·문화 콘텐츠의 자의적 해석이라고 맞서면서 시민들의 공감대를 얻어 가고 있다. 역사·문화 콘텐츠의 무분별한 남용이 빚어낸 결과로 비춰지고 있는 것이다.

◆ 밤이 되면 구도심 쪽에는 좀처럼 사람들이 눈에 띄지 않아요. 예전에 진골목은 벼슬아치 후손들이나 부자들이 살아서 사람들도 많았고 분위기도 좋았지요. 십여 년 전부터는 식당이 들어오고 근래엔 숙박업소도 많이 들어왔어요. 옛날 큰 집들은 거의 다 없어졌고 골목길만 남았다고 보면 됩니다. (대구시 문화해설사 N씨)

◆ 우리 대구가 삼성그룹을 키운 발판이 되었다는 것은 알고 있었지만, 삼성그룹의 큰 모태가 되었다는 것을 알고 나서 대구가 무척 위대해 보였고 더 커보였다. (중략) 그리고 바로 옆에 있는 경상감영을 가 보았는데, 무척 장관이었다. 감영은 관찰사가 일하는 장소를 말한다고 하는데 선화당과 징청각과 측우대를 볼 수 있었다. 해설사 선생님께서 측우대를 소개하며 퀴즈를 내었는데, 내가 측우기라는 명칭과 측우기를 만든

사람인 장영실을 맞춘 것이 가장 기억에 남는다. 하지만 측우
대 위에 놓인 측우기[19]는 지금 현재 서울 기상청에 있다고 한
다. 한번 보았으면 좋았을 텐데 못 보아서 아쉽기도 하였다.
(서재중 1년 J양)

문화해설사 N씨의 의견처럼, 도심이 개발되어 겉보기는 좋아 보
여도, 사람들이 살고 싶어도 거주하지 못하는 공간으로 바뀌는 경
우가 허다하다. 이는 개발·보전 과정에서 흔하게 나타나는 현상으
로 거주민들의 정주 여건 고려 없는 정책 시행의 결과이다. 때문에
지역 주민 S씨의 염려에서 보듯 개발과 보전 과정에서 수시로 빚어
지는 민관의 갈등과 이로 인한 피해가 고스란히 자신들에게 돌아온
다고 우려하는 거주민들이 의외로 많다. 즉 지역 특성과 정체성을
반영한 역사·문화 자산의 보존·보전 방안에 대해서는 대체로 긍정
적인 입장을 보였지만, 개발·발굴 과정에서처럼 주민들 간의 이견,
관 주도 하향식에 대한 거부감은 여전했다. 면접 결과와 같이 하드
웨어 또는 소프트웨어의 개발·보전 과정에서 경제적 이득 또는 집
단 이익 발생 여부에 대한 관심이 높기 때문으로 해석된다.

그런데 개발 단계에서 우선시되는 개인적 가치가 복원 단계에서
주민들 간 신뢰에 기반한 공감을 통해 집단적 가치로 전이되면, 개
인과 집단 이익이 결부되어 지역사회에 대한 공동의 관심을 촉발하

---

19 현재 선화당앞 측우대에 놓여 있는 측우기는 모형이다.

는 계기가 되기도 한다. 특히 역사·문화 콘텐츠의 보존·보전 측면에서는 활용 방법에 따라 개인적 가치와 집단적 가치의 중요성에 대한 인식의 차이나 나타난다. 즉 개발 단계에서는 역사·문화 콘텐츠의 개인적 활용 가치를 높게 생각하는 것과는 달리, 보존 복원 단계에서는 지역 정체성과 결부된 집단적 가치의 중요성을 더 높게 생각하고 있는 것으로 나타났다.

역사·문화 콘텐츠의 이용·응용

이용·응용 단계는 지역 거주 주민들 간 또는 외지인들 간의 관계가 확대되고 역사·문화 콘텐츠에 대한 시민들의 관심과 자긍심이 점차 높아지는 단계로 볼 수 있다. 따라서 도심의 대표적인 역사·문화 자산의 이용 가치와 결부된 지역에 대한 자긍심을 주제로 탐방 수기를 분석하고 심층 면접을 실시하였다.

◆ 나는 약재 냄새가 고약해서 약재를 싫어했는데, 가 보니깐 관심이 생기고 재미도 있었다. 약재 중 고약한 냄새가 나는 빨간색 약재가 있었다. 친구들끼리 냄새를 맡아 보고 재미있는 표정을 지어서 웃음이 났다. 성당을 나와 벤치에 앉았는데 그 앞에는 감나무가 있었다. 이인성 감나무라고 하셨다. 우리 반은 감나무 아래 모여서 주렁주렁 달린 감을 먹고 싶어 폴짝폴짝 뛰어 보기도 하였다. (파호초 K군)

◆ 난 대구를 잘 안다고 자부하고 있었다. 그런데 지금까지 내가 알고 있는 대구 중심부가 이렇게 아름답게 남아 있다니 새삼 놀라지 않을 수 없었다. 전국적으로 전쟁 피해가 극심했던 6.25 전쟁 속에서도 대구는 낙동강 방어선을 사수한 덕에 피해가 적어 계산성당이나 제일교회, 화교 학교 등의 건물들이 고스란히 남을 수 있었다고 들었을 땐 대구에 대한 자부심이 극에 달했다. 진골목을 걸을 땐 골목 이곳저곳의 이야기가 너무나도 살아나는 듯했다. 정소아과 병원 앞에서는 어린아이가 주사 맞으며 아프다고 우는 목소리가 들려오는 듯했다. 골목 중간 고풍스런 기와 지붕과 굳게 닫혀진 대문 틈 사이로 안을 엿보며 여전히 이야기의 주인공이 살고 있는 것 같은 느낌을 받았다. 청라언덕, 여기가 그 청라언덕이구나. "봄의 교향악이 울려 퍼지는……."요즘도 어머니는 〈동무 생각〉을 즐겨 부르신다. 어머니께서 그 노래의 청라언덕이 여기라고 한다. 감격스럽다. 음악책에 나오는 청라언덕에 내가 섰다니 무어라 설명할 수 없는 감동이 밀려 왔다. 그림 같은 청라언덕의 이곳저곳을 살펴보았다. 여름 내내 시원했을 푸른 담쟁이는 가을빛을 머금어 붉게 타들어 가고 있다. 뜨거운 가을 햇살이 선교사 주택 유리창 스테인드글라스에 반사되어 붉은 건축물은 더욱 빛이 난다. 원조 사과 고목은 오랜 세월을 말해주듯 많은 주름을 간직한 채 의연하게 푸른 하늘을 향해 서 있다. 이제 어머니께서 즐겨 부르시는 노래를 나도 함께 부르

게 될 것 같다. (경상여고 J양)

◆ 나는 왜 대구근대역사관이 경상감영 근처에 있는지 궁금했는데, 일본이 대구 금융과 경제를 지배하기 위해 감영이 있던 공간에 일부러 상징적으로 만든 것이었다고 한다. 그리고 이곳에는 내가 드라마 〈각시탈〉에서 보았던 인력거도 있었다. 인력거라는 교통수단을 시작으로 요즘의 트럭, 차, 기차, 비행기 등이 생겨났을지도 모른다. 계산성당은 특이하게 바깥 지붕은 뾰족한데, 안에서는 지붕이 돔형으로 되어 있었다. 분명히 설계할 때 뜻이 있을 것이다. 종교적 의미가 있거나 석굴암처럼 무게를 지탱하려고 안이 돔형인 것 같다. (경동초 5년 K군)

◆ 계산성당은 내가 제일 마음에 들었던 곳이다. 고딕 양식으로 지어진 건물인데 밖에서 바라볼 때부터 너무 예뻤다. 엄청나게 높은 첨탑도 인상적이었지만, 특히 스테인드글라스가 너무 인상적이었다. 밖에서 볼 때는 그냥 검정색인데 안에서는 빛이 비쳐서 색깔이 나타났다. 안에 들어가 보니 거대한 파이프오르간이 있었다. 이런 성당 안에 저렇게 거대한 오르간이 있으리라고는 상상도 못 했던지라 너무 놀라웠다. 계산성당을 나와 3.1 만세운동길 계단을 지나 조금 더 걸어가자 청라언덕에 갈 수 있었다. 청라언덕에 가기 전 우리는 모

두 함께 "독도는 우리땅!"을 외치고, 3.1 운동 때 독립운동을 했던 사람들의 마음을 생각하며 "대한 독립 만세!"도 외쳐 보았다. 뭔가 속이 뻥 뚫리면서 기분이 상쾌했었다. 청라언덕은 푸른 담쟁이덩굴로 덮인 건물이 많아서 청라언덕이라 불린다고 한다. 진짜로 가다 보면 건물들을 볼 수 있는데 다 담쟁이덩굴로 덮여 있다. 그렇게 가다 보니 〈동무생각〉 가사가 적힌 돌이 있었다. 우리는 모두 다 함께 〈동무생각〉을 불렀다. 〈동무생각〉은 3학년 때 학교에서 배워서 부를 수 있었다. 모두 다 함께 "청라언덕과 같은 내 맘에"라는 부분을 부를 때는 뭔가 알 수 없는 기분이 들었다. 학교 수업 시간에 불렀을 때는 잘 몰랐는데 멋진 노래인 것 같다. (노변중 3년 J양)

학생들의 체험 수기에 따르면 교과와 연계한 학습 활동을 넘어 다양한 협력 활동의 경험을 갖게 해 준다. 예컨대 학생들의 경우 3.1 만세운동길과 청라언덕 등지에서 함께 하는 함성과 노래를 통해 스스로 참여하는 태도와 협력 학습의 효과를 높이는 특징이 발견된다. 도심 역사·문화 콘텐츠에 대한 호기심에서 비롯된 새로운 경험이 대구에 대한 자긍심과 애향심으로 발전하고 있음을 알 수 있다. 더구나 교사 B씨의 언급처럼 역사·문화 자산에 내재된 역사성과 시대정신을 배경으로 한 다양한 형태의 교육 활동 공동체가 형성되고 있음을 알 수 있다. 이러한 모임과 결속은 도심 역사·문화 콘텐츠에 내재된 의미와 가치를 되새기는 기회를 갖게 하고 나

아가 개인과 이웃, 그리고 마을 전체를 묶어 주는 밑거름이 된다고
할 수 있다.

◆ 도심 골목을 찾는 방문자가 2009년 당시 300명에도 못
미쳤는데 지금은 연평균 수십만이 찾는 장소가 되었습니다.
지금은 도심 역사·문화 자산과 연계한 문화 콘텐츠 동아리,
추억을 파는 가게, 고택·한옥보존연구회, 국채보상운동 유
네스코지정 시민 모임, 시니어 해설사 모임, 마을협동조합 등
예전엔 보지 못했던 자발적 모임이 생겨나고 있습니다. (대구
시 문화해설사 H씨)

◆ 진골목 주변이 식당가로 유명해졌지만 밤 10시가 되면
사람들이 거의 없어요. 문 닫고 가버리거든요. 여기선 싸움이
나도 말려줄 사람도 없다시피 합니다. 골목 주변이 근래 들어
식당과 상가로 변한 후부터 거주 주민이 줄어들었기 때문인
것 같아요. (성내동 주민 K씨)

◆ 대구에서 시작된 국채보상운동이나 2.28 민주운동은 우
리 도시의 시대정신을 체험하고 학습한다는 측면에서 의미가
큽니다. 이러한 소프트웨어적 도심 역사·문화 자산은 박물관
이나 전시관을 넘어 지역 정체성 측면에서 새롭게 조명 받으
며 건축·역사·문화에 관심 있는 개인들로부터 자아 성취를

모색하는 교육적 실험으로까지 이어지고 있습니다. (능인중
교사 B씨)

이용·응용 단계에서는 개인적 가치나 이익집단의 가치를 중시
하기보다 공공적 가치를 중시하는 측면도 발견된다. 개발·발굴, 보
존복원 단계에서 나타나지 않는 교육, 문화 등 공동의 관심과 흥미
또는 이해관계를 공유하거나, 자신과 공동체의 이익을 위해 상호관
계를 형성해 가는 집단이 여럿 형성되고 있음을 볼 수 있다. 특히 이
용·응용 단계의 행위 및 수요 특성은 수동적 소비자 입장에서 능동
적 소비자로 바뀌고 관리 주체 역시 자율성이 도입되는 특징을 보
여준다. 이와는 달리 도심에 거주해 온 원주민들이 밀려나면서 기
존의 규범이나 호혜적 관계마저도 밀려나고 있다는 의견도 나타났
다. 성내동 주민 K씨의 하소연에 따르면 예전에는 도심에서 보게
되는 청소년의 비행이나 위급한 상황이 생기면 마을 주민들이 적극
적으로 나서 문제를 해결해 왔지만 지금은 그 역할이 점차 줄고 있
다는 것이다.

역사·문화 콘텐츠에 내재된 역사성과 시대정신은 다양한 형태
의 공동체를 형성하는 기저가 됨을 파악할 수 있다. 이러한 모임과
결속은 도심 역사·문화 자산에 내재된 의미와 가치를 되새기는 기
회를 갖게 하고 나아가 개인과 이웃, 그리고 마을 전체를 묶어 주는
밑거름이 된다고 할 수 있다. 이용·응용 단계에서의 행위 및 수요
특성은 네트워크에 토대한 기능적 공동체의 형성 및 작동 과정의

특징이 발견된다.

역사·문화 콘텐츠의 소비·향유

소비·향유 단계에서의 가장 큰 특징은 역사·문화 콘텐츠의 소비자들이 동시에 생산자로 전환하는 특징이 예상된다. 따라서 소비자에서 생산자로 전환하는 선순환적 관계를 분석하기 위해 실제 참여하고 활동하는 경험 사례에 대한 면접과 토론을 통해 이들의 행위 특성을 파악하고자 하였다.

◆ 김원일 작가의 소설 『마당 깊은 집』의 배경 건물과 골목을 걸어다니며 장소마다 듣는 이야기가 정말 실감나고 재미있었어요. 아이들의 집중력과 반응도 기대 이상이었어요 (교사 I씨, 학부모 J씨).

◆ 6.25 전쟁 시 향촌동은 경향 각지에서 모여든 문인 묵객들의 정서적 고향이었죠. 백록다방에서 이중섭이 은박지를 캔버스 삼아 그림을 그렸고, 호수다방, 모나미다방, 그리고 현재 복원되어 사용되고 있는 꽃자리다방은 오상순, 구상, 유치환, 조지훈, 박두진, 이호우 시인이, 백조다방은 음악가 권태호, 윤용하가 음악적 정신을 다진 곳으로 한국을 대표하는 작가들이 피난살이를 했던 곳이죠. 우리나라에서는 한 곳밖에 없는 민족애환이 담긴 그야말로 문화·예술의 거리죠. (배

움의공동체 대표 P씨)

◆ 우리 대구가 오랜 역사와 전통을 가진 도시라는 게 자랑스러워요. 〈동무생각〉을 작곡한 박태준, 민족시인 이상화, 소설 「운수좋은 날」을 쓴 현진건, 천재화가 이인성 등 유명 인물의 흔적과 유서 깊은 장소가 이렇게 많은 줄 몰랐어요. (학생 J군)

◆ 경상감영공원은 옛날 명나라 장수였던 두사충 장군이 살던 집터였다고 한다. 그는 명나라 사람에서 조선 사람으로 귀화한 뒤 대구의 경상감영공원 터에 집을 지었는데 당시 이곳이 하루에 천 냥이 나오는 명당이라고 하였다 한다. 정말 신기한 이야기이다. 진짜 그러할까? 비록 세 시간 일정이었지만 그 짧은 세 시간 덕분에 나의 대구에 대한 애정은 더욱 깊어졌다. 한마디로 대구를 보는 시각이 달라졌다고 해야 정확할까? (서재중 1년 L군)

면접 대상자들 중 학생들의 경우 도심의 역사·문화 콘텐츠에 대한 다양한 주제를 접하고 경험하면서 상상력을 북돋우는 등 새로운 호기심으로 스스로 탐구하는 태도가 나타나고 있음을 볼 수 있다. 뿐만 아니라 학생들의 경험과 느낌에서도 나타나듯이 자발적 체험 활동을 통해 자신을 학습의 주인공으로 세우기 때문에 스스로 창조적인 아이디어를 갖는 원천으로 작용할 수 있을 것으로 보인다.

◆ 문화를 소비하는 사람들이 이제는 생산자로 바뀌어 직접 창작 활동에 나서고 있습니다. 보고 즐기는 데 그치지 않고 시민들이 직접 공연 전시에 참여하여, 곳곳에서 감동을 식십 생산하고 있습니다. 도심 골목이 연극 무대가 되고, 골목 이야기가 뮤지컬 소재가 되어 공연되고, 옛 담장엔 벽화가 그려지고, 도심 자투리 광장은 이들의 전시·공연장으로 활용됩니다. (배움의공동체 사무국장 L씨)

◆ 맞아요. 단순히 보고 즐기는 차원에서 직접 참여하고자 하는 욕구가 많이 늘면서 동호회가 활성화되는 것으로 문화 수준이 높아진 결과로 보입니다. (대구시 문화관광과 K씨)

◆ 도심을 찾는 사람들이 많아진 건 분명해요. 몇 해 전만 해도 솔직히 시끄럽고 지저분하고 낡은 골목길을 몰려다니는 학생들이 이해가 되지 않았어요. 이제는 그러려니 할 정도입니다만 주민으로서 거창한 이슈가 아닌, 동네에서 재미있게 살아가는 것을 꿈꾸는 입장에서 골목에 사람들이 몰려드는 게 싫지는 않아요. (대구 중구 서성로 주민 B씨)

◆ 살던 곳이 재개발되면서 십여 년 전 값도 싸고 방이 많

은 곳을 찾다 보니 향촌동으로 이사를 오게 되었어요. 그때보다 경상감영 주변 골목에 노인들이 많아져 오히려 불편할 때도 있지만 그래도 사람 사는 마을 같은 느낌이 들 때도 있어서 그런대로 살 만해요. (대구 중구 북성로 주민 C씨)

◆ 골목은 집과 세계, 외부와 내부의 중간지대에 위치하는 구조적인 특성으로 사람들 간 완충지대 역할을 합니다. 골목에는 개인과 공간의 이야기가 있고, 그 이야기를 토대로 사람들은 기억과 역사를 끄집어 내기도하고 만들기도 합니다. 만남과 이야기를 통해 장소의 정체성과 특징을 쉽게 이해하게 되고, 이야기를 통해 자신이 살고 있는 공간의 이미지를 각인, 지속시켜 나가면서 서로 간 지역에 대한 공동체 의식을 갖게 되는 게 아닌가 싶습니다. (성서고등교사 L씨)

◆ 약령시 박물관으로 발걸음을 옮겼다. 박물관에 들어서자 쌉싸래한 한약 냄새가 내 코를 간질였다. 이곳엔 한의학에 대한 여러 가지 지식이나 한약재에 대한 설명이 담겨 있었다. 그중 내 눈에 들어온 것이 있었다. "얼굴이 붉은 사람은 심장이 약하고, 누런 사람은 위장이 약하다. 얼굴이 검은 사람은 신장이 약하고, 창백한 사람은 폐가 약하고……" 가만 있자, 우리 어머니도 위장이 약하신데 얼굴빛이 노란 편이시다. 신기한 정보였다. 아욱국이나 대추를 드리면 어머니의 걱정을

조금 덜어 드릴 수 있다고 한다. 정말이지 한의학의 지식은 무언가 차갑고 딱딱한 서양 의학을 압도하는 지혜가 담겨 있는 것 같다.

책에서만 보고 머리로만 배웠던 민족의 시인 이상화 고택에 와서 보고 들으니 새삼 그의 시 구절이 마음에 와닿았다. 헌신적인 독립 투사들의 노력이 없었더라면 아직도 그는 빼앗긴 들판에서 봄을 찾고 있었을까? 지금도 난 우리나라가 빼앗긴 아픔을 뼈아프게 느끼지만, 나라를 빼앗긴 아픔을 직접 겪어 봤더라면 얼마나 마음 아플지 궁금하다. 과연 나도 이분들처럼 일제에 저항할 용기가 있었을까?

다시금 생각해 본다. 대구는 문화 유적지로서 뚜렷한 흔적이 별로 없는 것 같았지만 살펴볼수록 알차게 들어선 씨앗 같았다. 도심 속을 거닐 때마다 여기저기 보물처럼 숨어 있는 유적을 산책할 수 있는 도시가 대구인 것 같다. 가끔은 이렇게 책가방을 벗어 버리고 교실 문을 뛰쳐나와 이렇게 문화 유적을 산책하는 것도 몸에 필요한 비타민처럼 꼭 필요한 것 같다. (영진고 K군)

주민들도 역사·문화 콘텐츠를 창작해 내고 전시하며, 교육을 받고, 소비하는 일련의 과정을 스스로 경험하고자 하는 욕구가 강하게 나타나고 있음을 알 수 있다. 특히 주체적으로 만나서 이야기하고 즐기며 참여하는 과정에서 구성원들 간 교류를 통한 소통의 기회가 더 많아질 것으로 예상된다. 이러한 자발적 소비와 향유는 타인을 이해하고 공감하는 상호작용을 통해 신뢰를 높임으로써 공동체를 형성하고 유지하는 근간이 될 것으로 짐작된다.

공동의 흥미를 체험하고 학습하고 창작하는 활동 과정을 통해 도시 경쟁력을 만들어 낸다는 점에서 기능적 공동체의 형성과 작동 측면을 동시에 엿보게 한다. 이는 도심 개발 초창기의 난개발에 따른 거리의 대형화·획일화·물질화에 따른 지역 공동체의 해체와는 전혀 다른 현상으로서, 역사·문화 콘텐츠의 활용이 지속가능한 공동체를 형성하는 기저가 됨을 파악할 수 있다.

분석 결과의 적용

심층 면접과 FGI에서 짝을 이룬 응답자들에 대해 대조적 응답 사례를 찾아 비교함으로써, 활용 단계별 공통의 인식이 무엇인지, 그러한 인식의 바탕에 깔린 사회적 자본의 요소가 어떤 것인지를 짐작할 수 있었다. 역사·문화 콘텐츠의 개발·발굴·연구·보전에 대한 응답 결과는 개인적인 성취감이나 자긍심 측면에 별로 도움이 되지 않는다는 부정적 의견이 많았다. 이와는 달리 이용·응용·소비·향유 단계에서는 자긍심, 만족도, 정보 공유, 자아 성취 등 도움이 된다는 긍정적 의견이 많았다. 따라서 역사·문화 콘텐츠는 이용·응용·소비·향유하는 과정에서 이웃 또는 동료 등 커뮤니티 내 구성원들 간 결속력 및 응집력이 강화되는 것으로 짐작할 수 있다. 따라서 현장을 체험하면서 얻게 되는 정서적·육체적 건강 증진, 교육·문화 등과 관련된 커뮤니티 형성 과정에서 여러 측면에서의 긍정적 영향이 조명되고 있다. 이러한 긍정적인 효과들은 콜먼(1988: 95~120), 박종화(2015: 12~13)의 언급처럼 부모들의 모임과 결속이 참여자들의 복지와 삶의 질 개선뿐만 아니라 그 자녀들의 안전, 복지, 교육적 성취에도 긍정적인 영향을 미침으로서 기능적 공동체 형성의 토대가 된다는 주장을 뒷받침한다. 이처럼 질적 연구를 통한 기능적 공동체 형성·작동 여부에 대한 부분적인 포착은 사회적 자본의 유형 파악을 위한 양적 연구로 진전하는 근거가 된다.

구체적으로 보면 사회적 자본의 형성 및 작동에 영향을 미치는 구성원들 간의 네트워크와 신뢰 형성 정도는 역사·문화 콘텐츠의 활용 단계에 따라 차이가 있음을 알 수 있다. 개발·발굴·보존·보전 단계에서 나타나는 젠트리피케이션 그리고 이용·응용·소비·향유 단계에서의 투어리스티피케이션은 하드웨어 위주의 물리적 개발과 역사·문화 콘텐츠 활용이 무분별하게 적용되어 나타나는 현상으로 주민 의견 수렴이나 참여가 제대로 되지 않은 결과로 보인다. 특히 이러한 현상은 공동체 내의 갈등과 불신의 요소로 작용하여, 개발 위주 사업에서처럼 거주민이 거주 지역을 떠나가게 하는 우려감을 낳고 있다. 이는 정책 시행에 있어서 주민 공감이 얼마나 중요한지를 보여주는 사례라 할 수 있는데, 도시 공간 조성과 관리에서 개발이익의 외부 유출 측면, 특정 지역 지구중심적 개발, 수익성에 치중한 사업으로 인한 불균형적 측면을 우선적으로 고려해야 할 것으로 보인다.

하지만 도심 골목과 연계된 역사·문화 콘텐츠 활용 의의와 중요성, 도심재생 인식 변화, 주민 간 상호 교류 등 공동체 형성에 필요한 긍정적 측면도 강하게 나타나고 있다. 이 분석에서의 면접 조사는 몇 가지 한계점이 존재한다. 첫째, 신문 기사의 객관성 문제이다. 둘째, 사전에 형성된 친분 관계로 인한 신뢰도 측면에서 덜 만족스런 결과의 도출이다. 셋째, 초점집단 참여 표본 추출에 있어 일부는 비확률적 표집 중 눈덩이 표집으로 이뤄져 결과의 편향성 가능성도 있을 것으로 판단되어 모집단에 대한 일반화가 쉽지 않다는 점이다. 그러나 본 연구에서는 심층 연구에 앞서 예비조사적 성격과 특정 주제에 대한 자료를 얻을 수 있었다는 점에서 주민 인식 분석에 대한 타당성과 신뢰성 제고를 상당 부분 기대할 수 있을 것으로 보인다.

제 3 부

역사 · 문화 콘텐츠,

어떻게 협력의 콘텐츠가 되는가

사회적 자본의 역할

사회적 자본의 개념과
역사 · 문화 콘텐츠의 활용

　사회적 자본은 사회의 양적 팽창 및 질적 성숙에 영향을 미치는 '보이지 않는 손', 즉 제3의 자본으로서 새롭게 주목받고 있다. 최근 그 관련 연구는 바람직한 사회 형성 및 지속가능한 정부 정책의 전제로서 그 소생과 창조 또는 재창조가 강조되고 있다. 특히 공동체 해체로 빚어진 도시의 문제를 진단 내지 해소하는 강력한 지표로서 사회적 자본은 그 의미가 재조명되고 있다고 생각한다.

　지금까지 우리나라 도시들이 치중해 온, 개발과 재건축을 통한 물리적 도시재생 방식은 오히려 거주지 주민의 이탈을 상당 부분 가속화시켜 왔던 것으로 보인다. 따라서 경제적 불평등은 물론 도시의 정체성을 훼손하는 요소로 작용하여 도심 공동화로 이어지는 부작용의 주요 요인이 되었다(배웅규 2013). 다만, 최근 도시재생 전략은 기존의 관점에서 차츰 벗어나면서 주민참여형의 소프트웨어적 방식을 도입하는 추세에 있다. 그리고 그 과정의 핵심적 콘텐츠로 역사·문화 자산의 활용성과 가치 개념이 도입되고 있다(오동훈 2014, 54). 역사·문화 콘텐츠 활용을 통한 사회적 자본 형성에 대한 연구는 주민 참여를 통한 일상적 문화의 복원, 주민 생활 공동체 측면에서의 정책 개발의 관점 외에도 지역사회의 공동체 회복을 위한 현실적 방안을 찾는 데에 그 의의가 있다.

도시재생 과정에서 역사·문화 콘텐츠의 보전·활용 등은 비시장적 가치를 갖는 것에 초점을 두었으나 최근 문화적 자산이 시장적 가치를 동시에 갖고 있는 것으로 강조되는 추세이다. 따라서 역사·문화 콘텐츠 활용의 정책적 의의 측면에서 우선 비시장 상호작용 측면과 시장적 상호작용 측면이 함께 발현되는지 여부는 중요하다. 예컨대 시장적 상호작용 측면이 발현된다는 것은 도심 커뮤니티의 공동체 형성에서 끝나지 않고 도시 경제의 활성화에도 기여할 수 있다는 것이다. 로버트 퍼트넘(R. D. Putnam)이 사회적 자본의 종류로 구분한 인연형 사회적 자본과 교량형 사회적 자본은 특히 사회적 자본의 기능적 측면 논의에서 그 의의가 큰 것으로 판단된다. 인연형 사회적 자본과 교량형 사회적 자본은 그 형성 배경, 특성, 영향 면에서 차이가 적지 않으므로 따로 구분해서 검토할 필요가 있다. 이는 사회적 자본의 종류별 차별화된 정책적 접근 방식이 필요한지 여부를 판별할 수 있기 때문이다.

6장에서는 사회적 자본과 역사·문화 콘텐츠, 도시재생과 사회적 자본의 관계에 대한 논의와 함께, 역사·문화 콘텐츠 활용이 사회적 자본 형성에 미치는 영향 분석을 측정 경험 사례로 다룬다.

사회적 자본은 기회주의적 행동의 가능성이 높은 시장적 상황에서 거래 비용을 줄이는 효과적인 수단으로서의 비시장적 요소의 역할에 주목하고 있기 때문에 사회적 자본이라는 용어에 대한 독특한 설명이 필요하다고 여겨진다(Fukuyama, 1995; Ostrom & Ahn, 2007). 따라서 사회적 자본의 구성 요소는 사회적 자본이 사회문제를 해결하는 요소로서 기능적 측면과 사회 성장을 견인하는 속성 측면 등이 강조된다는 점에 비춰 다양한 차원에서 접근되어야 할 것으로 보인다. 사회적 자본의 구성 요소는 앞서 살펴본 다양한 개념 정의에 기초하여 〈표 16〉과 같이 요약할 수 있다. 부르디외(P. Bourdieu, 1986)는 사회적 관계, 네트워크, 제도로, 콜먼(1990)은 공식적 관계, 규범, 제재로, 퍼트넘(1993, 2000)은 비공식적 관계, 신뢰, 규범으로, 프랜시스 후쿠야마(1995)는 사회적 관계, 제도로, Ostrom & Ahn(2007)은 신뢰성, 네트워크, 제도 등으로 보고 있다.

이처럼 그동안 많은 연구자들에 의해 제기된 사회적 자본의 핵심 요소는 신뢰, 규범, 네트워크, 제도 등으로 요약된다. 하지만 일부 학자들은 신뢰 등은 사회적 자본의 본질이 아니라 사회적 자본과

연구자	사회적 자본의 구성 요소
부르디외 (1986)	사회적 관계, 네트워크, 제도
콜먼 (1988, 1990)	공식적 관계, 규범, 제재
퍼트넘 (1993, 2000)	비공식적 관계, 신뢰, 규범
후쿠야마 (1995)	사회적 관계, 신뢰
울콕 (2001)	규범, 네트워크
Ostrom & Ahn (2007)	신뢰성, 네트워크, 제도
액설로드 (2009)	규범, 네트워크, 협력
OECD (2001)	공유 규범, 가치, 네트워크
소진광 (2004)	신뢰, 참여, 연계망, 제도 및 규범
김남숙 (2007)	가치 공유, 지역사회 협력, 신뢰, 제도적 규범
이권희 외 (2017)	신뢰, 규범, 네트워크, 협력, 공감

집합적 행동 사이의 연결 요소로 본다. 〈그림 10〉에서 보듯, Ostrom & Ahn(2007)은 신뢰성과 관련, 올슨(M. Olson)의 주장처럼 구성원의 숫자가 적거나 구성원들에게 공동의 이익을 위해 강제할 장치가 있어야 서로를 믿고 협동하게 된다는 의미로 설명한다.

하지만 Ostrom & Ahn(2007)은 이처럼 구조적 인센티브가 있어야 협력하게 된다는 점에 대해서는 인정하면서도 협력의 근본 작동 원인이 이타적인 동기에서 비롯된다고 보는 로버트 액설로드(2009)와

〈그림 10〉 신뢰: 사회적 자본의 형태 및 집합적 행동 사이의 핵심적 연결고리

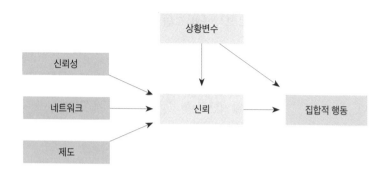

• 자료: Ostrom & Ahn(2007) 수정 이용.

같은 입장을 취한다. Ostrom & Ahn(2007: 4~5)은 사회적 자본의 구
성 요소이자 형태로서 신뢰성, 네트워크, 제도를 들고 있다. 사회적
자본은 집합적 행위를 촉진하는 규범과 네트워크(Woolcock, 2001:
1; Lowndes and Pratchett, 2008: 677 재인용)이며, 신뢰(trust)와 관련
Ostrom & Ahn(2007)은 그 자체로서 사회적 자본의 형태는 아니라고
본다.

따라서 사회적 자본은 사람과 사람 사이의 협력과 사회적 거래
를 촉진하는 신뢰, 규범 등 사회적 자산을 포괄하여 말한다. 하지만
사회적 자본은 계량화하기 어렵고 접근 방법에 따라 개념의 정의도
차이가 여전하다. 포괄적으로는 가족, 공동체 등 다양한 조직의 가
치 내지 공동의 목적을 위해 협력을 가능케 하는 신뢰, 규범, 네트워

3부 역사·문화 콘텐츠, 어떻게 협력의 콘텐츠가 되는가   161

크 등 사회적 관계에서 발생하는 무형의 자산으로 정의되고 있다. 세계은행이 발간한 「나라의 부(富)는 어디에 있는가」(Where Is the wealth of Nations)라는 보고서에 따르면 석유, 천연가스 등의 자연 자본과 도로, 항만 등 돈으로 생산한 사회간접자본이 아닌, 보이지도 만져지지도 않는 사회적 자본에 주목하라는 메시지를 전하고 있다. 즉 특정하기도 쉽지 않지만 무형의 자본을 주시해야 하는 이유는 보이지도 않는 자본에 의해 선진국 여부가 결정 나기 때문이라는 주장이다(Chief Executive, 2015: 88~89).

사회적 자본의 개념은 기존에 간과되어 왔던 새로운 형태의 자본이자 권한과 활동 역량의 원천으로서 주목받고 있다(Burt, 2000: 255; Fine, 2001). 퍼트넘(2000: 281~287)은 사회의 능률성을 제고할 수 있는 신뢰, 규범 및 네트워크와 같은 사회조직의 특성을 사회적 자본으로 규정한다. 콜먼(1988: 98)은 집합적 행위를 촉진하는 규범과 네트워크(Woolcock, 2001: 1; Lowndes and Pratchett, 2008: 677 재인용)를 사회적 자본으로 규정, 그것이 없었을 때는 가능하지 않았을 목적을 달성하게 해 준다고 말한다. 결과적으로, 사회적 자본은 사회적 네트워크로부터 유도되는, 사회적 네트워크를 통해 이용 가능한, 사회적 네트워크에 착근되어 있는 실질적·잠재적 자원의 총합을 일컫는다고 볼 수 있다(Nahapiet and Ghoshal, 1998: 243). 따라서 잘 작동하는 공동체는 그 사회적 네트워크를 통해서 사회적 자본을 형성할 수 있고, 또 그 형성된 사회적 자본은 공동체 의식을 강화하는 선순환적 흐름을 촉진하게 될 것으로 예견할 수 있다.

시장경제에 성공적으로 적응한 대다수 나라들의 경우 사회적 신뢰에 바탕한 사회적 자본이 잘 갖춰진 나라들이라는 경제적 관점뿐만 아니라 사회구조적 관점에서도 사회적 자본이 유용하다는 주장도 제기되어 왔다(Putnam, 1993; Fukuyama, 1995). 이처럼 사회적 자본에 대한 각계의 관심 증가는 한 사회가 직면하고 있는 사회적 이슈에 대한 수많은 딜레마적 상황에서 사회적 자본이 협동적인 공동체 문화와 사회적 신뢰 형성을 통해 제도 성과를 제고하는 데 기여하는 경향이 있기 때문이다.

유럽 여러 국가에서는 이미 오래 전부터 일반 시민들의 이해와 협조를 도시 정책의 선결 과제로 꼽고 있다. 정책 형성과 집행 또는 문제 해결 방식과 성과가 우리와는 크게 다르다. 많은 학자들은 이러한 차이의 배경으로 사회적 자본의 축적을 꼽고 있다. 이들에 따르면 성공적이고 지속가능한 도시 관리는 결국 관계재(relational goods)의 일종인 사회적 자본의 축적에 달려 있다고 한결같이 주장한다(서순탁, 2002: 74~75). 즉 사회적 자본은 경제성장에 기여하고 공동의 문제를 협력적으로 해결하는 데 결정적인 역할을 하며 지속가능한 공공재의 가치를 유지하는 등 삶의 질 제고에 필수적이라고 한다(Loury, 1977; Coleman, 1988; Putnam, 1993; Fukuyama, 1995).

이처럼 사회적 자본에 대한 관심 증가와 긍정적 역할에도 불구, 개념의 정의와 이해가 쉽지 않으며, 지표도 매우 다양하다. 사회적 자본은 프랑스 정치학자인 알렉시스 드 토크빌(A. D. Tocqueville)이 1835년 미국을 다녀온 뒤 미국 시민들의 자발적인 참여와 공공재에 대한 개인의 책무를 설명하면서 간접적으로 언급하였으며, 1916년 리다 하니판(Lyda J. Hanifan)에 의해 사회적 자본이라는 용어가 처음 사용된 이래, 현대사회에서 학술적 용어로 처음 사용한 사람은 글렌 루리(Loury, 1977)이다. 이후 체계적 연구는 진전되지 않았으나, 근래 들어 행정, 정책, 경제, 사회 등 여러 사회과학 분야로 그 관심이 확대되고 있다. 사회적 자본의 개념화는 제도주의적 접근을 취하는 피에르 부르디외, 제임스 콜먼, 로버트 퍼트넘, 프랜시스 후쿠야마뿐만 아니라 마이클 울콕(M. Woolcock), 난 린(N. Lin) 등 수많은 학자들에 의해 진행되어 왔다.

부르디외(1986)는 경제 자본과 문화 자본에 대응하는 개념으로 사회적 자본을 정의하는데, 잘 아는 개인들이 모여 네트워크를 형성, 제도화된 관계를 유지하는 사회적 자원으로서 사회적 자본을 설명하였다. 이는 구성원들 간 상호 이해와 협력적인 관계에 초점을 맞춘 것으로 사회적 관계 형성에서 개인 의지의 중요성에 관심을 두었음을 의미한다. 콜먼(1988)은 사회적 자본을 기능주의적 관점에서 바라보며 두 가지의 특징을 갖는 복합적인 실체로 본다. 하나는 개인의 특정 행위를 촉진시키는 측면과 또 다른 유형은 특정 목적을 달성하게 해 준다는 측면으로 이해하며, 사회적 자본을 생산적인 개념으로 이해한다(Coleman, 1990). 아울러 콜먼(1990)은 인적 자본과 사회적 자본이 상호 보완적으로 나타날 수도 있지만 그렇지 않은 경우도 있다고 보고 있다. 구성원들 간 형성된 네트워크의 폐쇄성 유무에 따라 사회적 관계의 건강성과 특정 목적 달성에 영향을 미친다는 것이다.

퍼트넘(1993, 2000)은 집합적 행위의 딜레마와 기회주의적 성향을 극복하는 자원으로서 사회적 자본을 정의한다. 그는 사회적 자본이 네트워크와 상호부조와 같은 스톡(stock)의 기능이 확보되어 있는 지역일수록 구성원들 간 자발적인 협력이 일어난다고 보고 있다. 그는 사회적 자본의 중요한 요소로 시민 참여를 언급하는데, 사회적 관계가 수직적 관계에 있는 지역보다, 수평적 시민 참여 네트워크와 상호부조 규범이 강한 지역일수록 정부 운영의 효율성 측면에서 성과가 훨씬 높게 나타나고 있음을 밝혀냈다. 그는 또 사회적 관계 내에 착근된 성질의 복잡성과 관련하여 사회적 자본을 '인연형 사회적 자본'(bonding social capital)과 '교량형 사회적 자본'(bridging social capital)으로 분별한다(Putnam, 2000; Warren, 2008: 133~135; 박종화, 2015: 3~4 재인용). 인연형 사회적 자본은 배타적인 성격상 유사한 사람들의 집단들에서 표출된다. 회원제 컨트리클럽처럼 회원만 혜택을 봄으로써 사회적 관계에서 일종의 접착제 역할을 하는 것이다. 특정적인 호혜성을 토대로 '삶을 헤쳐나가는 수단'(getting by)으로 작동할 수 있지만, 동시에 부정적인 외부성의 생성 가능성이 높다. 이에 반해, 교량형 사회적 자본은 포용적인 성격상 다양한 사회적 계층을 망라하는 외부지향적 집단들에서 나타난다. 소위 그라노베터(Mark Granovetter, 1973)의 '약한 연계'(weak ties) 형태 등에서 나타나는 포괄적인 호혜성을 토대로 '삶에서 앞서 나가는 수단'(getting ahead)으로 작동한다는 것이다. [20]

후쿠야마(1995)는 공동체의 연대와 결속 그리고 규범과 가치를 공유하고 개인의 이익을 집단의 이익에 부합토록 하는 공동체의 자발적 노력이 경제 도약의 기초라고 강조한다. 즉 이러한 연대와 결속이라는 문화적 배경이 고신뢰 사회를 만들며 이러한 토대가 경제적 번영에 결정적 영향을 미친다는 것이다. 후쿠야마(1995)의 정의는 가족 구성원이 아닌 사회구성원들 간의 신뢰를 사회적 자본으로 보고 있다. 이러한 그의 시각은 단체나 집단이 형성되기 위한 전제는 신뢰가 기본이 될 수밖에 없고, 이런 집단이 생산성을 더 높인다는 것이다. 독일, 일본, 미국은 가족을 뛰어넘는 사람들 간의 신뢰가 형성된 구성원들을 가지고 있어 대기업이 다수 존재하며, 중국, 이탈리아 등은 그렇지 않다는 것이다(Fukuyama, 1995: 26).

린(2001)은 사회적 자본을 보상을 기대하고 사회적 관계에 투자하는 것으로 정의하면서 각 문화, 상황, 여건 등에 따라 특정한 방식으로 제한되어 나타나는 특징 때문에 광범위하게 정의해야 한다고 주장했다. 따라서 이러한 린(2001)의 주장은 사회적 자본이 특정 행위를 촉진시키는 과정에서 유익하거나 혹은 그렇지 않을 수 있다는 콜먼(1988)의 기능주의적 관점에 대한 포괄적 이해로 해석할 수 있다.

울콕(2001)은 사람들이 집합적으로 행동할 수 있는 규범과 네트

---

20 마크 그라노베터(Mark Granovetter)는 사회적 자본은 느슨하게 연결된 사회적 네트워크로 사회 전체의 거시적인 성과를 높이는 공유자원(collective resources)이며, 경제주체 간 기회의 확대, 정보 유통의 확산을 촉진하여 거래 비용을 줄여 실물 자본이 평균비용을 감소시키는 것과 동일한 기능을 한다고 말한다.

워크로 사회적 자본을 정의하였다. 그는 사회적 자본의 근본 의미를 집합적 행동의 정태적인 딜레마를 극복할 수 있도록 도와주는 원천으로 보았다. 즉 사회적 자본은 구성원들 간의 역동적인 딜레마를 해소할 수 있는 핵심 속성을 가져야 하며, 이러한 과정에서 집합 행동의 성공은 미래의 할인율을 조절하는 데도 영향을 끼친다는 것이다. 액설로드(2009)의 주장도 이와 비슷한데, 사회적 자본 형성에서 규범의 중요성을 역설하면서 집합적 행동의 발현은 지속적인 상호작용과 미래를 소중하게 생각하는 공동의 규범에서 비롯되는 속성이 있음을 강조하고 있다(Axelrod, 2009: 205~215). 즉 미래를 소중하게 생각하는 공통 인식이 집합적 행동의 자연스러운 발현의 전제가 된다는 것이다. Ostrom & Ahn(2007: 18) 역시 개인들 간의 공통 이해(common understanding)가 어떤 일단의 지속가능한 작동규칙을 위해 필수적인 것으로 인식하고 있다. 이는 다양한 가치가 경쟁하고 충돌하며 사회문제가 양산되어 쌓여가고 있는 상황에서 서로를 이해하고 합의를 도출해 내기 위한 새로운 접근법이 필요하다는 입장이다. 즉 이때의 사회적 자본은 구성원들과 지역 내에서 형성된 관계망의 정도와 문제 해결을 위한 구성원들 간의 신뢰 정도를 의미한다.

사회적 자본의 주요한 논의를 살펴보면 분야마다 다르게 표현되고 있지만 개인이 개별적으로 보유하는 것이 아니라, 그 속성은 개인들 간의 관계 속에 내재되어 다양한 생산을 촉진한다. 즉 사회적 자본은 구성원이 공유하는 자원으로서 가치의 공유, 정보의 확산,

거래비용 절감 등 실물자본이 비용을 감소시키는 역할과 동일한 기능적 측면이 있다. 또한 지역사회가 안고 있는 다양한 이해당사자들 간의 이견을 좁히도록 협력을 가능케 하는 제도, 규범, 네트워크, 신뢰를 축적해주기기도 한다. 뿐만 아니라 사회적 자본은 삶의 질, 안전, 교통질서 등 공공재의 가치를 유지하는데도 필수적으로 이해되고 있다.

최근 경쟁력 있는 도시를 만들고자 그 도시만의 고유한 역사·문화 콘텐츠를 경제적 가치와 연결하여 활용하고자 하는 사례가 크게 늘고 있다. 하지만 역사·문화 콘텐츠가 과거와 소통하며 가치를 나누고 끊임없이 새로운 가치를 창조해 나가는 측면이 있다는 사실에 대한 이해는 부족한 실정이다. 더구나 역사·문화 콘텐츠는 도시의 정체성을 확보하고 지역민들의 자긍심 고취를 통해 지역민들 간의 결속을 다질 수 있는, 사회적 자본의 형성에 중요한 자원임에도 이를 설명하는 이론이나 사례 연구는 활발히 진척되지 않고 있다. 유·무형의 역사·문화 콘텐츠가 가지는 지역 내 네트워크 형성, 공동체 커뮤니티 형성 등 공동체 복원의 동인이자 사회적 자본의 형성 요인으로서의 활용 가치에 대한 인식 전환이 요구되는 이유이다. 따라서 역사·문화 콘텐츠의 활용과 사회적 자본과의 관계를 설명하기 위해서는 역사·문화 콘텐츠의 어떠한 속성들이 사회적 자본에 영향을 미치는지를 살펴보는 것이 필요하다.

역사·문화 콘텐츠에 대한 개념 정의는 역사와 문화 각자의 장르를 넘어 융·복합적 결합을 통한 새로운 콘텐츠로 그 의미가 조명되고 있다. 근래 들어 역사·문화 콘텐츠는 국가의 정책 지표가 되고 있으며 도시의 이미지를 규정하는 요소로서 활용되는 등 국내외적 관심과 활용 방안이 다양하게 나타나고 있다(권영상, 2011: 240). 즉, 역사·문화 콘텐츠는 국가와 도시의 미래 경쟁력에 중요한 창조적인 어떤 실체로 이해되면서 국가와 도시의 경쟁력을 높이는 핵심 전략 요소 중의 하나로 떠오르고 있는 것이다. 이처럼 도시에 대한 평가에서 인구와 인프라 등 물리적 측면, 개방과 배려 등의 사회문화적 측면이 동시에 강조되고 있다는 점에서 볼 때, 역사·문화 콘텐츠 활용을 통해 얻을 수 있는 지역 정체성과 공동체 회복 등의 가치가 주목되고 있는 것이다. 따라서 역사·문화 콘텐츠의 활용 의미는 역사·문화 콘텐츠의 속성과 가치, 기능 또는 능력을 잘 살려 지속가능하게 이용하는 데 방점을 두고 있다. 이제껏 도시 경쟁력의 주요 척도였던 소득 등의 경제지표 이외에도 사회적 자본 및 역사·문화적 수준, 도시의 생활 스타일 등 도시가 갖고 있는 소프트 한 측면이 강조되고 있는 것이다(변미리, 2014: 115).

도심재생의 딜레마 상황

도심재생의 패러다임 변화는 도시 발전의 패러다임 변화와 함께한다. 21세기 들어 도시 발전 패러다임은 사람 중심, 환경 중심, 문화 중심, 그리고 지속가능성 중심으로 전환하고 있다. 국가 간 경쟁을 넘어 이제 도시 간 경쟁시대에 접어들면서 도시는 새로운 성장전략과 도시 고유의 정체성을 요구받고 있기 때문이다. 이에 최근의 도심재생은 대규모 신규 개발사업 방식에서 지역의 역사·문화 콘텐츠를 활용한 지역사회의 성장 관리와 정비·복원 방식으로의 방향 전환이 나타나고 있으며, 도시 정책 대상이 기반 시설 구축 및 공간 구조 개편에서 생활환경의 질적 개선으로 이행하고 있다. 또한 기존 도심의 노후화, 도시의 지속적인 외연적 확산, 도심 정비 재정의 상대적 취약성 등이 결부되어, 지역사회 고유의 문화적 자산을 활용한 도심재생 방식이 주목받고 있다(이권희·박종화, 2015: 60~61).

지난 반세기 우리나라의 도시 정책은 성장 위주 개발 정책에 치우친 결과, 도시의 인구 집중 현상과 도시의 평면적 확산을 초래했고, 이 과정에서 도심 정체성의 상실, 환경문제의 야기, 생활의 질 저하, 그리고 경쟁력 저하라는 부정적 결과를 낳았다. 이로 인해 기존 도심의 노후화는 심화되고, 기존 도심 중 정비 사업이 이루어지는 곳은 대부분 전면 철거 방식에 의존하여 새로 아파트 단지를 만드는 방식의 민간 주도 정비가 이루어졌다. 더욱이 여러 여건상 정비 사업이 진척될 수 없는 기존 도심은 노후화와 쇠퇴가 지속, 부정적인 순환 구조에 노출되면서 제대로 된 도시 공동체가 자리 잡지 못하는 원인이 되었다는 논의가 설득력을 얻고 있다(양영균, 2010: 98~99; 배웅규, 2013: 40~41; 백기영, 2013: 13).

이에 따라 도심재생에서의 정책 방향이 재개발, 재건축, 신규 개발 등에서 관리 중심의 도시 정비와 도시재생이 모색되고 있는 것이다. 또한 물리적, 국지적 정비에서 사회, 경제, 문화 등 복합적 재생으로의 전환이 나타나고 있으며, 동시에 행정 주도의 정책 집행 체제에서 주민참여형 거버넌스 체제로의 변화 또한 도심재생 패러다임 변화의 한 축이 되고 있다. 사업 집행에 있어 행정 조직 중심 체제만으로는 지역 주민의 참여와 공감을 얻는 과정에서 한계를 보임에 따라, 정책 수립과 집행 과정에서 폭넓은 주민 의사 반영이 요구되고 있는 것이다.

특히 우리 도시들은 글로벌한 차원에서의 도시재생 내지 도심재생의 흐름을 보다 압축적으로 경험하면서 재개발, 재건축, 신규 개발 등에서 관리 중심으로 도심재생 정책이 불가피해졌다. 기존 주택 공급 중심의 정비 사업이 한계점을 드러내면서 현재 종합적이고 통합적인 도시재생 내지 도심재생의 출발점에 서 있는 상황에 직면한 것이다. 따라서 도시 경쟁력 확보를 위한 사회·경제적 고려와 역사·문화에 대한 관심이 증대하면서 사람과 역사 그리고 문화 자산을 활용한 도심재생이 경쟁적으로 적용되고 있다. 근래 들어 침체 도시 또는 침체의 징후가 있는 도시 영역을 지역사회 자원의 활용과 새로운 기능의 창출을 통해 사회적·환경적·경제적으로 활성화시키려는 모습 또한 동일 맥락으로 이해할 수 있다.

따라서 역사·문화 자산의 활용을 통한 도심재생이 지역사회 주민들에게 강한 공동체 의식을 고취하게 하고, 지역사회 주민들이 참여하고 만들어 가는 문화적 행위들이 사회 통합과 공동체 의식을

북돋운다는 연구들이 주목받고 있다(김미영, 2015: 210~213; 백선혜·
라도삼·노민택·김은희 외, 2008: 127~130).

도심재생과
사회적 자본의 연계

　최근 들어 도시재생 정책의 성공적 추진을 위해서 공동체 의식
형성의 필요성과 중요성이 강조되면서 사회적 자본과의 연계에 대
한 관심이 높아지고 있다. 도심재생과 사회적 자본과의 관계에 대
한 다양한 논의를 재검토하기 위해서 실제 도심재생 과정에서 나
타나는 공동체 의식에 대한 관점과 사회적 자본과 연계성을 살펴
보는 것이 필요하다. 공동체는 개인들과 집단 간 사적 또는 자발적
묶음으로 조직되는 사회적 생활을 의미하며, 다양한 관심사를 가
진 사람들과의 만남을 통해 관심 영역을 확장시키며, 공공의 이익
을 위해 개인의 이익을 양보하는 개인적 책무와 소속감을 고양시
켜 무임승차를 배격하는 공공의식을 갖게 한다고 언급하고 있다
(Tocqueville, 1996 재인용). 하버마스(1984, 1987)는 사회적 행위자들
이 공론의 장에서 합리적이고 자유로운 의사 소통을 기반으로 한
공동체의 의사 소통 구조가 형성될 때 사회의 공공성이 증대된다고
주장하며, 공동체 의식의 공공성을 증대시키는 사회적 메커니즘으
로서의 역할을 강조하고 있다(김상돈, 2014: 19~20).

이처럼 공동체 의식은 개인과 공동체 간의 상호 의존성과 지속가능한 생활을 만들어 가는 인간관계의 질(Bopp et al., 2000), 공동체의 다른 구성원들과 상호작용 관계를 갖는 공동체 소속감 등을 의미한다(최예나·김이수, 2015: 53~78). 퍼트넘(2000: 281~287)은 이러한 공동체 의식이 사회의 능률성을 제고할 수 있는 신뢰, 규범 및 네트워크와 같은 사회적 자본을 형성한다고 주장한다. 즉 공동체 의식은 공동체 참여와 연대를 통해 이뤄지며, 비공식적 사회 활동인 가족, 친구 동료와의 상호작용으로 소속감이 증대하면서 사회적 자본이 증진된다는 것이다. 뿐만 아니라 박경옥·정지인(2015: 185)은 공동체 의식에 기반하여 사회적 네트워크가 형성되면 사회 내 개인의 사회적 지위도 높아지고, 공동체 활동이 공동체 의식을 고양하여 교육과 소득을 증진시킨다고 주장한다.

콜먼(1988: 98)은 사회적 자본이 다른 형태의 자본과 같이 생산적이며 그것이 존재하지 않았더라면 불가능했을 수도 있는 목적을 달성하게 해 준다는 측면에서 가치 있는 재화와 서비스를 창출한다고 본다. 즉 사회적 자본은 둘 또는 다수의 행위자들 사이의 관계 속에 있으며, 초기의 특정 목적을 위한 관계에서 후에 다른 목적을 달성하기 위해 활용되는 등 사회적 자원으로 활용된다고 보는 것이다. 이처럼 사회적 자본은 기존에 간과되어 왔던 새로운 형태의 활동 역량의 원천으로서 주목받고 있다(Burt, 2000: 255; Fine, 2001).

사회적 자본의
측정 경험

연구 모형과 가설 설정

이 연구는 사회적 자본 형성에서 역사·문화 콘텐츠 활용의 영향을 분석하기 위해, 주민 설문 조사 결과를 토대로 역사·문화 콘텐츠 활용에 따른 주민 인식적 변화 요인과 사회적 자본 형성 관련 주민 인식적 변화 요인을 우선 추출한다. 그다음, 추출된 다양한 변인들에 대해 요인분석을 실시하여 주요 인식적 영향 변수와 주요 사회적 자본 형성 변수를 도출한다. 그리고 그 추출된 주요 인식적 영향 변수를 독립변수로 하고, 주요 사회적 자본 형성 변수를 종속변수로 하여 회귀분석을 실시한다. 최종적으로, 분석된 결과를 토대로 가설 검증을 실시하고 관련 정책적 함의를 제시한다. 이와 같은 일련의 분석 과정은 〈그림 11〉의 연구 모형으로 제시할 수 있다.

이 연구의 목적은 도심재생 과정에서 역사·문화 콘텐츠의 활용이 사회적 자본 형성에 미치는 영향을 분석하는 것이다. 이제껏 도시 경쟁력의 주요 척도로 소득 등의 경제지표가 주로 사용되어 왔으나, 최근에는 이외에도 사회적 시스템이나 역사·문화적 수준, 도시의 생활 스타일 등 도시가 갖고 있는 소프트한 측면이 도시 경쟁력의 지표로 부각되고 있다. 역사·문화 콘텐츠는 오래된 삶의 유·무형적 축적물로서 그 지역의 정체성과 결부되어 있으며, 도심재생에서 공동체 의식을 북돋우는 핵심 가치를 가지고 있다. 이러

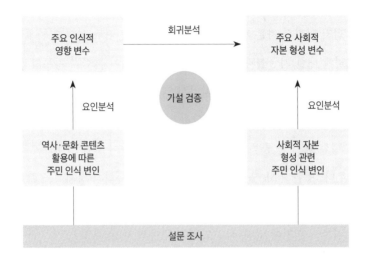

한 역사·문화 콘텐츠의 가치는 원 거주민들의 생활이나 생산 활동에도 직간접적 영향을 미치는 공유자원으로 인식되어 자율적 통제와 규범적 규제 측면의 발현과 더불어 구성원들 간의 협력을 가능케 하는 선순환적 속성이 있다고 가정한다. 아울러 개인적·집단적·공공적 가치에 대한 인식 차이가 기능적 공동체 형성 및 작동(MIT&UE)에 기여한다고 가정한다. 즉 자주 보고(Meet), 상호 작용하고(Interact), 이야기하면서(Talk) 네트워크를 형성하게 되고, 이와 같은 네트워크가 바탕이 되어 서로 이해하고(Mutually Understand) 공감하게(Empathize) 되면서 공동체로서의 신뢰가 쌓인다는 측면에서 기능적 공동체 형성 및 작동 기반이 각각 다르다고 가정한다. 이 연구 목적에 부합하는 기존 논의 결과와 연계해 질적 연구를 토대로 검토한 구체적인 연구 가설을 요약하면 다음과 같다.

먼저 사회적 자본 형성 요인에 관한 심층 면접과 선행 연구에서 지역에 대한 자긍심과 애착심 등 공동체 의식이 사회적 자본의 형성 요인으로 강조되고 있다. 따라서 역사·문화 콘텐츠가 지역의 정체성과 자긍심이 녹아 있는 자산의 집합체라는 측면에서 사회적 자본 형성 요인 중 공동체 의식에 직간접적 영향이 있을 것이라고 추론된다. 또한 역사·문화 콘텐츠는 해당 지역사회의 정체성을 회복하고 공동체 형성을 도모하는 일상적인 생활 자원으로서 새로운 가치 창출의 원천이 되며, 국민의 문화 향유권 보장, 문화·교육·관광 등이 어우러질 경우 궁극적으로 도시 경제의 활성화에도 기여할 수 있을 것으로 기대된다는 점에서 시장적 또는 비시장적 상호작용 측면도 나타날 것으로 짐작할 수 있다(이권희·박종화, 2015: 64~65; 권영상, 2011: 247).

퍼트넘(2000: 22~24)에 따르면 제시한 교량형 사회적 자본은 포용적이며 다양한 사회적 계층에서 나타나는 데 반해 인연형 사회적 자본은 배타적이고 유사한 사람들의 내부지향적 집단들에서 발견된다. 또한 그라노베터(1985: 481)의 지적처럼 본 연구의 사회적 자본 형성 요인들 중에서도 교량형 사회적 자본에 가까운 것과 인연형 사회적 자본에 가까운 것들이 나타나게 될 것이다. 그리고 그 각각에 대한 주민 인식적 영향 변수들에 있어서도 차이가 나타나게 될 것으로 보인다. 이상의 논의를 토대로 "역사·문화 콘텐츠 활용을 통한 주민 인식 변화는 사회적 자본 형성에 긍정적 영향을 미친다"는 가설 H1을 설정한다.

세분화한 하위 가설은 다음과 같다.

가설 H1a : 사회적 자본의 유형별(교량형 및 인연형) 형성 요인별 주요 주민 인식적 영향 변수들의 내용적 특성에 있어 차이가 있다.

가설 H1b : 역사·문화 콘텐츠 활용에 따른 비시장적 주민 인식 요인이 교량형 사회적 자본 형성에 영향을 미친다.

가설 H1c : 역사·문화 콘텐츠 활용에 따른 시장적 주민 인식 요인이 인연형 사회적 자본 형성에 영향을 미친다.

분석 방법

설문 조사는 2017년 6월 1일부터 7월 20일까지 진행되었으며 응답자가 직접 작성하는 자기평가 방식으로 기입하도록 하였다. 실태 분석을 위한 연구 대상은 역사·문화 콘텐츠를 직간접적으로 활용하거나 경험하고 있는 대구 시민을 모집단으로 한다. 구체적으로 보면 대구 도심 역사·문화 콘텐츠 활용 관련, 지역 거주민, 지역 상인 등 도심 거주민과 교과 연계 체험학습 프로그램에 직접적으로 참가한 교사, 학생, 학부모 등 도심 방문 시민을 대상으로 설문 조사를 하였다.

설문 조사는 확률표집을 통해 표본을 추출하고 이들을 대상으로 하였다. 표집 대상 선정 과정에서 난수나 제비뽑기 같은 엄격한 랜덤표집(random sampling) 방식을 사용하지는 않았다. 하지만 표집 대상 선정 과정에서 연구자의 개인적인 선호를 개입시키지 않았다는 측면에서 준랜덤형 선택 방식이 활용되었다고 볼 수 있다. 학생과 교사에 대한 자료는 해마다 연초에 결정되는 체험학습 참가 학교와 명부를 활용, 표본 추출하였으며, 학생 및 학부모 교사의 경우, 초·중·고 집단으로 구분하여 표집(층화표집)함으로써 표집 오차를 줄여 대표성을 제고하고자 하였다. 지역 주민과 일반 시민 또한 구·군 또는 동별로 조직화하여 도심 역사·문화 콘텐츠를 경험하거나 활용하고 있는 대상자들 가운데서 선정하였다.

설문 조사에 참가한 응답자는 420명이었으나 회수한 설문지 중 응답이 불분명하거나 누락된 설문 22부를 제외한 398부를 최종적으로 분석하였다. 표본의 특성을 살펴보면, 남자는 전체 응답자의 33.4%, 여자는 66.6%를 차지하였고, 기혼은 47.2%, 미혼은 52.8%를 차지하였으며, 기혼자의 경우 자녀 수는 2명인 경우가 응답자 전체의 48.9%를 차지하여 가장 높은 빈도를 나타내었다. 연령별로 10대는 16.1%, 20대는 26.9%, 30대는 14.1%, 40대는 24.1%, 50대는 10.6%, 60대 이상은 8.3%를 차지하였다. 직업의 경우에는 회사원 15.6%, 공무원 5.5%, 전문직 4.8%, 교사 7.0%, 자영업 15.3%, 주부 17.3%, 학생 18.1% 기타 16.3%로 나타났다. 대구 거주 기간은 1년 미만 거주 1.2%, 1~5년 거주 4.5%, 5~10년 거주 21.4%, 10~20년 거주 34.7%, 20년 이상 거주 38.2%로 나타나, 10년 이상 거주하고 있는 응답자 비율이 높은 것으로 나타났다. 그리고 현재 도심에 거주하고 있다고 응답한 비율은 전체의 40.7%, 도심이 아닌 곳에 거주하

<표 17> 응답자의 특성

항목	구 분		사례 수(n)	비율(%)
거주지	도심 방문시민		236	59.3
	도심 거주민		162	40.7
선별 및 혼인 여부	기혼	남	65	16.3
		여	123	30.9
	미혼	남	68	17.1
		여	142	35.7
자녀 수	0명		4	2.1
	1명		59	31.4
	2명		92	48.9
	3명		28	14.9
	4명		5	2.7
나이	10대		64	16.1
	20대		107	26.9
	30대		56	14.1
	40대		96	24.1
	50대		42	10.6
	60대 이상		33	8.3
직업	회사원		62	15.6
	공무원		22	5.5
	전문직		19	4.8
	교사		28	7.0
	자영업		61	15.3
	주부		69	17.3
	학생		72	18.1
	기타		65	16.3
거주 기간	1년 미만		5	1.2
	1~5년		18	4.5
	5~10년		85	21.4
	10~20년		138	34.7
	20년 이상		152	38.2

고 있다고 응답한 비율은 59.3%를 차지하고 있는 것으로 나타났다. 결과적으로, 표본이 비교적 고르게 분포되어 있음을 알 수 있으며, 표본의 빈도 분석 결과는 〈표 17〉과 같다.

요인분석

역사·문화 콘텐츠 활용 관련 주민 인식과 사회적 자본의 다양한 구성 요소와 형태를 알아보기 위해 Bartlett의 단위행렬 점검을 통해 변수들이 서로 독립적인가를 점검하였으며, KMO의 표본적합도 MSA를 통해 요인분석의 적합성을 살펴보았다. 요인 추출을 위해 주성분 분석을 이용하였으며, 요인 추출 기준의 고유값(eigen value)은 1.0 이상으로 하여 직교 회전 방식을 사용하였으며, 스크리 검정(scree test)을 통해 요인의 수를 결정하였다.

〈표 18〉은 역사·문화 콘텐츠 활용에 따른 주민 인식 변인들을 요인분석한 결과를 요약한 것이다. 주민 인식에 대한 Bartlett의 단위행렬은 2912.431일 때 유의확률은 .000이고 KMO의 표본적합도 MSA 값은 .858로 나타나 요인분석을 위한 변수의 선정이 적절하였음을 보여주고 있다. 이를 바탕으로 13개 문항의 요인분석 결과 5개의 요인이 추출되었고, 전체 변량의 67.310%를 설명하는 것으로 나타났다. 역사·교육 가치 인식의 적재치는 .763 이상, 지역사회 안전 및 교류의 적재치는 .752 이상, 공동체 학습 및 협력의 적재치는 .694 이상, 지역사회 관심 및 자긍심의 적재치는 .651 이상, 경제 활성화에 관한 적재치는 .603 이상으로 나타났다.

<표 18> 역사·문화 콘텐츠 활용에 대한 주민 인식 요인분석 (N=398)

요인분석 문항 내용	요인 1 역사· 교육 가치 인식	요인 2 지역 사회 안전 및 교 류	요인 3 공동 체 학 습 및 협력	요인 4 지역 사회 관심 및 자 긍심	요인 5 경제 활성 화
Bartlett의 단위행렬 (χ2 = 2912.431, df=136, p=.000) **Kaiser-Meyer-Oklin의 MSA=.858**					
도심 역사·문화 콘텐츠 경험의 역사적 가치	.841	.153	.129	.086	-.124
도심 역사·문화 콘텐츠 경험의 교육적 가치	.771	.267	.056	.191	-.146
도심 역사·문화 콘텐츠 경험의 문화·예술가치	.763	.228	.160	.194	.152
지역사회에 대한 애착이 강화 된다	.223	.761	.121	.223	-.155
이웃과 교류가 강화된다고 생각한다	.078	.753	.210	.099	-.057
지역사회의 안전성이 높아진다	.217	.752	.110	.008	.156
공동체 학습에 도움이 된다고 생각한다	.065	.099	.811	.147	.039
참여자 간에 협력이 잘 이루어졌다	.136	.082	.795	.001	-.054
소통 및 관계형성에 도움된다고 생각한다	.409	.191	.694	.241	-.084
살고 있는 동네에 관심 많다	.099	.217	.109	.772	.190
대구 지역이 자랑스럽다	.250	.083	.122	.651	.367
개발제한 등 경제적 성장기회 제약 받는다	-.122	.059	-.008	-.066	.722
대구 경제활성화에 도움된다	.151	.229	.360	.192	.603
고유값 (eigen value)	3.266	2.935	2.137	1.853	1.251
분산 %	19.213	17.267	12.573	10.897	7.360
누적 %	19.213	36.480	48.053	59.950	67.310
신뢰도 (크론바하 α)	0.887	0.805	0.646	0.661	0.632

요인분석 문항 내용	요인 1 협력 소통	요인 2 참여 활동	요인 3 네트 워크	요인 4 사적 신뢰	요인 5 공적 신뢰
Bartlett의 단위행렬 (χ2 = 2553.587, df=171, p=.000) **Kaiser-Meyer-Oklin의 MSA=.761**					
다른 사람에게 추천하고 싶다	.818	.081	.121	.062	.099
참여자 간 협력이 잘 이루어졌다	.790	.107	.021	.028	.044
참여자 간 소통이 잘 이루어졌다	.787	.153	.106	-.036	.059
향후 다른 심화프로그램에 참여하고 싶다	.776	.093	.201	-.016	.037
여론조사에 참여한다	.070	.797	.097	-.044	.103
불법 및 위법에 대해 신고한다	.027	.758	-.028	.047	.053
지역 축제와 문화 행사 참여한다	.126	.714	.037	.238	.020
친목 단체에 활동한다	.123	.628	.238	.037	.070
주민, 참여자, 운영자 간 공조시스템 구축 필요하다	.096	.091	.825	.001	-.016
시민 및 거주민의 참여 확대가 중요하다	.113	.149	.773	.100	-.023
시민 및 거주민 간 네트워크 유대가 중요하다	.243	-.135	.709	-.034	.210
이웃과의 네트워크가 강화된다	.151	.318	.604	.128	.034
가족을 신뢰한다	.021	.008	.094	.756	.046
직장 동료를 신뢰한다	-.109	.078	.091	.632	.311
혈연, 지연, 학연 등의 인연을 중시한다	.225	.084	-.109	.604	-.082
이웃을 신뢰한다	.039	.341	.115	.591	.002
공무원을 신뢰한다	.046	.146	-.058	.124	.878
공공기관에 대해 신뢰한다	.384	.093	.281	.031	.572
고유값 (eigen value)	3.361	2.439	2.378	1.703	1.418
분산 %	17.690	12.835	12.514	8.94	8.464
누적 %	17.690	30.525	43.039	52.003	60.467
신뢰도 (크론바하 α)	0.847	0.736	0.732	0.650	0.611

〈표 19〉는 사회적 자본 형성 관련 주민 인식 변인들을 추출하고
자 실시한 요인분석 결과를 나타낸 것이다. 사회적 자본 형성에 대
한 Bartlett의 단위행렬은 2553.587일 때 유의확률은 .000이고 KMO
의 표본적합도 MSA 값은 .761로 나타나 요인분석을 위한 변수의 선
정이 적절하였음을 보여주고 있다. 이를 바탕으로 18개 문항의 요
인분석 결과 5개의 요인이 추출되었고 전체 변량의 60.467%를 설명
하는 것으로 나타났다. 협력과 소통의 적재치는 .776 이상, 참여 활
동의 적재치는 .628 이상, 네트워크의 적재치는 .604 이상, 사적 신
뢰의 적재치는 .591, 공적 신뢰에 대한 적재치는 .572 이상으로 나
타났다. 여기서 경제 활성화는 시장적 상호작용 측면이 강하고, 나
머지는 모두 비시장적 상호작용 측면이 강하다. 따라서 역사·문화
콘텐츠 활용에 따른 주민 인식 변화 요인은 비시장적 상호작용 요
인과 시장적 상호작용 요인을 동시에 설명하는 성분이 함께 나타난
다는 것을 알 수 있다.

회귀분석

요인분석을 통해 도출된, 역사·문화 콘텐츠 활용에 대한 주요 주
민 인식 변수들이 사회적 자본 형성 요인 변수들에 미치는 영향을
각각 살펴보기 위해 다섯 번의 다중회귀분석을 실시한 결과가 〈표
20〉이다.

〈표 20〉에 의하면, 역사·문화 콘텐츠 활용에 대한 주요 주민 인
식 변수들이 사회적 자본 형성 변수들에 유의수준 0.5이하로 통계

구 분		역사·교육 가치 인식	지역사회 안전 및 교류	공동체 학습 및 협력	지역사회 관심 및 자긍심	경제 활성화	F값	R²
협력 소통	표준화 계수	0.683	0.245	0.742	0.261	0.128	113.326 (p⟨0.001)	0.769
	t값	16.756	4.396	22.986	4.890	2.169		
	유의 확률	0.000	0.001	0.000	0.001	0.005		
참여 활동	표준화 계수	0.291	0.625	0.201	0.696	0.168	104.821 (p⟨0.001)	0.699
	t값	4.974	15.852	4.191	18.365	2.860		
	유의 확률	0.001	0.000	0.001	0.000	0.001		
네트 워크	표준화 계수	0.583	0.612	0.457	0.238	0.125	85.108 (p⟨0.001)	0.604
	t값	14.256	15.986	10.259	0.465	2.046		
	유의 확률	0.000	0.000	0.005	0.005	0.001		
사적 신뢰	표준화 계수	0.203	0.257	0.501	0.539	0.118	49.31 (p⟨0.001)	0.519
	t값	4.023	4.562	12.458	14.623	2.436		
	유의 확률	0.005	0.001	0.000	0.000	0.001		
공적 신뢰	표준화 계수	0.512	0.187	0.216	0.526	0.135	35.092 (p⟨0.001)	0.502
	t값	14.356	2.969	4.638	13.957	2.216		
	유의 확률	0.000	0.005	0.005	0.000	0.000		

적으로 유의한 것으로 나타났다. 즉 독립변수들은 종속변수들에 유의수준 0.5 이하로 유의한 영향을 미치는 것으로 나타나고 있다. 독립변수들 간 상대적인 영향력의 정도를 나타내는 표준화 계수 β 값은 상당 부분 차이가 있지만, 계수의 부호는 모두 정(+)의 값으로 독립변수와 종속변수들 간에는 정의 관계에 있음을 알 수 있다. 개별 모형의 설명력을 나타내는 결정계수(R^2)의 값은 .769에서 .502까지 다양하지만 모두 50% 이상의 설명력을 보여주고 있다. 따라서 개별 모형들의 설명력의 범위 내에서 가설 H_1이 입증되고, 역사·문화 콘텐츠 활용이 지역사회적 자본 형성에 긍정적인 영향을 미치고 있음을 알 수 있다.

표준화 계수인 β 값을 보면, 사회적 자본 형성 요인으로서의 협력과 소통 변수의 경우에 역사·교육 가치 인식 변수와 공동체 학습 및 교류 변수의 영향이 상대적으로 더 중요한 반면 경제 활성화 변수의 상대적 영향력은 약하다. 이는 협력과 소통 변수에 대한 시장적 가치 측면의 상대적 영향력이 낮음을 보여주는 것으로 판단된다. 이 모형의 경우 모형 설명력이 76.9%로 매우 높은 편이다. 네트워크 변수의 경우, 지역사회 안전 및 교류 변수와 역사·교육 가치 인식 변수가 상대적으로 더 중요한 반면, 지역사회 관심 및 자긍심 변수와 경제 활성화 변수의 상대적 중요성이 미약하며, 모형 설명력은 60.4%로 나타났다.

참여 활동 변수의 경우, 지역사회 관심 및 자긍심 변수와 지역사회 안전 및 교류 변수의 영향이 상대적으로 더 중요한 반면에 경제 활성화 변수의 상대적 영향이 약한 편이며, 모형의 설명력은 69.9% 이다. 여론조사 등에 참여하는 등 공적 활동에 참여하는 활동은 내용상 교량형 사회적 자본에 해당하는데, 해당 지역사회에 대한 관심이나 자긍심 그리고 지역사회 안전 및 교류에 대한 가치 인식이 중요한 것으로 나타난다.

사적 신뢰 변수의 경우, 공동체 학습 및 협력 변수와 지역사회 관심 및 자긍심 변수가 더 중요하고 지역사회 안전 및 교류 변수와 경제 활성화 변수의 영향력이 미약하다. 여기서 공동체 학습 및 협력 변수는 사적 신뢰 측면에서는 중요하지만 공적 신뢰 측면에서는 별로 중요하지 않음을 알 수 있다. 지역사회 관심 및 자긍심 변수는 공적 신뢰 측면과 사적 신뢰 측면 모두에서 중요하다. 특히 경제 활성화 변수는 공적 신뢰와 사적 신뢰 측면 모두에서 그 상대적 중요성이 떨어지는 것으로 나타나 신뢰 측면과 경제 활성화 측면과의 상호 작용성은 낮은 것으로 추론할 수 있다. 그리고 역사·교육 가치 인식 변수는 공적 신뢰 측면에서는 중요하지만 사적 신뢰 측면에서는 중요성이 떨어지며, 공동체 학습 및 협력 변수는 반대의 결과가 나타나는데 그 내용적 특성에 따른 차이로 보여지며, 결과적으로 개별 모형들의 설명력의 범위 내에서 가설 H_{1a}가 입증됨을 알 수 있다. 사적 신뢰의 모형의 설명력은 51.9%, 공적 신뢰의 모형 설명력은 50.2%로 나타났다.

구체적인 형태의 H_{1b}와 H_{1c}의 경우에도 H_{1a}와 마찬가지로 개별 모형의 설명력 범위 내에서 대체적으로 입증된다. 그런데 가설 H_{1b},

H1c의 경우 7개 회귀 모형의 표준화 계수 β 값과 유의확률 값을 이용해서 쉽게 입증할 수 있지만, 변수에 따라 교량형, 인연형 사회적 자본 형성의 영향이 불명료하게 나타난다. 이러한 결과는 역사·문화 콘텐츠 활용이 사회적 자본 형성에 긍정적 영향을 미치는지 여부에 대한 검증과 함께 비시장적 상호작용 측면과 시장적 상호작용 측면을 동시에 가지는지, 또는 어느 한 측면만 가지는지에 대한 포괄적 분석이 필요하다고 판단된다. 즉 시장적 측면이나 비시장적 측면 어느 한쪽으로 제한하지 않고 다양한 정책적 시각을 견지할 필요성이 있다는 점을 암시한다.

분석 결과의 종합

사회적 자본 형성에 있어서 역사·문화 콘텐츠의 활용 관련 주민 인식과 사회적 자본 형성 변수 간의 관계를 규명하기 위하여 요인 분석과 회귀분석을 실시했다. 통계적 분석 결과를 요약하면 다음과 같다.

역사·문화 콘텐츠 활용에 대한 주민 인식 요인 분석을 실시한 결과, 역사·교육 가치, 공동체 학습 및 협력, 지역사회 관심 및 자긍심, 지역사회 안전 및 교류, 경제 활성화 등 5개의 주요 요인이 추출되었고 전체 변량의 67.310%를 설명한다. 여기서 역사·교육 가치, 공동체 학습 및 교류 변수, 지역사회 관심 및 만족도 변수는 비시장적 상호작용 측면이 강하고, 경제 활성화 변수와 지역사회 안전 및 발전 변수는 시장적 상호작용 측면이 강하다. 따라서 가설 H1이 입증됨을 알 수 있다. 사회적 자본 형성에 관한 요인 분석 결과, 소통 협력, 공적 참여, 사적 신뢰, 공적 신뢰, 참여, 네트워크 등 5개의 주요 요인이 추출되었고, 전체 변량의 60.467%를 설명한다.

역사·문화 콘텐츠 활용에 따른 주민 인식 요인들이 사회적 자본 형성 요인들에 미치는 영향을 각각 알아보기 위해 다섯 차례의 회귀분석을 실시한 결과, 예외 없이 5개 독립변수들이 종속변수들 각각에 유의한 영향을 미치는 것으로 나타났다. 표준화 계수 β 값은 독립변수들 간에 상당 부분 차이가 있지만, 그 부호는 모두 정의 값으로 긍정적인 영향 관계에 있음을 보여준다. 7개 회귀모형들의 모형 설명력은 결정계수 값을 통해 0.769에서 0.502까지로 나타났다. 독립변수와 종속변수 간에 긍정적인 영향관계를 통해 가설 H_1이 입증됨을 알 수 있다.

보다 구체적인 형태의 H_{1b}와 H_{1c}의 경우 다소 불명료한 점이 나타나는 것으로 보인다. 예컨대, 교량형 사회적 자본의 형성 요인으로 볼 수 있는 공적 참여 변수의 경우에 지역사회 관심 및 만족도 변수나 교육·문화·예술 가치 인식 변수의 영향이 상대적으로 중요하고, 인연형 사회적 자본에 해당하는 사적 참여 변수의 경우에 공동체 학습 및 교류 변수와 경제 활성화 변수가 상대적으로 중요한 것은 H_{1b}와 H_{1c}를 입증하는 근거로 판단된다. 그런데, 또 다른 인연형 사회적 자본 형성 요인으로 볼 수 있는 사적 신뢰 변수의 경우, 지역사회 관심 및 만족도 변수와 공동체 학습 및 교류 변수가 상대적으로 더 중요하고 지역사회 안전 및 발전 변수와 경제 활성화 변수가 상대적으로 덜 중요하다.

여기서, 지역사회 관심 및 만족도 변수의 상대적인 중요성과 경제 활성화 변수의 상대적인 덜 중요함은 앞의 분석 결과와 불일치한다. 다만, 경제 활성화 변수는 공적 신뢰 측면과 사적 신뢰 측면 양자 모두에서 그 상대적인 중요성이 떨어짐으로 경제 활성화 내용은 신뢰 측면과는 상호 작용성이 낮은 관계에 있음을 추론할 수 있다. 그리고 지역사회 안전 및 발전 변수는 공적 신뢰 측면에서는 중요하지만, 사적 신뢰 측면에서는 그 중요성이 떨어진다. 그 내용적 특성에 따른 차이로 판단된다. 결과적으로, 가설 H_{1b}와 H_{1c}의 경우 대체적으로 입증되었다고 볼 수 있고 결과를 받아들일 수 있지만, 세부적인 영역에서는 보다 포괄적인 추가 분석의 필요성을 시사하고 있는 것으로 판단된다.

7장

기능적 공동체의 형성

역사 · 문화 콘텐츠의 활용과
기능적 공동체

콜먼(1988)에 따르면 기능적 공동체는 교육, 복지, 문화, 종교 등 공동의 관심과 흥미 또는 이해관계를 공유하는 사람들이 자신과 공동체의 이익을 위해 개인 또는 집단 간 상호관계를 형성하는 집단을 의미한다. 기능적 공동체의 개념은 기존 연구에서 직업, 취미 등 구성원 간 공통의 정체성을 가지고 공동의 이익을 목표로 형성된 모임이나 집단 또는 특정 목적으로 구성된 조직이 시간이 지나면서 다른 목적을 위해 전용되거나 활용되는 자원 측면 등 여러 측면으로 개념화가 시도되었다(Rothman and Tropman, 1995; Coleman, 1988: 95~120; 정성훈, 2013: 311~340; 이지숙, 2008: 533~540).

콜먼(1988)은 보다 구체적으로 종교 기반 가톨릭 학교와 거주지 기반 공립학교 간의 차이를 분석, 기능적 공동체를 설명했다. 그에 따르면 부모와 자식 간의 상호작용이 풍부하고 부모들 간 완결형 사회연결망(closure of social networks)을 이룬 기능적 지역사회일수록 연결망이 공고해 학교와 사회 내 규범과 제재 기능이 강화되면서 성적과 진학률이 높고 중퇴율은 낮아진다(이정선, 2001: 5 재인용).[21]

콜먼(1988)의 기능적 공동체 가설의 맥락은 지역사회의 특정 기능성에 주목하는 Rothman and Tropman(1995)의 기능적 공동체 개념을 보다 확장하여 종교, 학연, 기타 등으로 형성된 모임과 결속이 참여자들에게만 영향을 미치는 것이 아니라 자녀와 주변인들의 안전, 복지, 교육적 성취 등에도 연쇄적으로 영향을 미친다는 것으로 이해할 수 있다(이권희·박종화, 2017: 25 재인용).

공동체 복원이 도심재생의 궁극적 목표로 부각되고 있는 상황에서 역사·문화 콘텐츠가 기능적 공동체 형성에 미치는 영향이 무엇인지, 그리고 도심 역사·문화 콘텐츠의 어떤 속성이 사회적 자본 형성과 연계되는지를 포착하는 것은 중요하다. 이는 기능적 공동

---

21 지역사회 구성원들 간의 관계가 순환 구조를 이루는 완결형 사회연결망의 전형적인 사례를 이루는 것은 두 가정에서 부모와 자녀가 각각 친구 관계인 경우이다. 대칭되는 개념으로 콜먼(1988)은 단절형 사회연결망을 제시한다(이동원·정갑영·박준 외 2009: 72~73 재인용).

체의 형성 또는 그 과정에서 나타나는 효과가 사회적 자본으로 볼 수 있는지에 대한 의문을 쉽게 설명할 수 있기 때문이다. 따라서 역사·문화 콘텐츠 활용에서 사회적 자본 형성의 중요한 요소로 판단되는 시민들의 다양한 가치 인식과 기능적 공동체 작동·형성의 연계 여부에 대한 논의가 필요하다. 콜먼(1988)에 따르면 이러한 도시 공동체는 지역의 문제를 스스로 해결하는 공동체 의식을 통해 지역 발전의 역량을 자생적으로 키워 가고 있다는 점에서, 지리적 영역을 기반으로 한 전통적 공동체와의 차별화된 기능적 공동체로 분류한다. 이처럼 기능적 공동체는 상호 의존적인 사람들이 형성하고 있는 관계의 그물망으로 이해할 수 있다(Granovetter, 1973; 김진아, 2014: 113~127).

이 연구에서 다루는 기능적 공동체는 도심 내 지리적 공간을 기반으로 형성되는 공동체와는 달리 도심의 역사·문화 콘텐츠에 대한 관심으로부터 참여가 시작된 여러 모임의 형태를 의미한다. 기능적 공동체라는 용어는 연구 분야에 따라 지리적 의미 또는 기능적 의미로서 가변적으로 사용되고 있지만, 여기서는 종교, 학연, 기타 등으로 형성된 모임과 결속이 참여자들에게만 영향을 미치는 것이 아니라 자녀와 주변인들의 안전, 복지, 교육적 성취 등에도 연쇄적으로 영향을 미친다는 콜먼의 기능적 공동체 가설의 맥락에 근거하여 논한다(박종화, 2015: 12 재인용). 기능적 공동체는 역사·문화 콘텐츠 활용 과정에서 구성원들 간 신뢰와 규범, 자율적 통제력과 같은 긍정적 효과가 나타나게 되면 이와 연계된 새로운 사회적 관계망이 형성되고, 이는 또다시 제2, 제3의 부가적 기능을 생성할 수 있다는 점에서 주목받고 있다.

도심재생과
기능적 공동체

기능적 공동체 가설의 적용

콜먼(1988)의 기능적 공동체 가설은 〈그림 12〉에서 나타나듯이 (a)의 경우 학부모는 학부모의 친구들이 동시에 자녀 친구의 부모가 된다. 이 경우 학부모들 간 자녀 교육을 위한 규범과 공고한 유대를 통해 자녀들의 행동을 지도하거나 모니터링할 수 있다. 또한 부모 A가 자신의 자녀의 잘못된 행동을 제재하는 데 있어 부모 B의 도움을 받을 수 있으며 부모 B 또한 자신의 자녀와 A의 자녀들까지도 모니터링할 수 있다. 반면에 (b)의 경우는 학부모들의 유대 관계가 형성되지 못한 관계로 다른 사람의 자녀는 물론 자신의 자녀에 대해서도 적절한 규범이나 제재 수단을 제대로 가지지 못한다. 이는 부모들 간의 관계가 결핍되거나 사회연결망이 공고하지 못하기 때문에 자녀들에게 끼치는 영향이 완결형 연결형보다 상대적으로 감소하기 때문으로 보인다는 점을 설명하고 있다.

이와 관련 이권희 · 박종화(2017)는 콜먼의 기능적 공동체 가설의 맥락에 근거, 양적 자료를 이용하여 MIT&UE 기능적 공동체 모형

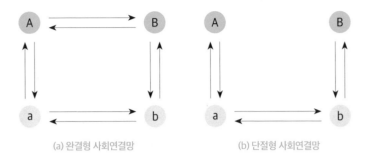

(a) 완결형 사회연결망   (b) 단절형 사회연결망

• A: 부모, a: A의 자녀, B: 지역사회 내 성인, b: B의 자녀
• 자료: 콜먼(1990: 319)의 내용 수정 이용.

을 제시하고, 역사·문화 콘텐츠 활용 프로그램 사례를 통해 모든 도시민들의 교육과 연계하여, 접근이 가능한 영역으로 활용의 폭이 확대되면서 교육, 문화 등에서 이해관계를 공유하는 사람들이 모여 MIT&UE 기능적 공동체의 형성·작동에 대해 분석했다. 여기서 다루는 기능적 공동체는 특정 장소를 배경으로 공동의 관심과 결속을 기반으로 형성된 네트워크 및 신뢰 관계를 말한다. MIT&UE 기능적 공동체는 콜먼(1988)의 개념화처럼 연결망의 폐쇄성 유·무와 관련한 네트워크와 신뢰 형성에 토대한 공동체라는 의미로 기능적 공동체를 조작적 정의하여 연구를 진행했다. 따라서 MIT 변인은 자주 보고(Meet), 상호 교류하고(Interact), 이야기하는(Talk) 등의 여러 지표가 네트워크를 원활하게 한다는 측면에서 기능적 공동체의 형성 변인으로 판단하였고, UE 변인의 경우는 이와 같은 네트워크가 바탕이 되어 서로 이해하고(Mutually Understand), 서로 공감하게(Empathy) 하는 지표들에 의해 신뢰가 쌓인다는 측면에서 기능적 공동체의 작동 변인으로 설정, MIT 기반형과 UE 기반형으로 기능적 공동체를 각각 규정하였다.

도심재생과 기능적 공동체의 형성

콜먼(1988)은 가족 단위와 지역사회 단위에서 사회적 자본이 인적 자본 형성에 미치는 영향의 차이를 분석, 기능적 공동체를 설명했다. 즉 기능적 공동체는 이해관계를 공유하는 사람들 간 상호관계를 통해 형성되는 과정으로 본다. 예컨대 부모와 자식 간의 신뢰와 상호작용이 풍부한 두 가정에서 부모와 자녀가 각각 친구 관계인 경우, 구성원들의 관계가 순환구조를 이루어 기능적 사회연결망이 형성된다고 보았다. 이러한 기능적 사회관계를 형성한 자녀의 친구 부모는 자기 자녀의 행동과 성적을 모니터링하고 있다고 의식하기 때문에 호혜의 사회 규범뿐만 아니라 자기 자녀의 교육에 그만큼 관심을 갖게 된다는 것이다.

앞에서 언급한 대로 역사문화콘텐츠의 활용 과정에서 구성원들 간 신뢰와 규범, 자율적 통제력과 같은 긍정적 효과가 나타나게 되면, 도심재생 과정에서 이와 연계된 새로운 사회적 관계망이 형성되고 이는 또다시 제2, 제3의 부가적이고 기능적 측면의 연관 효과가 추론된다. 이러한 역사문화콘텐츠의 기능적 속성은 콜먼((1988)

이 언급한 네트워크와 신뢰를 기반으로 하는 기능적 공동체 형성에 직간접적인 영향을 미칠 것으로 보인다. 그리고 네트워크와 신뢰가 형성되는 토대인 사회적 관계는 개인과 집단의 가치 인식 내지 가치형성과 별개로 존재하기 어렵다. 따라서 역사문화콘텐츠의 활용 과정에서 나타나는 시민들의 다양한 가치 인식은 기능적 공동체 형성의 연계성 내지 적용성 가설의 근거가 된다고 할 수 있다. 아울러 역사문화콘텐츠의 개발, 보전, 응용 등 활용단계별 기능적 공동체 형성·작동 요인들의 상대적 중요성도 검증하여 평가해 볼 만하다.

기능적 공동체 형성의 측정 경험

연구 모형과 가설 설정

기능적 공동체 형성·작동 여부를 알아보기 위해 개인적, 집단적, 공공적 가치 등 세 가지 가치 인식 변인과 만남, 상호작용, 대화, 이해, 공감 등 다섯 가지 사회적 자본 형성·작동 요인을 각각 추출, 회귀분석을 하고자 한다. 그리고 독립변수와 종속변수 간의 영향을 더 알고자 통제변수를 설정하여 조사를 실시하였다. 각 단계별 통제변수는 선행 연구에서 정확히 언급된 인구통계학적 특성(성별, 나이, 직업, 교육 수준)과 활용단계별 특성들로 구성하였으며 분석된 결과를 토대로 가설을 검증하고 관련 정책적 함의를 제시한다. 이러

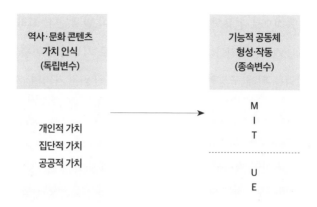

한 내용을 바탕으로 본 양적 연구의 분석틀을 설정하면 〈그림 13〉
과 같다.

  콜먼(1988: 95~120)은 기능적 공동체는 특정 지역 내에서 종교, 학
연, 기타 등으로 형성된 모임과 결속이 직접적 참여자들 외에도 자
녀와 주변인들의 안전, 복지, 교육적 성취 등에도 연쇄적으로 긍정
적인 영향을 미친다는 특징이 있음을 보고하였다. 도심 역사·문
화 콘텐츠에 대한 관심과 참여를 기반으로 형성된 공동체는 퍼트넘
(2000: 22~24)이 지적한 대로 사회적 관계에서 포용적이고 다양한 사
회적 계층을 망라하는 외부 지향적 집단들에서 나타나는 교량형 사
회적 자본의 특징을 지닐 것으로 판단된다.

  기능적 공동체는 공동의 관심을 가지고 동일한 목적으로 구성된 사람들이 형성하고 있는 관계의 그물망으로 이해된다. 문화, 교육, 복지 등 특정 관심 분야에서 만들어진 모임이 시간이 지나면서 또 다른 목적으로 전용되거나 활용되는 측면이 발생된다. 그라노베터 (1973: 1360)와 김진아(2014: 116)의 지적대로 기능적 공동체는 공동체 이익을 위해 구성원들끼리 사회적 상호작용을 가지며, 가치, 규범, 역사, 정체성 등의 특정 관습들을 공유, 활용함으로써 공생의 관계를 유지, 강화시켜 나갈 것이다. 여기서 기능적 공동체를 형성, 작동하는 요인이 역사·문화 콘텐츠의 활용에 대한 가치 인식 요인과 같은 경우 그 가치 인식의 내용적 특성 또한 결과에 영향을 차별적으로 미칠 것으로 예상된다. 왜냐하면 개인적 가치 측면에서 역사·문화 콘텐츠의 활용을 바라보는 사람과 집단적 가치나 공공적 가치 측면에서 역사·문화 콘텐츠의 활용을 인식하는 사람들은 기능적 공동체의 형성 및 작동 과정에 차이를 가져올 수 있기 때문이다. 이를 토대로 "역사·문화 콘텐츠에 대한 가치 인식 변수는 기능적 공동체의 형성·작동 변수에 긍정적 영향을 미친다"는 가설 H_2를 설정할 수 있다.

세분화한 하위 가설은 다음과 같다.

가설 H_{2a} : 역사·문화 콘텐츠에 대한 가치 인식 변수의 내용적 특성이 기능적 공동체의 형성·작동 변수에 영향을 미친다.

가설 H_{2b} : 역사·문화 콘텐츠에 대한 가치 인식 변수는 MIT 기반형 기능적 공동체 형성에 영향을 미친다.

가설 H_{2c} : 역사·문화 콘텐츠에 대한 가치 인식 변수는 UE 기반형 기능적 공동체 작동에 영향을 미친다.

분석 방법

설문에 대한 응답에서 평균값 비교가 필요한 문항은 리커트 5점 척도(매우 중요: 5점, 중요: 4점, 보통: 3점, 중요치 않음: 2점, 전혀 중요치 않음: 1점)를 사용하였으며, 응답자가 직접 작성하는 자기평가 방식으로 기입하도록 구성하였다. 설문은 대구 도심 역사·문화 콘텐츠 활용 관련, 교과 연계된 체험학습 프로그램에 직접적으로 참가한 교사, 학생, 학부모 등과 지역 거주민, 지역 상인 등 역사·문화 콘텐츠 활용 프로그램을 직간접적으로 경험하는 대구 시민을 대상으로 하였다. 설문 조사에 참가한 응답자는 270명이었으나, 회수한 설문지 중 응답이 불분명하거나 누락된 설문 32부를 제외한 238부를 최종적으로 분석하였다.

표본의 특성을 살펴보면 남자는 전체 응답자의 44.1%, 여자는 55.9%이다. 기혼은 62.2%, 미혼은 37.8%를 차지하였으며, 기혼자의 경우 자녀 수가 2명인 경우가 응답자 전체의 26.5%를 차지하여 가장 높은 빈도를 나타내고 있다. 연령별로 10대는 4.6%, 20대는 18.9%, 30대는 24.8%, 40대는 29.0%, 50대는 12.6%, 60대 이상은 10.1%를 차지한다. 대구 거주 기간은 1년 미만 거주 4.2%, 1~5년 거주 14.5%, 5~10년 거주 21.8%, 10~20년 거주 26.9%, 20년 이상 거주 32.6%로 나타나 10년 이상 거주하고 있는 응답자 비율이 높은 것으로 나타났다. 결과적으로, 표본이 비교적 고르게 분포되어 있음을 알 수 있다.

　이 연구에서 사용할 변수와 측정 지표는 〈표 21〉과 같다. 여기서
독립변수로 역사·문화 콘텐츠를 시민들이 어떻게 인지하고 있는
가에 대한 가치 인식을 이용한다. 역사·문화 콘텐츠가 어떤 역할
을 수행하는지, 또는 수행할 것으로 인지하는지에 의해 궁극적으
로 어떤 결과가 비롯될 수 있을 것으로 판단되기 때문이다. 종속변
수는 기능적 공동체 형성 및 작동 변수들로 파악되는 지표를 이용
한다. 구체적으로 〈표 22〉와 〈표 23〉의 요인 분석 결과를 이용하여
대표적인 독립변수와 종속변수를 추출한다. 요인 분석 결과 가치
인식 변수들은 개인적 가치, 집단적 가치, 공공적 가치 요인들로 대
별되었다. 그리고 여기서 기능적 공동체는 특정 장소를 배경으로
공동의 관심과 결속을 기반으로 형성된 네트워크 및 신뢰 관계를
말한다.

　이 연구의 출발은 역사·문화 콘텐츠의 활용이 도심재생 과정에
서 공동의 관심과 결속을 견인 내지 확장하는 속성이 있을 것이라
는 점이다. 그리고 역사·문화 콘텐츠의 활용은 단순히 역사·문화
콘텐츠를 이용하는 것이 아니고 그것이 지닌 가치, 기능 또는 능력
을 잘 살리는 행위를 의미한다. 따라서 요인 분석 결과 도심 역사·
문화 콘텐츠 활용의 영향으로 개인적 가치, 집단적 가치, 공공적 가
치 등이 부각된 것으로 보인다. 그 다양한 가치들이 종속변수인 기
능적 공동체 형성 및 작동(MIT&UE)에 기여하는지 그리고 어느 정
도 기여하는지를 분석하고자 하는 것이다. 여기서 개인적 가치는

변수	설문 내용	문항 수	신뢰도 (크론바하 α)	선행 연구
인구 통계학적 변인	거주 기간	5	–	
	성별			
	혼인 여부			
	자녀 수			
	나이			
역사·문화 콘텐츠 가치 인식 변인	자아 성취 정도	10	0.802	이권희·박종화 (2017) 이권희·박종화 (2015) 박종화(2015) 이승철(2009) 소진광(2004)
	정보 획득 여부			
	개인 경제 이득 정도			
	집단 학습 기회 여부			
	집단 상부상조 여부			
	집단 권익 보호 정도			
	집단 경제 이익 정도			
	사회적 규범 여부			
	사회적 신뢰 여부			
	공공 안전성 여부			
기능적 공동체 형성 변인	구성원 간 만남 정도	11	0.756	이권희·박종화 (2017) 김미영(2015) 이동원·정갑영·박 준, 채병승·한준 (2009) 김승현(2008) 소진광(2004)
	만남의 자발성 정도			
	구성원 간 인지 정도			
	구성원 간 정보 교환 정도			
	구성원 간 비상연락망 형성 정도			
	구성원 간 대화 정도			
	대화로 인한 개인 생활 도움 여부			
	이웃 간 소통 정도			
	운영 공조 시스템 중요성 인식 정도			
	지역 발전 도움 정도			
	주민 간 네트워크 필요성 정도			
역사·문화 콘텐츠 활용 단계별 변인	개발·발굴 가치 정도	9	0.887	이권희·박종화 (2017) 박혜영·김정주 (2012) 하성규·박기덕 (2011) 이승철·허중욱 (2010) 이승철(2009) 소진광(2004)
	개발·발굴 관련 참여 정도			
	개발·발굴 관련 협력 의지			
	보전 연구 가치 정도			
	보전 연구 참여 의지			
	연구 보전 관련 협력 의지			
	응용 활용 가치 정도			
	응용 활용 관련 참여 여부			
	응용 활용 관련 협력 의지			
집단별 주민 인식 및 행위 변인	역사·문화 콘텐츠 활용 가치 구분	6	0.691	
	역사·문화 콘텐츠 관심 정도			
	역사·문화 콘텐츠 활용 단계 중요도 정도			
	청소년 비행 발견 시 행동 여부			
	간단한 부탁 가능한 이웃 존재 여부			
	화재 등 도움 요청 시 행동 여부			

자아 성취 정도, 정보 획득 여부, 개인 경제 이득 등의 지표로, 집단적 가치는 집단 학습 기회, 집단 상부상조, 집단 권익 보호, 집단 경제 이익 등의 지표로, 그리고 공공적 가치는 사회적 규범, 사회적 신뢰, 공공안전성 등의 지표로 측정된다.

요인 분석

역사·문화 콘텐츠에 대한 가치 인식과 기능적 공동체 형성의 다양한 구성 요소와 형태를 알아보고자 Bartlett의 단위행렬 점검을 통해 변수들이 서로 독립적인가 파악하였으며, 요인 분석의 적합성을 파악하고자 KMO의 표본 적합도 MSA를 살펴보았다. 요인 추출을 위해서 주성분 분석을 이용하였고, 요인 추출 기준의 고유값(eigen value)은 1.0 이상으로 하여 직교 회전 방식을 사용하였다. 스크리 검정을 통해 요인의 수를 결정하였다.

〈표 22〉는 역사·문화 콘텐츠에 대한 가치 인식 변인들을 요인 분석한 결과를 요약하여 나타낸 것이다. 가치 인식에 대한 Bartlett의 단위행렬은 3771.392일 때 유의확률은 .000이고 KMO의 표본적합도 MSA 값은 .730으로 나타나 요인 분석을 위한 변수의 선정이 적절함을 알 수 있었다. 10개 문항의 요인 분석 결과 요인 3개가 추출되었고, 이는 전체 변량의 71.219%를 설명하는 것으로 나타났다. 요인 1(개인적 가치)의 적재치는 .705 이상, 요인 2(집단적 가치)의 적재치는 .703 이상, 요인 3(공공적 가치)의 적재치는 .694 이상으로 나타났다.

Bartlett의 단위행렬 ($\chi2$ = 3771.392, df=45, p=.000)
Kaiser-Meyer-Oklin의 MSA=.730

문항 내용 / 요인 분석	요인 1 개인적 가치	요인 2 집단적 가치	요인 3 공공적 가치
자아 성취감 정도	.812	.347	.081
정보 획득 여부	.755	.282	.245
개인 경제의 이득 정도	.722	.247	.396
지적 함양 도움 여부	.705	.326	.265
집단 상부상조 여부	.129	.802	.128
집단 권익 보호 정도	.232	.783	.206
집단의 경제 이익 정도	.157	.703	.323
사회적 규범 여부	.232	.239	.803
사회적 신뢰 여부	.357	.221	.728
공공 안전성 여부	.245	.257	.694
고유값 (eigen value)	5.513	3.577	1.302
분산 %	29.959	27.528	23.731
누적 %	29.959	54.487	71.219
신뢰도 (크론바하 α)	0.827	0.683	0.815

요인 분석 문항 내용	요인 1 만남	요인 2 상호 작용	요인 3 대화	요인 4 소통· 이해	요인 5 네트워 크·공감
Bartlett의 단위행렬 (χ2 = 6395.987, df=55, p=.000) **Kaiser-Meyer-Oklin의 MSA=.638**					
구성원 간 만남 정도 만남의 자발성 정도	.785 .762	.262 .482	.008 .3822	.248 .326	.132 .133
구성원 간 인지 정도 구성원 간 정보 교환 정도	.320 .089	.754 .732	.086 .212	.029 .202	.277 .235
구성원 간 대화 정도 대화를 통한 개인 생활 도움 여부	.298 .326	.272 .433	.746 .705	.166 .252	.160 .238
이웃 간 소통 정도 운영 공조 시스템 중요성 인식 정도	.236 .232	.296 .202	.189 .203	.708 .692	.426 .309
지역 발전 기여 정도 주민 간 네트워크 필요성 정도	.128 .257	.226 .169	.126 .129	.326 .283	.724 .623
고유값 (eigen value)	4.283	3.632	3.035	2.647	2.032
분산 %	26.082	17.036	12.106	8.237	6.651
누적 %	26.082	43.118	55.224	64.656	69.204
신뢰도 (크론바하 α)	0.706	0.763	0.698	0.672	0.687

〈표 23〉은 기능적 공동체 형성 관련 변인들을 추출하고자 실시한 요인 분석의 결과를 요약한 것이다. 기능적 공동체 형성·작동에 대한 Bartlett의 단위행렬은 6395.987일 때 유의확률은 .000이고 KMO의 표본적합도 MSA 값은 .638로 나타나 요인 분석을 위한 변수 선정이 적절하였음을 알 수 있다. 이를 토대로 15개 문항의 요인분석을 행한 결과 5개의 요인이 추출되었고 전체 변량의 69.204%를 설명하는 것으로 나타났다. 요인 1(M: 만남)의 적재치는 .762 이상, 요인 2(I: 상호작용)의 적재치는 .732 이상, 요인 3(T: 대화)의 적재치는 .705 이상, 요인 4(U: 소통과 이해)의 적재치는 .692, 요인 5(E: 네트워크와 공감)에 대한 적재치는 .623 이상으로 나타났다.

회귀분석

역사·문화 콘텐츠 주요 가치 인식 변수가 기능적 공동체 형성 변수에 미치는 영향을 분석하고자 요인 분석을 통해 도출된 주요 요인을 이용한 다중회귀분석을 실시하였다. 가설 H_2와 가설 H_{2a}, 가설 H_{2b}, 가설 H_{2c}에 대한 검증을 위해 회귀분석을 행하였다. 요인 분석을 통해 도출된, 역사·문화 콘텐츠 활용에 대한 주요 가치 인식 변수들이 기능적 공동체 형성·작동 요인 변수들에 미치는 영향을 각각 살펴보기 위해 총 5회의 다중회귀분석을 실시한 결과가 〈표 24〉이다.

〈표 24〉를 살펴보면, 독립변수는 역사·문화 콘텐츠에 대한 주요 가치 인식 변수들인데, 모두 사회적 자본 형성·작동 변수들, 즉 종

〈표 24〉 기능적 공동체 형성·작동 요인별 역사·문화 콘텐츠에 대한 가치 인식의 영향
회귀분석 결과 요약 (N=398)

구 분		개인적 가치	집단적 가치	공공적 가치	F값	R^2
M (만남)	표준화 계수	0.144	0.485	0.340	211.987 (p<.001)	.734
	t값	4.523	10.957	6.784		
	유의 확률	0.001	0.000	0.000		
I (상호작용)	표준화 계수	0.315	0.184	0.474	304.622 (p<.001)	.699
	t값	9.288	3.92	8.882		
	유의 확률	0.000	0.001	0.000		
T (대화)	표준화 계수	0.173	0.592	1.146	419.745 (p<.001)	.765
	t값	5.715	14.121	24.165		
	유의 확률	0.000	0.000	0.000		
U (소통·이해)	표준화 계수	0.127	0.555	0.155	162.279 (p<.001)	.573
	t값	3.071	9.666	2.379		
	유의 확률	0.002	0.005	0.001		
E (네트워크 ·공감)	표준화 계수	-0.018	0.197	0.716	416.29345 (p<.001)	.760
	t값	-0.596	4.676	15.061		
	유의 확률	0.005	0.001	0.000		

속변수들에 통계적으로 유의한 영향을 미치는 것으로 나타난다. 독립변수들 간 상대적인 영향력의 정도를 나타내는 표준화 계수 β 값은 다소의 차이가 있으나, 계수의 부호는 개인적 가치의 독립변수가 공감의 독립변수에 대한 부분을 제외하고는 모두 정(+)의 값으로 독립변수와 종속변수들 간에 정의 관계임을 알 수 있다. 개별 모형의 설명력을 나타내는 결정계수(R^2)의 값은 .573에서 .765에 이른다. 따라서 개별 모형들의 설명력의 범위 내에서 가설 H_3과 가설 H_{2a}가 독립변수 하나를 제외하고는 입증되고, 역사·문화 콘텐츠에 대한 다양한 가치 인식이 기능적 공동체 형성·작동에 긍정적인 영향을 미치고 있음을 알 수 있다.

특히 역사·문화 콘텐츠 활용을 개인적 가치 수준에서 인식하고 있는 경우, 기능적 공동체의 형성·작동 과정에서 가장 최후에 이르는 최고 단계라고 할 수 있는 E(공감과 네트워크)와 부(負)의 관계를 보여주고 있음을 주목할 필요가 있다.[22] 역사·문화 콘텐츠 활용에 대한 가치 인식이 개인적 가치, 집단적 가치, 공공적 가치 등 수준 여부에 상관없이 모두 기능적 공동체의 형성·작동에 긍정적인 결과를 초래하지만, MIT&UE의 최고 단계라고 할 수 있는 공감 단계

---

22 개인 경제 이득, 자아 성취 정도, 지적 함양 도움 등의 지표로 측정되는 개인적 가치가 종속변수인 E(공감)와 부(負)의 관계를 보이고 있어 과도한 자의적 해석에 유념할 필요가 있다. 다만 응답자가 개인적 가치 중 개인 경제 이득에 대한 부분에 높은 비중을 둘 경우 도심 개발 제한 등의 정책에 대해 지역사회를 위한 보호 정책으로 필요하다는 점은 이해하지만 사유재산 침해 등 개인적 손실에 대해서는 공감하지 못할 수 있다. MIT&UE에 대한 차별적 인식 결과는 역사·문화 콘텐츠의 활용 가치를 세분화하는 정책과 더불어 심도 있는 추후 연구가 필요할 것으로 보인다.

는 개인적 가치 수준의 인식 정도로는 이를 수 없다는 것을 제시하고 있는 것으로 나타나고 있기 때문이다.

더욱이 MIT 기반형 기능적 공동체 형성 요인들의 경우 다양한 가치 인식 변수들이 모두 긍정적인 영향 관계임을 나타내었다. 표준화 계수 β 값을 통해서 볼 때, 집단적 가치 수준의 상대적 영향력이 개인적 가치 수준보다 대부분 상대적으로 높은 것으로 나타났다. 그런데 T(대화)의 경우 집단적 가치 수준이 개인적 가치 수준이나 공공적 가치 수준보다 상대적 영향력이 5배 정도 높게 나타나고 있는데, 이는 구성원 간 대화 정도나 대화를 통한 개인 생활 도움 정도가 공동체 내에서 기본적으로 집단적 가치 인식에 토대하고 있기 때문으로 여겨진다. 그리고 UE 기반형 기능적 공동체 작동 요인들의 경우에는 U(소통과 이해) 측면에서는 집단적 가치 요인이 개인적 가치 수준이나 공공적 가치 수준보다 상대적 영향력이 3~4배 이상도 높게 나타나고 있으며, E(네트워크와 공감) 측면에서는 공공적 가치 요인의 상대적 영향력이 매우 높게 나타나고 있는데, 그 이유는 공감에 이르기 위해서는 개인적 가치나 집단적 가치 인식을 넘어서는 공공적 가치 인식이 필요함을 의미하고 있다고 여겨진다.

분산분석

단일 변량 분산분석을 통해 가설 H₃ 검증을 시도하였고, 그 결과는 〈표 25〉와 같다. 〈표 25〉를 보면 MIT 관련 변인과 UE 관련 변인 모두 평균 3.5 이상으로 전반적으로 높은 값을 나타내고 있다. 기

구분	내용	빈도	평균	표준편차	F-값	p-값 value
M (만남)	개발·발굴	61	4.39	0.80	7.327	0.001 (**)
	보존·보선	56	3.62	1.36		
	이용·응용	121	3.92	1.09		
	합계	238	3.97	1.13		
I (상호작용)	개발·발굴	61	3.98	0.90	9.589	0.000 (***)
	보존·보전	56	3.60	0.80		
	이용·응용	121	3.41	0.80		
	합계	238	3.60	0.85		
T (대화)	개발·발굴	61	3.88	0.95	21.232	0.000 (***)
	보존·보전	56	3.01	0.64		
	이용·응용	121	3.75	0.76		
	합계	238	3.61	0.85		
U (소통이해)	개발·발굴	61	3.77	0.78	1.035	0.357
	보존·보전	56	3.60	0.80		
	이용·응용	121	3.78	0.78		
	합계	238	3.73	0.78		
E (공감네트워크)	개발·발굴	61	4.68	0.46	32.581	0.000 (***)
	보존·보전	56	3.80	0.40		
	이용·응용	121	4.07	0.75		
	합계	238	4.16	0.69		

* p-value 〈 0.1, ** p-value 〈 0.05, *** p-value 〈 0.01

능적 공동체의 형성·작동 과정에서 MIT&UE 변수들의 중요성에 대한 검증 결과, U(상대 이해) 변수를 제외하고는 모두 99% 신뢰수준에서 개발·보전·응용 단계별 차이가 나타나고 있음을 알 수 있다. 개발, 보존, 응용 단계에서의 공통점은 단계별 유의차가 나타난 MITE 중 E(공감)의 변수가 가장 높은 평균값을 나타내어 그 중요성이 가장 높게 인지되고 있다. 개발, 보존 단계에서는 그다음 중요성 순서가 MIT 순으로 나타난 반면, 응용 단계에서는 MTI 순으로 중요성이 인식됨을 볼 수 있다. MIT 변수들의 경우 개발 단계에서 그 중요성이 가장 높게 인지되고 있고, E 변수의 경우 개발 단계, 보존 단계뿐만 아니라 응용 단계 모두 중요함을 알 수 있다. 상대에 대한 공감의 경우 개발 단계, 보존 단계뿐만 아니라 응용 단계에서도 함께 강화될 수 있기 때문으로 보인다.

분석 결과의 종합

기능적 공동체 형성에 있어서 역사·문화 콘텐츠 활용 관련 시민 가치 인식과 기능적 공동체 형성·작동 변수들 간의 관계를 규명하기 위해 크게 세 가지의 가설을 설정하고 요인분석과 회귀분석 및 분산분석을 실시했다. 통계적 분석 결과를 요약하면 다음과 같다.

우선, 역사·문화 콘텐츠 활용에 대한 다양한 가치 인식과 기능적 공동체 형성·작동의 핵심 요인들을 추출하기 위해 요인 분석을 실시하였다. 그 결과 가치 인식 요인들은 크게 개인적 가치, 집단적 가치, 공공적 가치 요인으로 대별할 수 있었다. 기능적 공동체 형성·작동의 핵심 요인들은 만남(M), 상호작용(I), 대화(T), 이해(U), 공감(E) 등의 요인들로 파악되었다. MIT&UE 요인들을 종속변수로 포착하고 다양한 가치 인식 변수들을 독립변수들로 설정하여 다섯 번의 회귀분석을 실시하였고 그 결과가 〈표 24〉로 정리되어 있다.

〈표 24〉에 의하면, 대략 60~75%의 설명력으로 공감(E)에 대한 하나의 독립변수(개인적 가치)를 제외하고는 모두 역사·문화 콘텐츠에 대한 다양한 가치 인식이 기능적 공동체 형성·작동에 긍정적인 영향을 차별적으로 미치고 있었다. 즉 15건 중 1건을 제외하고는 모두 가설 H2와 H2a를 입증한다고 볼 수 있다. 특히 MIT 변수들이 종속변수인 경우 예외 없이 가설 H2와 H2a를 입증하고 있음을 알 수 있다. UE 변수들이 종속변수인 경우, 그중에서 E(공감)가 종속변수인 경우 개인적 가치 측면은 그 상대적 영향력은 미약하지만 종속변수와 부(負)의 관계로 나타나고 있다. 이는 E(공감) 관계는 역사·문화 콘텐츠 활용에 대한 개인적 가치 수준의 인식 정도로는 이룰 수 없거나 상충적인 관계로 나타날 수 있음을 보여준다. β 값에 따르면, 개인적 가치 수준의 상대적 영향력이 대개 높게 나타나고 있지만, 종속변수가 T(대화)인 경우 집단적 가치 수준의 상대적 영향력이 매우 높게 나타나고 있다. 그리고 U(이해) 측면에서는 집단적 가치 요인이, 그리고 E(공감) 측면에서는 공공적 가치 요인의 상대적 영향력이 매우 높게 나타나고 있다. 상대 이해와 공감이라는 종속변수의 특성에 따른 차이로 판단된다.

분산분석을 통해서, MIT&UE 변수들의 개발·보전·응용 단계별 중요성에 대한 검증 결과, U(이해) 변수를 제외하면 모두 99% 신뢰수준에서 개발·보전·응용 단계별 차이가 나타나고 있음을 알 수 있다. MIT 변수들의 경우 개발 단계에서 그 중요성이 가장 높게 인지되고 있다. UE 변수들의 경우는 개발 단계뿐만 아니라 응용 단계의 중요성이 함께 강조되고 있다.

8장

협력적 행동의 기초

역사 · 문화 콘텐츠와 협력적 행동

협력적 행동의 개념

    지난 수십 년간 공유자원의 활용 관련 협력적 행동의 발현성과 지속 조건 그리고 관련 메커니즘에 대해 많은 연구들이 진전되고 있다. 관련 맥락에서, 도심재생의 패러다임이 상향식 자율성 그리고 사회문화적 측면에 대한 강조 형태로 변화하고 있는 흐름에 주목하여, 공유자원으로서의 도심 역사 · 문화 콘텐츠 활용의 의미는 더 중요해지고 있다. 그 과정에서 핵심적 요소로 부각되는 협력적 행동의 기능적 역학 관계는 역사 · 문화 콘텐츠의 활용 속성을 구체화할 수 있다는 데서 의미를 찾을 수 있다는 생각이다. 도심 역사·문화 콘텐츠 활용에서 협력적 행동은 개인적 심리 측면 및 사회적 공감 측면과 순환 구조적으로 연계되어 기능적 상보성이 상당 부분 발현된다는 연구 결과가 주목된다. 뿐만 아니라, 역사·문화 콘텐츠의 활용 과정에서 나타나는 상향적 재생 전략과 기능적 공동체 형성 등의 긍정적 효과는 커뮤니티 결속과 응집력 강화 등 사회적 자본을 형성하는 긍정적 요소가 될 것으로 생각된다.

여기에서 논하는 협력적 행동은 집합적 행동[23]의 개념을 도입해 설명하고자 한다. 집합적 행동은 사회 전체적으로 필요한 공공재나 공공서비스의 공급 과정에서 야기되는 무임승차 문제의 해결에서부터 '공유재의 비극' 문제에 대한 대처, 그리고 더 나아가서 사적재나 사적 서비스의 공급 과정에서 최소한의 표준이나 기준 설정에 이르기까지 다양한 영역에서 필요하다. 그런데 공공재 공급과 무임승차 문제에 대한 대처 방식으로서 조세 부과와 같은 강제력의 집행, 그리고 사적 재 공급 과정에서 최소한의 질서 요건으로서의 상표 등에 대한 규제 등은 국가의 강제력에 의한 집합적 행동으로서 대개 수용되고 있다. 문제는 '공유재의 비극'에서 강조된 것처럼 공유재 공급 과정에서 필요한 집합적 행동을 누가 그리고 어떻게 하

---

23 집합적 행동의 문제는 공동의 이익과 개별의 이익 간 잠재적 갈등이 있는 상황을 상정하는데, 이 연구에서 말하는 '집합적 행동'은 6장 〈그림 10〉에서 보듯 Ostrom & Ahn(2007)이 언급한 집합적 행동의 개념을 도입, 신뢰에 토대한 '협력적 행동'이라는 이름으로 조작적 정의하여 논한다. 즉 신뢰를 강화할 경우 협력적 행동을 성공적으로 이끌 수 있다는 점에 착안한 것이다.

는 것이 효율적인가 하는 부분이다. 관련 집합적 행동 문제는 개인들의 집단이 있고, 그들 간에 공동 이익이 있으며, 그리고 그 공통 이익과 개별 개인의 이익 간에 잠재적 갈등이 있는 상황을 전제한다.

집합적 행동의 문제는 개인들의 단기적이고 자기 위주의 선택들과 집단 구성원들의 동조를 전제로 한 모두에게 도움이 되는 선택 간에서 직면하는 대안적인 행동 경로 상에서는 언제든지 발생할 수 있다(Ostrom & Ahn, 2007: 5~7). 집합적 행동의 딜레마는 '죄수의 딜레마 게임' 등에서 전형적으로 표출된다(박종화, 2015: 5; Axelrod, 2009: 25~47). 따라서 Ostrom & Ahn(2007)은 마을에서 국제적인 커뮤니티에 이르기까지 사회의 경제적 성과와 정치적 성과는 해당 커뮤니티의 구성원들이 관련 집합적 행동의 문제점을 어떻게 풀어 가는가에 결정적으로 의존하고 있음을 강조하고 있다.

전통적으로 집합적 행동 이론가인 벤틀리(Bentley, 1949)와 트루만(Truman, 1958)은 공통 이익을 가진 개인들은 그 공통 이익을 성취하기 위하여 자발적으로 바람직한 집합적 행동을 할 것이라고 보았다. 하지만 올슨(1965)이나 하딘(Hardin, 1968) 등은 전통적 집합적 행동 이론들에 대해 너무 단순하고 순진한 접근 방식으로서 실제성이 결여되어 있다고 비판한다. 예컨대, 그들은 개인들은 그들 따로 남겨지게 되면 결합적 편익(joint benefits)을 성취할 수 없다고 결론을 내린다. 개인들의 행태상 제약점을 극복하기 위해서는 정부의 규제나 사유화가 불가피하다고 보았다.

집합적 행동의 딜레마는 구성원 모두가 협력하면 가장 큰 혜택이 있는데도 서로 불신해서 훨씬 나쁜 대안을 선택한다는 것이다. 특히 구성원 각자가 이기적이고 합리적으로 사고하는 경우 몇 가지 전제 조건 하에서는 협력하지 않는 것이 더 자연스럽고 당연하다는 것이다. 이와 관련해 Ostrom & Ahn(2007: 5~8)은 집합적 행동에 대한 행태적 이론과 진화적 게임 이론을 이용하여 올슨과 하딘의 주장을 비판하며 공유자원의 사용자들이 어떻게 '공유재의 비극' 논의에서 전제하고 있는 비극적 결론보다 더 나은 결과를 가져올 수 있는지에 대해 주목하고 있다.

이 연구에서 자주 언급되는 '협력적 행동'은 Ostrom & Ahn(2007)이 말하는 집합적 행동의 개념을 도입, 협력적 행동이라는 이름으로 조작적 정의하여 부른다. 즉 문맥상 혼용하여 쓰고 있으나 둘 다 신뢰가 기반이 되어 나타나는 행위를 의미하며 동일한 개념으로 이해하면 된다.

역사 · 문화 콘텐츠의 공유자원성

이권희 · 박종화(2017)는 도심재생의 패러다임이 상향식 자율성, 그리고 사회문화적 측면으로 변하는 흐름에 주목하여, 공유자원으로서의 도심 역사 · 문화 콘텐츠 활용의 의미와 그 과정에서 핵심적 요소로 부각되는 집합적 행동의 기능적 역학 관계를 분석했다. 결과를 보면 역사 · 문화 콘텐츠 활용에서 볼 수 있는 집합적 행동은 자긍심 등 개인 심리적 측면과 자율적 통제 등의 사회적 공감 측면이 순환 구조적으로 연계되어 기능적 상보성이 발현되고 있는 것으로 나타난다. 집합적 행동의 여러 변수 중 역사·문화 콘텐츠 활용에서 나타나는 관련 당사자 자율적 통제 등은 Ostrom & Ahn(2007), 액설로드(2009)가 말하는 미래를 소중하게 생각하는 공통 인식이 집합적 행동 발현의 전제가 된다는 연구와 맥을 같이한다는 점에서 의미 있는 연구 결과로 생각된다.

이권희·박종화(2017)에 따르면 역사·문화 콘텐츠 활용 과정에서 나타나는 집합적 행동의 기능적 상보성 발현은 커뮤니티 내 구성원들 간의 공감대 형성을 강화하는 측면이 있으며, 이를 통해 커뮤니케이션이 원활해지면서 집단 결속력과 응집력이 강화된다고 언급하고 있다. 아울러 역사·문화 콘텐츠 활용 과정에서 나타나는 구성원들의 모임과 결속이 그들의 복지와 삶의 질 개선뿐만 아니라 안전, 교육적 성취에도 영향을 미친다는 주장과 관련, 콜먼(1988)과 박종화(2015: 12~13) 등은 이러한 긍정적 효과가 기능적 공동체 형성의 토대가 된다고 논한다. 특히 오스트롬(2007)은 집합적 행동의 바탕으로 구성원들 간의 협력의 중요성을 언급, 협력을 통한 공동체 형성은 신뢰, 규범, 네트워크 등 사회적 자본의 요소가 된다고 주장한다.

도심재생과 협력적 행동

협력적 행동의 필요성

협력 이론의 명저로 찬사받고 있는 『협력의 진화』에서 액설로드는 집합적 행동의 발현은 지속적인 상호작용과 미래를 소중하게 여기는 생각에서 비롯되는 속성이 있음을 강조하고 있다(액설로드 2009: 205~215). 즉 미래를 소중하게 생각하는 공통 인식이 집합적 행동의 자연스러운 발현의 전제가 된다는 것이다. 명시적으로 표현하지는 않았지만 개인적 심리 측면과 사회적 공감 측면을 공통 인식이라는 형태로 포괄하고 있는 것으로 판단된다. Ostrom & Ahn(2007: 18) 역시 개인들 간의 공통 이해(common understanding)가 어떤 일단의 지속가능한 작동 규칙을 위해 필수적인 것으로 인식하고 있다.

유사 맥락에서, 이권희·박종화(2017)의 연구에서는 우선 미래를 소중하게 생각하는 공통 인식을 개인적 심리 측면과 사회적 공감 측면으로 보다 세분화하였다. 그리고 그 개인적 심리 측면이 사회적 공감 측면에 긍정적인 영향을 미치고, 사회적 공감 측면이 집합적 행동에 긍정적인 영향을 미치며, 그리고 집합적 행동 측면이 다시 개인적 심리 측면에 긍정적인 영향을 미치는 순환적 연계성 내지 집합적 행동의 기능적 상보성을 전제한 것이다.

역사·문화 콘텐츠와 같은 공유자원을 보존·활용하는 과정에서 감시 및 제재의 외재적 권위가 사용될 수 있을 것이다. 하지만 오스트롬(2010)의 지적처럼 공유자원 보존·활용에 보다 효율적인 새로운 방안인 관련 당사자 자기 규제 원리의 활용을 보다 확대 내지 강화할 필요가 있다. 그 과정에서 역사·문화 콘텐츠 활용에서 개인적 심리 측면, 사회적 공감 측면, 그리고 집합적 행동 측면 간에 순환적 연계성이 고려될 수 있다.

도심재생과 협력적 행동의 발현

이 연구의 초점은 역사·문화 콘텐츠 활용 과정에서 나타나는 협력적 행동과 관련 기능적 상보성 발현 측면을 밝히는 것이다. 역사·문화 콘텐츠의 공유자원성 논의에서 밝혀진 것처럼, 도심재생 과정에서 역사·문화 콘텐츠 활용은 도심재생의 새로운 패러다임 도래와 부합하고 확대·강화해 갈 필요가 있다. 더욱이 Ostrom & Ahn(2007)의 주장처럼, 해당 역사·문화 콘텐츠 커뮤니티의 구성원들이 관련 집합적 행동의 문제를 어떻게 푸느냐에 따라 도심재생의 사회경제적 성과가 결정적으로 영향 받을 수 있다.

따라서 여기서는 협력적 행동을 역사·문화 콘텐츠의 활용 측면을 고려하여 참여, 동참, 그리고 협력 형태로 규정한다. Ostrom & Ahn(2007)의 사회적 자본 관련 연구에서도 신뢰성, 네트워크, 제도 등의 사회적 자본 형태들이 신뢰에 영향을 미치고 그 신뢰는 다시 집합적 행동에 영향을 미치는 것으로 도식적으로 제시하고 있다. 즉, 협력적 행동은 신뢰의 결과로서 참여, 동참, 그리고 협력 형태의 귀결을 예측할 수 있기 때문이다.

그리고 이 연구에서는 역사·문화 콘텐츠 활용에서 집합적 행동 그 자체의 발현보다도 그에 영향을 미칠 수 있는 요인 분석과 그들 간의 관계 분석에 주목하였다. 역사·문화 콘텐츠 활용 과정에서 개인적 심리 측면, 사회적 공감 측면, 집합적 행동 측면 간에 순환적 연계 구조 내지 기능적 상보성이 예견되기 때문이다. 보다 구체적으로, 역사·문화 콘텐츠 활용 과정에서 관심도, 만족도, 자긍심 등의 개인적 심리 측면이 사회적 공감 측면과 어떤 관계인지 파악하고자 하였다. 동시에 개방성, 자율적 통제성, 규범적 규제성, 셉테드성 등의 사회적 공감 측면이 집합적 행동 측면과 어떤 관계인지를 파악하고자 하였다. 뿐만 아니라, 참여, 동참, 협력 등의 집합적 행동 측면이 개인적 심리 측면과 어떤 관계인지를 포착하고자 하였다.

협력적 행동의 측정 경험

연구 모형과 가설 설정

역사·문화 콘텐츠 활용에서 집합적 행동은 개인적 심리와 사회적 공감 측면과 연계되어 기능적 상보성이 나타날 것으로 보인다. 개인적 심리 변인들(관심도, 만족도, 자긍심 등)이 사회적 공감에 영향을 미치고, 사회적 공감 변인들(개방성, 자율적 통제성, 규범적 규제성, 셉테드성 등)이 집합적 행동에 영향을 미치고, 집합적 행동 변인들(참여, 동참, 협력 등)이 다시 개인적 심리에 영향을 미칠 것으로 보인다. 이와 같은 일련의 관계성은 〈그림 14〉의 연구 모형으로 표현 가능하다. 관심도, 만족도, 자긍심 등 개인적 심리 변인은 개방성과 규범적 규제, 자율적 통제, 셉테드성 등의 사회적 공감을 불러일으키며, 이는 다시 참여, 동참, 협력하고자 하는 집합적 행동으로 이어

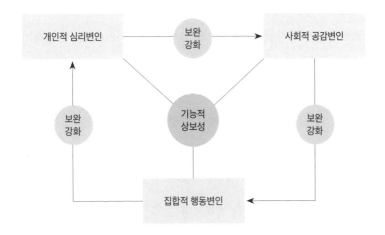

지는 일련의 선순환적 관계를 형성한다는 것이다. 각각의 변인들이 기능적으로 상호 보완적 관계에 있음을 바탕으로 연구 모형을 설정하였다.

구도심의 노후된 주거 환경을 개선하기 위해 추진된 하향적, 강제적 개발 전략은 거주민 이탈을 가속화하는 부정적 현상을 초래하였다. 이를 극복하기 위해 도심재생의 내용과 방법에서 도심의 인구 특성이 고려된 공간의 활용 등 차별화된 전략이 필요하다는 요구가 높아지고 있다. 김항집(2011), 김남희(2013), 강인호 외(2014), 이권희·박종화(2015) 등의 선행 연구는 도심재생에서 역사·문화 콘텐츠의 활용이 자긍심 고양, 만족도 확보, 공동체의 형성 등 개인 심리적 요인에 긍정적 영향을 미친다고 강조하고 있다. 오스트롬

(2010: 77~78, 402)은 공유자원 사용자들의 자발적 참여로 비롯되는 공유 규범이 자발적인 조직화와 자치적인 규율이 이루어지는 전제 조건이며, 이러한 공유 규범이 공동체에 축적되어 있을 경우 자치적인 집합적 행동으로 진화해 나간다고 주장하였다. 또한 미래의 편익에 대한 할인율은 사람에 따라 다르고 각각 처한 상황에 따라 다르게 나타나며, 물리적·경제적 안정성 이외 공유 규범에 영향을 받는다. 그리고 액설로드(2006: 206~214)의 주장에서 나타난 바와 마찬가지로 집합적 행동의 발현은 지속적 상호작용과 미래를 소중하게 생각하는 규범적 규제, 자율적 통제 등의 사회적 공감 변인들에서 비롯되는 속성이 있을 것으로 보인다.

따라서 이 연구의 사회적 공감 요인에 따른 집합적 행동 발현 여부와 조건은 자긍심 등 개인 심리적 차원과 관련이 있을 것으로 보인다. 더불어 집합적 행동 변인 각각의 조건과 이들의 상호작용에 따라 다시 개인적 심리 측면이 긍정적 영향을 미치는 방향으로 강화될 것이며, 이는 사회적 공감 변인들인 규범적 규제, 자기통제력 등을 통해 새로운 집합적 행동의 전제가 될 것으로 판단되어 "개인적 심리, 사회적 공감, 집합적 행동 변인 간에 기능적 상보성이 발현된다"는 가설 H_3을 설정한다.

세분화한 하위 가설은 다음과 같다.

가설 H_{3a} : 개인 심리적 변인은 사회 공감적 변인에 정(+)의 영향을 미친다.

가설 H_{3b} : 사회 공감적 변인은 집합 행동적 변인에 정(+)의 영향을 미친다.

가설 H_{3c} : 집합 행동적 변인은 개인 심리적 변인에 정(+)의 영향
을 미친다.

분석 방법

개인적 심리 측면, 사회적 공감 측면, 집합적 행동 측면 간의 순환
연계 및 기능적 역학 관계와 역사·문화 콘텐츠에 대한 개인 심리적
변인들의 인구통계학적 차이를 밝히기 위해 분산분석 및 회귀분석
을 각각 실시한다. 본 연구 설문지는 역사·문화 콘텐츠 관련 도심
재생 인식 변화와 사회적 자본 형성 관련 연구(이권희·박종화, 2014;
2015) 등 선행 연구를 다각적으로 검토, 집합적 행동의 기능적 상보
성에 영향을 미치는 변인을 추출하여 지표로 활용하였다.

그리고 앞서 밝힌 대로 집합적 행동은 Ostrom & Ahn(2007)이 언
급한 개념을 도입, 협력적 행동이라는 이름으로 조작적 정의하여
연구를 진행하였다. 개인적 심리 변인을 관심도, 만족도, 자긍심으
로 구분한 것은 역사·문화 콘텐츠 경험을 통해 구성원 개인들이 자
연스럽게 갖게 되는 심리적 상황과 관점을 표시하고자 한 것이다.
이러한 개인적 관점에서 시작된 자긍심 등은 가족, 동료 또는 이웃
과의 소통을 통한 개방성과 규범을 만들게 되며, 이러한 규범은 자
율적 통제 또는 이웃을 서로 돌봐주는 셉테드성으로 발전하여 사회
적 공감을 형성할 수 있다. 아울러 집합적 행동을 참여, 동참, 협력
이라고 구분하여 규정한 이유는 개인적 관점에서 시작된 참여 행동

이 반복되면서 개인이 관계를 형성하고 있는 가족, 친구, 이웃 등 소수가 함께 참여하는 동참의 행위로 이어지게 되며, 이와 같은 동참이 반복되고 점차 시간이 흐르면서 형성된 학부모, 학생, 상인 등 개별 또는 집단들은 서로의 이익을 높이기 위해 협력의 형태로 점차 확장, 확대되어 나아가는 과정으로 보아 구분 사용한 것이다.

설문지는 연구 대상의 인구통계학적 특성(거주 기간, 성별, 혼인 여부 및 자녀 수, 연령 등)을 측정하는 5개 문항, 역사·문화 콘텐츠 활용에 관한 주민들의 개인적 심리 변인(관심도, 만족도, 자긍심 등)을 측정하는 6개 문항, 역사·문화 콘텐츠 활용과 관련한 사회적 공감 변인(개방성, 자율적 통제성, 규범적 규제성, 셉테드성 등)을 측정하는 11개 문항, 역사·문화 콘텐츠 활용과 관련한 집합적 행동 변인(참여, 동참, 협력 등)을 측정하는 11개 문항 등 총 35개의 문항으로 구성하였다. 〈표 26〉에 나타내었듯이 역사·문화 콘텐츠 활용에 대한 주민인식 관련 문항들은 구서일·김우성(2014: 343), 이권희·박종화(2014: 808), 김혜연(2011: 14~15) 등의 선행 연구에서 사용한 관심 및 만족도, 참여, 동참, 협력 등의 문항을 바탕으로 하였다.

주요 변수와 측정 지표를 보면 개인적 심리 변인을 측정하는 관심도는 역사·문화 콘텐츠에 대한 관심도, 거주 지역에 대한 관심도를 나타내며, 만족도는 도심 공간 만족도와 거주지 만족도를 설문조사한 것이며, 역사·문화 콘텐츠에 대한 자긍심은 지역사회에 대한 자긍심에 대한 내용을 살펴본 것이다. 사회적 공감 변인의 내용인 개방성은 개인이 스스로 관심과 호기심을 가지고 행동하기 시작하면서 역사·문화 콘텐츠의 경험을 통해 만족도와 자긍심을 느끼면서 친밀도가 높은 가족, 지인 등 소규모 집단에 추천 행위를 하게 됨을 의미하며, 자율적 통제는 소규모 집단의 동참의 과정이 이루어지면서 참여자들 스스로 지킬 것은 지키는 자율성이 발현되는 것을 뜻한다. 규범적 규제는 집단의 내부 구성원 숫자가 늘어나면서 집단 내부의 구성원들 간 비공식적 규칙 또는 암묵적 공유의 규범이 생겨 규제가 발생되는 것을 의미한다.

현대사회가 개인의 권리를 위해 국가권력을 제한하고 규제하는 쪽으로 지향하고 있다는 점에서 볼 때, 지역 구성원들이 자발적으로 만든 지역사회 규범을 지켜나간다면 개인들의 권리는 더욱 높아진다는 사회적 공감대가 형성된다는 측면에서 지역사회의 규범을 사회적 공감 변인으로 규정하였다. 자율적 통제는 개인들의 의무 이행과 구성원들이 규범을 스스로 철저히 지켜 나갈 때 집단의 권리는 더욱 강화되기 때문에 규범과 동시에 자율적 통제 기능이 필요하다고 인식할 것으로 짐작되며, 공동체 구성원들 간의 친밀도와 책임 의식이 쌓여 가면, 서로를 지켜주고자 하는 자발적 의식과 행위가 발생될 것으로 판단된다는 점에서 자율적인 통제를 사회적 공감변인으로 규정하였다. 셉테드의 경우 궁극적으로 건축 설계에서 말하는 셉테드적 기능을 수행한다는 측면에서, 셉테드의 기능성이 사회적 공감을 불러일으키게 한다고 파악하여 셉테드를 사회적 공감 변인에 속한다고 본 것이다.

구체적으로 보면, 개인 심리적 변인을 자긍심, 만족도, 관심도로 구분한 것은 역사·문화 콘텐츠 경험을 통해 구성원 개인들이 자연스럽게 갖게 되는 심리적 상황과 관점을 표시하고자 한 것이다. 예컨대 삼성상회 옛터, 옛 연초제조창, 국채보상운동, 2.28 민주운동 등은 우리나라의 성장 동력이 되었던 산업화와 민주화를 이끌어 낸 지역민으로서의 자긍심을 갖게 하는 동시에 삶의 만족도를 높여 줄 것으로 보인다. OECD(2000)는 삶의 만족에 미치는 요인으로 개인에게 배태되어 있는 지식, 기술, 건강 등 인적자원 외, 집단 내 협력을 촉진시키는 규범, 네트워크 등을 강조하고 있다. 결과적으로 개인적 관점에서 시작된 자긍심 등은 가족, 동료 또는 이웃과의 소통을 통한 개방성과 규범을 만들게 되며, 지역 구성원들이 스스로 사회의 규범을 철저히 지켜 나간다면 개인들의 권리는 더욱 높아지기 때문에 이러한 개인들이 모인 집단에서는 개인들이 갖는 이기적 행위를 넘는 협력적 인식이 생겨나면서 개방적 행위가 지역사회의 규범으로 자리 잡게 될 것으로 예측된다. 이러한 규범은 자율적 통제 기능을 강화하여 서로 이웃을 돌봐주는 안전망이 작동하면서 사회적 공감을 형성하게 될 것으로 예측된다. 셉테드의 경우 건축 설계 분야에 국한되어 사용되어 오던 안전 환경을 위한 설계 기법을 설명하는 용어이긴 하나, 최근에는 도시의 안전에 대한 포괄적 통칭 용어로 쓰이는 경향이 있다는 점에 주목하였다.

따라서 본 연구에서는 역사·문화 콘텐츠를 통해 얻게 되는 자긍심과 같은 개인 심리적 요인들이 쌓이면 이웃 간 관심도가 높아지는 동시에 지역 주민 간 범죄를 막는 효과적인 사회적 규범이 발현되어 이를 통한 정보의 교환, 감시와 제재, 서로를 지켜주고자 하는 자발적 의식과 행위가 집단 간 공감을 불러일으키게 됨으로써 궁극적으로 셉테드적 기능을 수행한다는 측면에서 사회적 공감 변인에 속하는 것으로 해석하여 측정 지표로 사용하였다.

질적 연구 결과, 역사문화 콘텐츠 활용의 경험을 통해 지역 주민들의 경우 개별적 참여에서 소규모 집단 간의 동참으로 이어져, 다양한 소규모의 공동체 집단이 생겨나게 되면서 공동체 구성원들 간의 친밀도와 책임 의식이 발현되고 있음이 확인되고 있다.

티 검증과 분산분석

설문 문항 구성 그리고 신뢰도 분석 및 출처는 〈표 26〉과 같다. 가설 H2의 검증을 위한 설문지는 연구 대상의 인구통계학적 특성(거주 기간, 성별, 혼인 여부 및 자녀 수, 연령 등)을 측정하는 5개 문항, 역사·문화 콘텐츠 활용에 관한 주민들의 개인적 심리 변인을 측정하는 6개 문항, 역사·문화 콘텐츠 활용과 관련한 사회적 공감 변인을 측정하는 11개 문항, 역사·문화 콘텐츠 활용과 관련한 집합적 행동 변인을 측정하는 11개 문항 등 총 33개의 문항으로 구성되어 있다.

가설 검증을 위한 분석에 앞서 티 검증(t-test) 및 분산분석을 통해 인구통계학적 특성별 차이를 살펴보고자 한 것은 개인적 심리 변인이 집합적 행동의 기능적 상보성 관계의 출발점인 동시에 사회적 공감 또는 집합적 행동 변인의 연결 고리로서의 중요성과 그 역할에 따른 정책 적용성을 파악하고자 한 것이다.

<표 26> 측정 변수와 설문 내용

변수	설문 내용		문항 수	신뢰도 (크론바하α)	선행 연구
인구통계학적 변인	거주 기간 / 성별 / 혼인 여부 / 자녀 수 / 나이		5	-	
개인적 심리 변인	관심도	대구 도심 역사·문화 콘텐츠 관심도	6	0.764	이권희·박종화(2017) 구서일·김우성(2014) 이권희·박종화(2014) 박혜영·김정주(2012) 김혜연(2011) 김정기·박상만(2011)
		거주 지역 관심도			
	만족도	대구 도심 공간 및 환경 만족도			
		거주 지역 만족도			
	자긍심	대구 도심 애착 정도			
		역사·문화 자산 자긍심 정도			
사회적 공감 변인	개방성	이웃과의 소통 정도	11	0.836	이권희·박종화(2017) 이권희·박종화(2014) 이승철(2009) 윤두섭·오승원(2007) 소진광(2004)
		자원봉사 참여 의지			
		참여자 간 협력 중시			
		역사·문화 체험에 대한 긍정적 인식 변화			
	자율적 통제성	교육적 가치 존중 여부			
		역사적 가치 존중 여부			
		문화·예술적 가치 존중 여부			
	규범적 규제성	공공기관에 대한 신뢰 정도			
		이웃간 신뢰 정도			
	안전망 작용 (셉테드성)	지역사회 정보 교환 정도			
		지역사회 안전성 인식 여부			
집합적 행동 변인	참여	지역사회 문화행사 참여 정도	11	0.792	이권희·박종화(2017) 박혜영·김정주(2012) 하성규·박기덕(2011) 이승철·허중욱(2010) 이승철(2009)
		여론 조사 참여 정도			
		봉사 활동 참여 정도			
		자발적 참여 여부			
	동참	타인에게 추천 의지			
		타인과의 공동 참여 의지			
		외지인에게 참여 권장 여부			
	협력	공동체 협력에 대한 인식 정도			
		산학 네트워크의 필요성 인식 정도			
		운영 공조 시스템 구축 중요성 인식 정도			
		거주민 간 네트워크 구축 필요성 여부			

〈표 27〉은 성별, 결혼 유무, 자녀 수에 따라 개인적 심리 관련 변인인 관심도, 만족도, 자긍심에 있어 집단별 차이를 살펴보고자 티검증을 행한 결과이다. 역사·문화 콘텐츠에 대한 관심도, 만족도, 자긍심의 세 가지 개인적 심리 관련 변인 중에서 성별에 따른 집단별 차이를 살펴본 결과, 통계적으로서 유의차가 나타난 것은 만족도이며, 남자 집단의 평균은 3.23, 여자 집단의 평균은 3.58로 여자 집단이 남자 집단에 비해 역사·문화 콘텐츠에 대한 만족도가 더 높은 것으로 나타났다. 또한 결혼 유무에 따라 역사·문화 콘텐츠에 대한 관심도, 만족도, 자긍심에 대해 집단별 유의차를 검증한 결과 관심도와 만족도는 유의수준 5%에서 유의차가 있는 것으로 밝혀진 것에 비해 자긍심은 집단 간 유의차가 없는 것으로 나타났다. 그리고 자녀 수에 따른 역사·문화 콘텐츠에 대한 관심도, 만족도, 자긍심의 집단별 유의차를 검증한 결과 2명 이하의 자녀 수를 가진 집단과 3명 이상의 자녀 수를 가진 집단은 관심도는 집단별로 통계적 차이가 있으며, 자긍심에서는 자녀 수에 따라 집단별 차이가 있는 것으로 나타났다.

〈표 28〉은 연령별 및 거주기간별 개인적 심리 관련 변인인 관심도, 만족도, 자긍심에 있어 집단별 평균 차이가 있는지 살펴보고자 분산분석을 행한 결과를 요약하였다.

연령별로 청소년, 중년, 장년 세 집단으로 구분하여 역사·문화 콘텐츠에 대해 개인적 심리 변인 세 가지, 즉 관심도, 만족도, 자긍심에 대해 집단별 평균 차이가 있는지 살펴보고자 분산분석을 실시

<표 27> 역사·문화 콘텐츠에 대한 성별, 결혼 유무, 자녀 수에 따른
개인적 심리 관련 변인 차이 분석 (N=398)

내용		구분	빈도	평균	표준편차	t 값	p 값
성별에 따른 차이	관심도	남	133	3.50	1.00	0.820	0.586
		여	265	3.63	0.99		
	만족도	남	133	3.23	1.05	11.687	0.001 (**)
		여	265	3.58	0.81		
	자긍심	남	133	3.97	0.77	0.299	0.563
		여	265	3.99	0.82		
결혼 유무에 따른 차이	관심도	기혼	188	3.83	0.99	3.839	0.058 (*)
		미혼	210	3.37	0.95		
	만족도	기혼	188	3.23	0.91	2.722	0.035 (*)
		미혼	210	3.48	0.90		
	자긍심	기혼	188	4.02	0.73	1.090	0.497
		미혼	210	3.95	0.85		
자녀 수에 따른 차이	관심도	2명 이하	264	3.49	0.99	7.589	0.006 (**)
		3명 이상	134	3.78	0.98		
	만족도	2명 이하	264	3.41	0.91	1.227	0.364
		3명 이상	134	3.26	0.92		
	자긍심	2명 이하	264	3.97	0.82	2.417	0.013 (*)
		3명 이상	134	4.15	0.73		

* p < .05, ** p < .01

내용	구분		빈도	평균	표준편차	F 값	p 값	사후검증
연령에 따른 차이	관심도	청소년	171	3.39	1.00	11.935	0.003 (**)	A
		중년	152	3.58	0.97			A
		장년	75	4.05	0.92			B
	만족도	청소년	171	3.48	0.92	7.506	0.004 (**)	B
		중년	152	3.14	0.89			A
		장년	75	3.54	0.87			B
	자긍심	청소년	171	3.91	0.90	1.549	0.143	A
		중년	152	4.01	0.69			A
		장년	75	4.12	0.75			A
거주 기간에 따른 차이	관심도	10년 미만	57	3.42	1.05	3.811	0.095	A
		20년 미만	140	3.46	0.91			A
		20년 이상	201	3.72	1.03			A
	만족도	10년 미만	57	3.29	0.98	4.038	0.096	A
		20년 미만	140	3.54	0.98			A
		20년 이상	201	3.26	0.83			A
	자긍심	10년 미만	57	4.08	0.87	0.518	0.556	A
		20년 미만	140	3.98	0.83			A
		20년 이상	201	3.96	0.76			A

** p〈.01

하였다. 관심도와 만족도에서 연령별로 집단별 유의차가 있는 것으로 나타났다. 쉐페 검증(Scheffe test, 사후 검증)을 실시한 결과, 관심도에서 청소년 및 중년 집단은 동일 집단이라 할 수 있는 데 비해 장년 집단은 다른 성향을 띠는 것으로 나타났다. 이는 연령이 증가할수록 역사·문화 콘텐츠에 대한 관심도는 증가하고 특히 연령이 높은 장년층의 경우 관심도가 상대적으로 매우 높은 데서 기인하는 것이라 할 수 있다. 만족도에 대해서는 청소년 및 장년 집단이 중년 집단에 비해 높은 것으로 나타났다. 그리고 거주 기간에 따른 역사·문화 콘텐츠에 대한 관심도, 만족도, 자긍심을 집단별 유의차가 나타나는지 살펴본 결과, 관심도와 만족도, 자긍심에 있어서 집단별 차이가 두드러지지 않은 없는 것으로 나타났다.

〈표 27〉과 〈표 28〉에서 역사·문화 콘텐츠에 대한 관심도, 만족도, 자긍심 등의 수준은 인구통계학적 차이에 따라 상당 부분 차이가 나타나고 있지만, 공통적으로 보통 이상으로 상당히 높다. 리커트 5점 척도 평균이 3.23에서 4.15까지로 나타났다. 자긍심 수준의 경우 자녀 수 3명 이상의 경우 4.15, 그리고 장년층에서는 4.12로 매우 높게 나타났다.

회귀분석

이론적 고찰 및 연구 모형에서 나타내었듯이 역사·문화 콘텐츠 활용 과정에서 개인적 심리 측면, 사회적 공감 측면, 집합적 행동 측면 간에 순환적 연계 구조 내지 기능적 상보성이 예견된다는 점에 착안, 역사·문화 콘텐츠 활용에서 집합적 행동 그 자체의 발현보다 그에 영향을 미치는 변수들 간 관계에 주목, 그들 간의 순환연계성을 포착하고자 한 것이다. 가설 H_3는 가설 H_{3a}, H_{3b}, H_{3c}에 대한 가설검증을 위한 회귀분석 결과를 통해 입증됨을 알 수 있으며 〈표 29〉에 회귀분석 결과를 요약하였다.

〈표 29〉의 첫 부분은 가설 H_{3a}를 검증하고자 개인적 심리 관련변인인 관심도, 만족도, 자긍심 등 독립변수 3개와 사회적 공감 변인인 개방성, 자율적 통제성, 규범적 규제성, 셉테드성 등 종속변수들 각각에 대한 회귀분석 결과를 나타낸 것이다. 4개의 회귀식은 모두 1% 유의수준에서 통계적으로 유의하고 결정계수 값은 0.352에서 0.653에 이른다. 관심도, 만족도, 자긍심 등 개별 독립변수들은 4개의 회귀식 모두에서 5% 유의수준에서 통계적으로 유의하다. 독립변수인 만족도 변수는 규범적 규제성에 대한 부분만 통계적으로 유의하고 나머지는 5% 유의수준에서 모두 기각된다. 관심도 변수는 5% 유의수준에서 모두 채택됨을 알 수 있다. 즉 셉테드성 회귀식에서는 개인적 심리 변인인 자긍심 변수가 여타 변수에 비해 상대적 영향력이 6배 이상 높고 해당 회귀식의 설명력도 65%를 넘는다. 즉, 일정한 통계적 유의수준 하에 개인적 심리 변인이 사회적 공감 변인에 정의 영향을 미치는 기능적 관계성을 식별할 수 있고 가설 H_{2a}가 입증됨을 알 수 있다.

〈표 29〉의 중간 부분은 가설 H_{3b}를 검증하고자 사회적 공감 변인인 개방성, 자율적 통제성, 규범적 규제성, 셉테드성 등 독립변수 4

<표 29> 회귀분석 결과:
개인적 심리, 사회적 공감, 집합적 행동 변인 간 기능적 상보성 (N=398)

구분			개인적 심리 관련 변인					
			(상수)	관심도	만족도	자긍심	F값	R²
사회적 공감 관련 변인	개방성	표준화 계수		0.319	0.059	0.174	31.527 (p<0.001)	0.440
		t값	5.563	6.202	1.202	0.174		
		유의 확률	0.000 (***)	0.000 (***)	0.230	0.000 (***)		
	자율적 통제성	표준화 계수		0.213	0.029	0.223	18.573 (p<0.001)	0.352
		t값	11.959	3.987	0.573	4.387		
		유의 확률	0.000 (***)	0.000 (***)	0.057	0.000 (***)		
	규범적 규제성	표준화 계수		0.395	0.165	0.175	62.953 (p<0.001)	0.569
		t값	6.105	8.388	3.705	3.926		
		유의 확률	0.000 (***)	0.000 (***)	0.000 (***)	0.000 (***)		
	셉테드성	표준화 계수		0.094	0.013	0.610	97.882 (p<0.001)	0.653
		t값	7.917	2.177	0.324	14.832		
		유의 확률	0.000 (***)	0.030 (*)	0.746	0.000 (***)		
공선성 통계량		공차		0.775	0.860	0.862		
		VIF		1.290	1.162	1.162		

구분			사회적 공감 관련 변인						
			(상수)	개방성	자율적 통제성	규범적 규제성	셉테드성	F값	R²
집합적 행동 관련 변인	참여	표준화 계수		0.146	0.012	0.170	0.091	11.641 (p<0.001)	0.325
		t값	2.114	2.388	0.218	3.003	1.685		
		유의 확률	0.035	0.017 (*)	0.828	0.003 (**)	0.093		
	동참	표준화 계수		0.130	0.412	0.144	0.091	54.918 (p<0.001)	0.599
		t값	4.644	2.520	8.579	3.016	1.987		
		유의 확률	0.000 (***)	0.012 (*)	0.000 (***)	0.003 (**)	0.048 (*)		
	협력	표준화 계수		0.152	0.179	0.129	0.170	20.236 (p<0.001)	0.459
		t값	8.948	2.645	3.363	2.428	3.361		
		유의 확률	0.000 (***)	0.008 (*)	0.001 (**)	0.016 (*)	0.001 (**)		
공선성 통계량		공차		0.609	0.708	0.712	0.782		
		VIF		1.641	1.413	1.404	1.278		

구분			집합적 행동 관련 변인					
			(상수)	참여	동참	협력	F값	R²
개인적 심리 관련 변인	관심도	표준화 계수		0.442	0.231	0.140	66.232 (p<0.001)	0.579
		t값	1.869	10.545	5.425	3.325		
		유의 확률	0.623	0.000 (***)	0.000 (***)	0.001 (**)		
	만족도	표준화 계수		0.201	0.140	0.107	13.537 (p<0.001)	0.306
		t값	5.529	4.110	2.805	2.180		
		유의 확률	0.000 (***)	0.000 (***)	0.005 (**)	0.030 (*)		
	자긍심	표준화 계수		0.088	0.238	0.387	48.224 (p<0.001)	0.518
		t값	4.598	1.997	5.326	8.743		
		유의 확률	0.000 (***)	0.047 (*)	0.000 (***)	0.000 (***)		
공선성 통계량		공차		0.959	0.928	0.947		
		VIF		1.043	1.078	1.053		

- 10회의 회귀분석에서 공차(tolerance) 값은 0.609~0.959이고, VIF(variance inflation factor) 값은 1.162~1.641이다. 다중공선성(multicollinearity) 검증에서 요구하는 공차값 0.1 초과 및 VIF 값 10 미만을 충족하여 독립변수들 간 다중공선성의 문제는 없는 것으로 나타난다.

* p<.05, ** p<.01

개와 집합적 행동변인인 참여, 동참, 협력 등 종속변수들 각각에 대한 회귀분석 결과를 표시한 것이다. 3개의 회귀식은 모두 통계적으로 유의하고 결정계수 값은 0.325에서 0.599에 이른다. 참여 회귀식에서는 개방성 변수와 규범적 규제 변수가 통계적으로 유의하고, 동참 회귀식에서는 자율적 통제성, 개방성과 규범적 규제성이 통계적 유의차가 있으며, 협력 회귀식에서는 개방성, 자율적 통제, 규범적 규제성, 셉테드성 모두에서 통계적으로 유의하며 모든 상호 관계는 정의 관계를 나타내었다. 동참 회귀식의 경우에 자율적 통제성 변수가 규범적 규제성 변수에 비해 약 3배 이상의 영향력을 보여주고 있고 해당 회귀식의 설명력은 약 60%에 가깝다. 즉 일정 범위 내에서 사회적 공감 관련 변인이 집합적 행동 관련 변인에 정의 영향을 미치는 기능적 관계성을 확인할 수 있고, 가설 H_{3b}가 입증됨을 알 수 있다.

〈표 29〉의 마지막 부분은 가설 H_{3c}를 검증하고자 집합적 행동 관련 변인인 참여, 동참, 협력 등 독립변수 3개와 개인적 심리 관련변인인 관심도, 만족도, 자긍심 등 종속변수들 각각에 대한 회귀분석 결과를 나타낸 것이다. 3개의 회귀식은 모두 통계적으로 유의하고 결정계수 값은 0.306에서 0.579에 이른다. 관심도 회귀식에서는 독립변수 모두가 1% 유의수준에서 통계적으로 유의하고 참여변수가 동참이나 협력 변수에 비해 상대적 영향력이 약 2~4배에 이르며, 회귀식의 설명력도 58%에 가깝게 나타났다.

만족도 회귀식에서는 참여와 동참 변수가 통계적으로 유의하다.

자긍심 회귀식에서는 참여, 동참, 협력 변수 모두 통계적으로 유의하다. 만족도에 있어서는 참여 변수의 상대적 영향력이 다른 변수에 비해 약 2배 높게 나타난 반면 자긍심에 있어서는 협력 변수의 상대적 영향력이 다른 변수에 비해 약 1.5~4배 높다. 이는 일정 제약 조건 하에서 집합적 행동 관련 변인이 개인적 심리 관련 변인에 정의 영향을 미치는 기능적 관계성을 식별할 수 있으며, 따라서 가설 H_{3c}가 입증된다고 할 수 있다.

분석 결과의 종합

이 연구에서의 조작적 정의와 같이 집합적 행동을 신뢰에 토대한 협력적 행동이라고 규정한다면, 역사·문화 콘텐츠의 활용 과정에서 집합적 행동의 기능적 상보성 현상에 우선 주목할 필요가 있다. 그리고 그 관계의 지속가능성을 위해서는 그 세부적인 내용 내지 요인이라고 볼 수 있는 개인적 심리 측면과 사회적 공감 측면을 강화해갈 필요가 있다. 집합적 행동의 선순환성 강화 과정에서 이론적 검토 과정에서 논의된 올슨(1965)과 하딘(1968)이 강조하는 정부의 규제나 사유화 방안을 넘어서는 방안이 필요한데, 여기서는 Ostrom & Ahn(2007: 5~8)의 자기 규제성 확대 측면을 역사·문화 콘텐츠 활용과 연계하여 검토한다. 특히 실태 분석 결과에서 역사·문화 콘텐츠에 대한 관심도, 만족도, 자긍심 등의 수준은 인구통계학적 특성에 따라 상당 부분 차이가 나타나고 있지만 공통적으로 그 수준이 보통 이상으로 상당히 높게 나타났다. 다시 말하면, 물리적 관광 자원 위주의 무분별한 도심재생 과정은 주민들이 기존에 가지고 있는 자기 규제 잠재성조차 소실시켜 버릴 우려가 있는 것이다. 그리고 이론적 검토와 실태 분석 결과를 통해 뒷받침된 도심재생 과정에서 무임승차와 젠트리피케이션 현상에 의한 반복적 도심 공동화의 우려를 줄여가기 위해서는 상향적 재생 전략의 담색과 기능적 공동체 형성의 강화 노력이 필요할 것으로 보인다. 이는 이론적 검토 결과뿐만 아니라 H₁, H₃ 가설 검증에서 강조된 도심재생 정책에서의 포괄적·차별적 접근의 필요성과 일치하는 것이다.

이 연구의 출발점은 역사·문화 콘텐츠 활용 과정에서 집합적 행동의 필요성과 관련 기능적 상보성 발현 측면을 밝히는 것이다. 명시적으로 역사·문화 콘텐츠 관련 논의를 찾기는 어렵지만, 사실 공유재적 속성을 지니고 있는 것들에 대한 집합적 행동의 필요성은 이미 많은 연구에서 언급되고 논의된 것이다. 따라서 본 연구의 실질적 초점은 그 집합적 행동에 영향을 미치는 변인들은 무엇인지 그리고 그 변인들 간의 관계성은 어떤지를 밝히는 것이다. 그 과정을 통해서 우리는 역사·문화 콘텐츠 활용 과정에서 무엇을 중시해야 하고 관련 정책적 대안은 어떤 것들이 있는지를 보다 명료하게 파악할 수 있다. 본 분석 결과는 오스트롬(2010: 77~78)과 액설로드(2006: 206~214) 등이 집합적 행동의 발현 과정에서 강조하는 자발적 참여, 공유 규범, 사회적 공감 변인들을 포괄하는 새로운 틀의 모색에도 기여할 수 있을 것으로 보인다.

〈그림 14〉의 연구 모형은 개인적 심리, 사회적 공감, 집합적 행

동 변인들 간에 상호 보완·강화를 통해서 기능적 상보 관계에 있다는 것이다. 우선 그 변인들 간에 기능적 상보성은 있는지, 그리고 있다면 어느 정도로 있는지를 밝혀서 정책적 대안 모색에 기여하고자 하는 것이다. 또한 기존의 물리적 하드웨어 위주의 역사·문화 콘텐츠 개발 방식이 흔히 간과하기 쉬운 관심, 만족, 자긍심 등의 개인적 심리 측면과 개방성, 자율적 통제성, 규범적 규제성, 셉테드성 등의 사회적 공감 측면을 분석의 핵심 요인으로 포함하고 있다. 분석 지표는 선행 연구를 참조하여 선정하였고 신뢰도 검증에서 모두 크론바하 α값이 0.6 이상으로 무난하였다. 티 검증과 분산분석을 통해 인구통계학적 특성별 차이가 있음을 검증하였고, 회귀분석을 이용해서 가설 H3를 검증하였다.

〈표 27〉과 〈표 28〉의 티 검증과 분산분석 결과, 역사·문화 콘텐츠에 대한 관심도, 만족도, 자긍심 등의 개인적 심리 변인은 거주기간, 성별, 혼인 여부, 자녀 수, 연령 등 인구통계학적 특성별로 상당 부분 차이가 나타나므로, 인구통계학적 특성별 차이가 있음이 대체로 입증된다고 볼 수 있다. 뿐만 아니라, 역사·문화 콘텐츠에 대한 관심도, 만족도, 자긍심 등의 수준이 리커트 5점 척도 평균이 3.20~4.21 정도로 상당히 높은 편이다. 역사·문화 콘텐츠의 적절한 활용을 통해서 기대할 수 있는 점들이 예상 외로 클 수 있음을 시사한다. 〈표 29〉의 회귀분석 결과, 개인적 심리 변인은 사회적 공감 변인에 영향을 미치고, 사회적 공감 변인은 집합적 행동 변인에 영향을 미치며, 집합적 행동 변인은 개인적 심리 변인에 영향을 미치는

것이 결정계수 R^2 값 0.303~0.608의 범위 내에서 비교적 명료하게 나타나고 있다. 개인적 심리-사회적 공감-집합적 행동 변인들 간의 기능적 상보성을 검증하는 회귀식에서 부분적으로 종속변수에 대한 독립변수의 통계적 유의성이 떨어지는 경우가 없는 것은 아니지만, 총 10번의 회귀식에서 종속변수에 대한 모든 독립변수의 통계적 유의성이 5%를 초과하여 회귀식 자체의 의미가 매우 낮은 경우는 한 건도 없다. 사회적 공감이 종속변수이고 개인적 심리가 독립변수인 경우에는 유의수준을 10%로 하면 예외 없이 4번의 회귀식 모두 통계적 유의성이 입증된다. 집합적 행동이 종속변수이고 사회적 공감이 독립변수인 경우 2/3의 경우 5% 유의수준에서 통계적으로 유의하다. 개인적 심리가 종속변수이고 집합적 행동이 독립변수인 경우 3/4이 5% 유의수준에서 통계적으로 유의한 경우에 해당한다. 따라서 일정 제약조건 하에 개인적 심리 변인이 사회적 공감 변인을 보완 내지 강화하고, 사회적 공감 변인이 집합적 행동 변인을 보완 내지 강화하며, 집합적 행동 변인이 다시 개인적 심리 변인을 보완 내지 강화함으로써 이 세 측면은 개략적으로 순환 기능적 보완 내지 강화 관계에 있는 것으로 판단되므로, 가설 H_{3a}, H_{3b}, H_{3c}가 상당 부분 입증됨을 알 수 있다.

제 4 부

도심재생, 어디로 가는가

9장

도심재생의 과거와 미래

　여기에서 소개하는 일곱 편의 이야기는 2004년 도심재생 컨설팅을 시작한 이래, 십여 년에 걸쳐 내가 제안하고 실행에 참여했던 도심재생 프로젝트에 대한 소회와 사례를 칼럼으로 기고한 글이다.[24] 칼럼에서 소개하는 중국의 도심재생 사례를 우리와 비례적으로 볼 필요는 없다. 하지만 세계에서 가장 빠른 속도로 도시화가 진행되는 가운데 펼쳐진 도심재생 사례라는 점에서 시사하는 바가 있다고 생각한다. 우리의 경우, 칼럼에서 말했던 탁상공론은 지금도 여전

---

24 「방치된 담배공장 터의 미래」, 「다크투어리즘에 대한 단상」, 「도심 동물원의 불편한 진실」 등 세 편은 2013년, 「재래시장 진흙 골목길의 변신, 타이캉루 문화거리」, 「방직공장 건물에 들어선 상하이 M5예술촌」, 「버려진 군수공장과 다산즈 예술구」, 「고량주 냄새가 사라진 자리, 지우창 예술촌」 등 네 편의 칼럼은 2008년 언론에 게재된 글이다.

하고 딜레마 상황은 더욱 심화되고 있다. 당시의 염려가 10년이 지난 현재도 그대로라면 아이러니가 아닌가. 도심재생의 새로운 상식과 이상향은 어디에 있는 것일까? 그동안 우리가 무비판적으로 받아들인 도심재생의 결과물은 어쩌면 허상일 수도 있다. 어둠의 면적이 커질수록 빛의 면적도 동시에 늘어나는 것처럼, 도심재생에 대한 새로운 인식이 돋아나는 시간이 시작되길 기대한다.

방치된 담배공장 터의 미래

대구 중구 수창동에 있는 대구문화창조발전소는 참으로 묘한 틈바구니에서 싹을 내밀었다. 1997년 담배 제조 공장이 멈춰 폐산업유산으로 방치된 지 십여 년 만에 도심재생이라는 미명 아래 등장한 아파트 건설 붐과 함께이다. 대구시는 재정 여력이 없고, 민간기업 KT&G는 뚜렷한 개발 컨셉이 없어 손을 놓고 있던 사이, 옛 연초제조창과 인근이 슬럼가처럼 변하면서 급기야 "뭐라도 좀 하라"는 이 지역 주민의 청원이 그 시작이다. 연인원 50여만 명이, 첫 삽을 뜨지도 않은 공간을 온갖 기대감 속에 찾았다. 신문·방송은 수백 차례에 걸친 기사[25], 사설, 칼럼을 통해 박수를 아끼지 않았다. 2006년

---

25 "KT&G 연초제조창 부지에 추진되고 있는 '대구문화창조발전소'가 아시아를 대표하는 예술·문화 공간으로 자리하기 위해서는 이곳 전체 부지로 확대돼야 한다는 주장이 설득력을 얻고 있다. 대구시와 문화산업전문기업 ATBT 주관으로 14일 KTG 별관 창고에서 열린 '대구문화창조발전소의 방향성 및 추진방안 논의 세미나'에 참석 전문가들은(이정화 한국문화관광

첫 논의 후 2008년 기본 구상에 이어 2010년 사업 확정안이 발표된 2년여 동안 문화·예술인, 환경단체, 경제인, 언론인, 대학생 등 각 계를 대표하는 2천여 명에 이르는 관련 전문가들도 현장을 확인했다. 세미나, 심포지엄, 강연[26]을 비롯, 대규모 전시 이벤트, 공연 등 테스팅 프로그램도 이어져, 죽은 도심이 문화의 꽃으로 살아나는 단초를 확인했다는 평가를 받기도 했다. 언론은 한 해를 마무리하며 대구문화창조발전소 조성 사업을 그 해의 10대 뉴스로 선정, '대구 문화행정의 백미'라고 적었다.

이처럼 대구문화창조발전소는 도심재생의 신호탄이 되어 2008년 국가 시범 사업 확정 전후 뜨거운 호응과 함께 2년여 내내 지역을 달구었다. 개관을 앞둔 시점에서 기대감을 잠시 가라앉히며 행

연구원 책임연구원, 정준모 미술평론가, 이종호 한국예술종합학교 건축과 교수)는 하나같이 연초제조창의 역사적 상징성과 대구 도심의 핵이란 장소성을 고려할 때, 전체 부지로 확대해 대구문화창조발전소를 구상해야 한다고 주장했다." 「"옛 연초제조창 전체 부지 亞 예술·문화거점 조성을"」, 『영남일보』 2008. 11. 15. https://www.yeongnam.com/web/view.php?key=20081115.010020727000001

「대구문화창조발전소가 나아갈 방향 논의한다」, 『연합뉴스』 2008. 11. 13. https://www.yna.co.kr/view/RPR20081113030600353

「예술의 창작부터 소비까지 아우른다」, 『조선일보』 2008. 11. 17. https://www.chosun.com/site/data/html_dir/2008/11/17/2008111700112.html?form=MY01SV&OCID=MY01SV

「'대구문화창조발전소' 추진 방향 세미나」, YTN 2008. 11. 14. https://www.ytn.co.kr/_ln/0103_200811141942261136

26 2009년 9월부터 대구예술발전소 조성 예정지인 옛 연초제조창 엽연초 보관 창고에서 시민의 창조력을 증진시키고 예술에 대한 이해는 물론 현대사회에서의 창조의 의미에 대한 인식을 높일 수 있는 기회를 제공하고자 승효상(건축가), 이어령(전 문화부장관),탁석산(철학자), 김원일(소설가), 진규영(작곡가), 안애순(안무가), 반이정(미술평론가), 심철웅(미디어 아트작가) 등 국내외 인문·사회·문화·예술계 저명 인사와 학자를 초빙, 1년여에 걸쳐 예술인 및 일반 시민, 학생, 공무원 등을 대상으로 강연을 펼쳤다.

복했던 기억과 함께 당시의 엄청난 열기가 어디에서 비롯됐을까를 생각해 봤다.

설렘으로 다가온 대구문화창조발전소 국가 시범 사업은 두 가지 과제를 던졌다. 우선 하드웨어의 확장, 즉 공간을 넓혀야 한다는 것과 다른 하나는 제대로 된 운영을 통한 산업유산의 재창조 효과 거두기이다. 대구문화창조발전소는 개관을 해도 큰 틀에서는 도심재생의 과정에 속할 뿐이다. 왜냐하면 문화공간 조성을 통한 도심재생이라는 톱니바퀴가 맞물려 있기 때문이다.

공간 확장은 옛 연초제조창 본관 부지로의 확대를 말한다. 이 터에 남아 있는 건물은 우리나라 어디에도 없는 기적 같은 건축물이다. 정방형으로 이뤄져 단순한 구조에다 4미터 이상의 층고를 가진 국내 유일의 건축물로서의 기능적 가치를 지녔다. 국내 1호 담배공장이면서 해방 전후 대구에서 가장 큰 규모의 산업유산이라는 의미도 크다. 하지만 더욱 중요한 것은 이 터가 주변에 미치는 영향력이다. 반경 1킬로미터 안에 원삼국시대부터 근·현대사의 역사·문화를 품은 지리적 가치가 그것이다. 이 공장에서 일하다 퇴직한 사람들의 공통된 기억과 흔적을 간직한 랜드마크로서의 의미도 가치롭다. 때문에 공간 확장은 우리가 살았던 곳을 재조명한다는 성숙된 도심재생 문화의 초석을 놓는 의미도 담고 있다.

다른 하나는 죽은 도심에 푸른 숨을 불어넣을 획기적 운영 방안이 그것이다. 개관을 앞둔 시점에서 이어진 평가로만 본다면 제대로 된 전략가를 미리 뽑지 못했고, 건물의 정체성도 모호해졌고, 획기적인 프로그램도 없지 않느냐는 논란 속에 출발하게 된다는 점이다. "위탁이 좋다", "직영이 낫다", "둘을 좀 버무려야 된다"는 등 벌써 편 갈린 듯한 이야기가 오간다. 문화·예술계 라인에 있는 1%와 99% 시민들이 함께 향유할 공간임을 유념해야 한다. 한번 정한 방식을 밀고 나갈게 아니라 한시적 단위로 평가해 보면서 운영 방식을 검증하는 건 어떨까. 중장기적 안목으로 운영하는 방안을 논의하는 기구가 마련되면 좋겠다는 생각뿐이었다. 결국은 자생력 아니겠는가.

2009년 가을, 수창동 연초제조창을 찾은 도시컨설팅의 세계적 권위자인 영국의 찰스 랜드리의 고언은 시사하는 바가 크다. 그는 시민들의 자발적 참여, 폐산업유산을 활용한 첫 시도, 흥미로운 조성 과정 등으로 볼 때 이 공간의 성공 가능성은 충분하다는 것이다. 열악한 환경에서 출발했지만 성공한, 지역의 작은 미술관 대표의 진단도 돋보인다. "장소가 탁월하니 사람들만 모으면 되겠네." 맞는 말이다. 좋은 프로그램으로 사람들을 불러들여야 가능하다는 전제이다.

연초제조창 옛 터를 두고 저명한 건축가는 '터무늬'가 있다고 했고, 나는 이 땅의 '운명'이 있을 것이라고 했다. 나름 해석해 보건데, '터무늬'가 과거 이미지를 말한다면 '운명'은 그 터의 미래를 떠올리게 한다. 그렇다면 이 터의 과거와 미래는 어쩌면 현재가 결정하게 될 것이다. 5년여 만에 맞는 개관을 앞두고 용두사미가 아니길 기대한다.

다크투어리즘에 대한 단상

　지난 2013년 대구 중구 북성로 일원에 '순종황제 어가길' 복원 사업이 시작되면서 다크투어리즘 여부에 대한 논란[27]이 일었다. 역사에 대한 시각에 따라 다크투어리즘을 판단하는 견해가 다르기 때문이다.

　다크투어리즘은 어두운 과거, 역사와 관련된 장소를 방문하는 관광 현상을 일컫는 말로 흔히 쓰인다. 본래 이 용어는 2000년 영국 스코틀랜드 글래스고 칼레도니언 대학 맬컴 폴리와 존 레넌 교수의 공저 제목에서 비롯됐다. 2008년 국립국어원이 다크투어리즘을 대신할 우리말을 공모 한 결과 '역사 교훈 여행'을 채택했다. 그러나 본

---

27 2017년 5월 11일 대구 중구청이 달성토성 앞에 순종동상을 세우면서 '순종황제 어가길'에 거센 비난이 쏟아지기 시작했다. 어가길은 1909년 전국 순행을 나선 순종황제가 대구를 행차한 모습을 재현하고자 한 것이다. 하지만 이 동상이 건립된 2017년부터 최근까지 시민, 학계, 시민단체, 의회 등 지역 주민들의 철거 목소리가 끊이질 않고 있다. 어가길과 순종 동상 철거 목소리의 대다수는 역사 왜곡과 관련되어 있다. 다크투어리즘에 대한 자의적 해석에서부터 예산 낭비에 이르기까지 무척이나 다양하다. 심지어 근시안적 도심재생 정책에 따른 폐해까지 언급되고 있다. 2019년 일본의 경제 보복으로 반일 감정이 고조되는 가운데 순종황제 어가길에 대한 논란이 다시 일었다. 다음 링크들은 어가길과 순종황제 동상 철거를 요구하는 시민, 학계, 의회, 시민단체 등의 목소리가 보도된 내용이다.
「'순종 어가길' 역사 왜곡?… 논란 이어져」, 채널A 2017. 8. 15. http://www.ichannela.com/news/main/news_detailPage.do?publishId=000000051178
「말 많던 순종황제 어가길 동상이 불법조형물?」, 『대구일보』 2020. 2. 16. https://www.idaegu.com/newsView/idg202002140020
「"순종동상 철거하라"… 대구 중구 vs 시민단체 '역사논쟁'」, 『경향신문』 2017. 8. 29. http://news.khan.co.kr/kh_news/khan_art_view.html?art_id=201708291530001
「욱일기 연상시키는 '순종황제 어가길' 동상 발관」, 『매일신문』 2019. 9. 23. http://news.imaeil.com/Society/2019092316010614741

래의 의미를 제대로 설명하지 못한다는 지적이 있다. 게다가 식민지 역사, 재난, 감옥, 영웅의 죽음, 전쟁 등의 요소들은 국가, 개인, 시대에 따라 입장 차이가 많다. 그렇지만 다크투어리즘에는 어떤 '틀'과 '기준'이 내포되어 있는 것 같다.

먼저, 매스컴의 영향으로 만들어진 예를 보자. 케네디 암살 징소였던 댈러스, 링컨이 사망한 워싱턴 D.C. 포드극장, 마틴 루터킹 목사가 저격당한 로레인 모텔, 영화배우 제임스딘이 교통사고로 죽은 장소 등은 TV, 영화 등 미디어에 의해 비극적 개인의 죽음이 끊임없이 재생산된 사례이다. 역사 교훈성을 살려 관광 상품으로 연결한 경우도 많다. 아우슈비츠, 난징대학살, 킬링필드, 안네 프랑크의 집 등은 역사 교훈성을 토대로 영화, 드라마의 소재가 되면서 다크투어리즘이 된 케이스이다. 인류의 교훈·교육적 요소가 관광 상품으로 재탄생한 것이다.

현대 문명으로 인한 트라우마를 반영하여 만들어진 사례도 있다. 1912년 타이타닉호 침몰 사건은 기술문명이 자연 앞에 무력하다는 것을 보여준 사례로 많은 사람들에게 기억되어 있다. 또한 숭례문이 화마에 전소되는 과정은 우리들에게 심리적 상처를 남겼다. 홀로코스트도 현대적 기술 혁신이 대규모 학살 자행에 활용됐다는 측면에서 이 경우에 속한다고 할 수 있겠다. 하지만 워털루 전쟁터는 매년 수많은 유럽인들이 찾지만 공감할 수 있는 트라우마적 요소가 아니므로 다크투어리즘 범주에 속하지 않는다는 주장도 있다.

지난 2009년 히로시마 현에 거주하는 일본인 교원들이 지역의 한 교사 단체 초청으로 대구 구도심을 방문했었다. 일본의 제국주의적 행태를 확인하는 어가길 투어도 하나의 프로그램이었다. 하지만 안내 표지석 하나 없는 길을 단체로 걷는 것이 어렵다는 이유로 인해 아쉽게도 행사를 접었다. 도보여행가 베르나르 올리비에가 설립, 운영해온 쇠이유 재단이 비행 청소년들에게 '걷기'를 통해 사회 복귀를 유도하는 프로그램처럼, 어가길이 그들에게 성찰의 기회를 제공할 '무엇'이기를 하는 바람은 물거품(?)이 됐다.

　세계 곳곳의 사례를 볼 때 다크투어리즘은 오랜 시간에 걸쳐 사람들의 발걸음과 공감을 통해 만들어졌음을 볼 수 있다. 어가길을 활용한 다크투어리즘 여부도 이러한 과정을 통해 결정될 것으로 믿는다.

　근래 들어 당시의 매력적인 사회문화적 콘텐츠를 연구하고 활용하려는 전문가와 학생들의 발걸음이 다시 눈에 띄게 늘고 있다고 한다. 대구읍성이 허물어지면서 만들어진 어가길 주변 구도심은 지난 100여 년 동안 개발되지 않은 까닭에 당시의 흔적을 찾고자 하는 사람들에게 여전히 노스탤지어의 보고로 인식되고 있기 때문이다. 항일과 친일의 흔적이 함께 녹아 있는 어가길은 역사 교훈의 장소를 넘어 차제엔 반일(反日)보다 극일(克日)에 방점을 찍는 출발점이 되어도 좋겠다는 생각이다.

대구의 한 학교가 교내에서 소를 키우겠다고 나섰다. 농촌 학교에서도 어려울 일이 도시 학교에서 시도되고 있어 매우 이례적이란 생각이 들었다. 그래서 물어 봤더니, 외양간을 지으며 목공예를 이해하고, 급식 잔반을 여물로, 소똥은 인근 꽃밭 퇴비로 활용하는 경험 등을 통해 책임감을 키우는 것은 물론 그 이상의 교육적 효과가 있지 않겠느냐는 답이 돌아왔다.

소를 키워 보는 경험은 크게 나쁠 게 없다는 생각이 든다. 공생관계를 체험하다 보면 생명을 소중히 여기는 심성도 커질 것이기 때문이다. 이 학교처럼 동물원 대신 동물과 직접 1 대 1로 대면하는 교육 방식이 늘고 있다고 한다. 〈TV 동물농장〉과 같은 공중파 프로그램이 십 년 이상 장수하는 인기 비결이 뭘까. 아마 동물과 인간이 소통하는 모습을 재미있고 교육적으로 보여주기 때문 아닐까 싶다. 하지만 아직도 많은 동물들의 실상은 그렇지 못하다.

『동물원의 탄생』을 쓴 니겔 로스펠스는 동물원이 동물이 아닌 인간을 위한 것이라는 사실을 지적하고 있다. 그는 이 책에서 자연 서식지를 닮게 하거나 철창을 없애기 위해 해자(垓字)를 개발했더라도 인간의 죄의식을 감추기 위한 것일 뿐이라고 언급한다. 즐거움과 교육적 효과를 믿었던 동물원의 이면에 숨겨진 불편한 진실을 제기한 것이다. 동물원은 19세기 초 독일의 칼 하겐베크에 의해 처음 만들어졌다. 이전까지는 인간의 식량으로만 여겨지던 동물을 전시,

관광 상품으로 바꾼 것은 놀라운 일이었다. 하지만 이는 결국 인간의 이기적 사고를 반영한 결과물에 불과하다는 생각이 든다. 그렇다면 동물원은 이런 부정적 요소만 있는 것일까?

세계 유명 동물원들은 종 보존프로그램 운영에 눈을 돌림으로써 이중의 수확을 얻고 있다고 한다. 동물의 보호와 보존에 대한 대중교육 역할이 그것이다. 아울러 희귀 동물의 멸종을 막는 연구를 통해 과학을 보조하는 경험을 쌓고 있다. 이러한 변화를 접하면 우리 지역 동물원의 현주소가 안타깝게 다가온다. 해묵은 민원이 된 달성공원[28] 동물원의 새 둥지 찾기가 벌써 십 년을 훌쩍 넘기고 있기 때문이다. 대구시가 올해(2013년) 하반기 사업 착수 의향을 밝혔지만 쉽게 진행될지, 과거와 다른 동물원 조성 아이디어가 무엇인지 궁금해진다. 유치를 희망하는 지역에는 벌써부터 플랭카드가 여럿 나붙었다. 동물원 이전특위 또는 추진위가 만들어져 경쟁하는 모양새도 나타나고 있다.

이쯤에서 한번 생각해보자. 달성공원 동물원 이전의 메시지는 과연 무엇일까? 혹자는 도심 경관 복원보다는 후순위라고 말할지도

---

28 달성공원 동물원 이전은 대구 서구와 중구 주민들의 숙원 사업이다. 계획대로 추진되면 반세기 만인 2023년 수성구로 이전한다. 1970년 개장한 달성공원 동물원은 1991년부터 이전이 추진돼 왔지만 이전 부지를 찾지 못해 수차례 무산되다, 2017년 수성구 대구대공원으로 이전을 공식화했다. 대구 달성토성은 1963년 사적으로 지정됐고, 1969년 동물원과 달성공원이 들어서면서 시민 휴식처로 활용되고 있다. 동물원은 시설 노후와 주차난, 교통 체증, 동물 복지 향상 문제가 수차례 제기되고 있으나, 달성토성 복원 및 동물원 이전 등의 영향으로 대구시가 동물원 시설 개선에 필요한 실질적 예산을 투입하지 않았다. 현재 달성토성은 경상감영과 대구읍성을 연계해 유네스코 세계문화유산 등재가 추진되고 있다.

모르겠다. 그러나 늦었을지도 모를 동물의 권리를 논의하는 계기로 보면 어떨까. 동물 우리 수준쯤으로 인식되고 있는 지금의 공간이 안타까워서만은 아니다. 별개의 사업을 위해 피치 못해 동물원을 이전하는 듯 비춰지고 있기 때문이다. 근래의 동물원 이전 논의는 달성토성 복원 역사·문화 벨트 만들기가 중심이 된 것이 사실이다. 이런 식이라면 특정 지역에 동물원이 이전된다 하더라도 몇십 년 후, 오늘날과 똑같은 이전의 문제가 생기지 않으리란 보장이 없다. 이는 유치를 희망하는 쪽이 잘 살펴야 할 문제일 것이다. 사람도 살고 동물도 살고 도시도 사는 트리플 윈이 동물원 이전의 취지라면 좋겠다. 동물원이 사람과 동물이 자연스럽게 만날 수 없다는 사실을 확인하는 공간이 되면 곤란하지 않겠는가.

1970~80년대 큰 호응을 얻은 모노드라마 〈빨간 피터의 고백〉은 현재 진행형이다. 동물원에 갇히기 싫어 쇼 무대에 섰다는 원숭이 빨간 피터의 하소연은 지금도 유효하기 때문이다. 앞으로의 동물원은 동물 보호, 종의 보전 등 인간중심적 사고를 넘어서야 한다고 본다. 보태면, 미래의 동물원은 동물의 생존과 존재 이유를 각성케 하는 역할이 부각될 것으로 보인다. 동물원의 지향점은 동물에 대한 배려이고, 존재 이유는 공생이어야 한다는 점이다.

동물원의 이전 민원과 유치 민원이 겹치는 묘한 아이러니를 보니 객쩍은 생각이 든다. 어디에 옮겨지든 개인적으로 예전 동물원의 필수품이던 창살과 울타리, 의도된 전시를 정중히 사양한다. 자연과 사람이 공존하는 메시지를 가르칠 동물원이 옳다.

재래시장 진흙 골목길의 변신,
타이캉루 문화거리

비가 오면 진흙이 질퍽이던 골목. 벌집처럼 다닥다닥 붙은 집들. 미로처럼 시작도 끝도 없는 재래시장 뒷골목. 그냥 두어도 그렇고 고쳐 봤자 달동네를 면치 못할 곳. 상하이 구도심 한복판 타이캉루 골목길 주변의 5년 전 모습이다. 하지만 불과 수년 사이에 골목 자체가 갤러리이고 골목길 전체가 카페로 변신하면서 이곳은 명물로 변해 있다. 이른바 상하이를 대표하는 타이캉루 예술 문화거리가 탄생한 것이다. 버려진 뒷골목에 불과했던 타이캉루 주변 골목길의 확 달라진 풍경에 이곳 사람들도 "이럴 수가!"라며 감탄한다.

타이캉루는 재래시장이 서던 곳이었다. 도심의 쇠락과 함께 시장을 찾는 발길이 뜸해지면서 버려지다시피한 곳이었으나 예술촌으로 변신하면서 사람들이 몰려들고 있다. 타이캉루 주변 골목이 북적이는 인파와 함께 살아나고 있다. 시장도 옛날처럼 활기차다. 시장 외관도 주변 분위기에 잘 어울리게 업그레이드되고 있다.

놀라운 변화들이다. 타이캉루 예술촌의 시작은 '전자방'이라 쓰인 간판이 있는 골목길에서 시작된다. 골목길 자체가 잘 다듬어진 갤러리 분위기를 연출하고 있어 명품관에 들어서는 느낌을 준다. 몇 걸음 안에 재래시장 뒷골목쯤(?)이라는 생각은 접게 된다. 회백색 대리석이 깔린 골목길 위에 적벽돌로 지어진 오래된 건물들이 뿜어내는 멋과 힘이, 각양각색으로 디자인된 간판과 이루는 조화는 형용할 수 없는 아름다움으로 다가온다.

골목 속으로 들어갈수록 골목길은 더욱 좁아진다. 미로가 된 탓에 답답할 것이라는 생각은 기우이다. 아기자기한 골목길이 주는 재미와 이국적인 모습에 답답함은 금새 달아난다. 막다른 짜투리 골목길도 그냥 두질 않았다. 온통 갤러리이고 노천 카페이며 예술공예품 상점들이다. 두세 평 정도 되어 보이는 카페와 상점은 큰 곳에 속한다. 달랑 테이블 하나 놓고 노천 카페를 운영하는 곳도 부지기수이며, 상점보다 간판이 커 보이는 곳도 여럿 있다. 은근히 사람을 끄는 매력이 있다.

화랑과 작업실을 구분 지어 숫자를 헤는 건 아무래도 '타이캉루 문화거리'에서는 어리석은 일일지도 모른다. 이곳에 있는 노천 카페나 상점이 화랑과 잘 어울어지면서 하나의 거대한 갤러리를 연출하는 느낌 때문이다. 그렇다. 거미줄 모양의 '골목 갤러리' 하나가 덩그렇게 있는 곳이다. 늘어나는 수요에 따라 이곳 골목길은 동굴처럼 계속 깊어지고 있다. 이제는 재래시장 전체가 인테리어된 카페나 상점으로 변했다. 초창기엔 신고도 않고 하는 자영업이 대다수였지만 상하이시가 묵인해 준 현실은 아이러니를 느끼게 한다. 오히려 상하이시는 인테리어 비용을 빌려주며 상점을 열 것을 권장하기까지 했다는 후문이다. 슬럼화됐던 거리가 이처럼 자발적인 발전을 이루고 있는데 굳이 반대할 이유가 없다는 것일 게다. '뭐든 돈으로 만들자'는 상해방(上海幇)다운 정책이다. 1998년 상하이시가 진흙 골목길을 포장해 줄 때만 해도 타이캉루가 유명 예술촌이 될 것이라고 생각하지 않았을 것이다. 그러나 이후 예술가들이 하나둘 몰려들자 상하이시가 이곳 골목길을 문화산업 콘텐츠로 인식하고 '상하이창의산업단지' 중 하나로 지정한 안목이 그저 놀라울 따름이다. 불과 4~5년 만에 도시의 명소에서 지금은 세계인이 찾는 명물이 되었다. 물론 오늘의 타이캉루를 있게 한 데는 특화 산업으로 밀어준 정부와 인근 소홍로 예술 관련 단체의 관심도 빼놓지는 못할 것이다. 적어도 기반 시설만큼은 상하이시가 추진하고 나머지는 지역 주민들에게 자발적으로 맡긴 점 또한 돋보인다.

하지만 골목이 명물로 태어나고 인근 재래시장이 살아난 데는 하나둘 모여든 예술가들과 이곳 주민들의 역할이 전부라 해도 과언이 아니다. 실낱같은 가능성을 읽어낸 예술가들의 예리한 판단력과 이곳에서 살아남기 위해 몸부림친 민초들의 바람이 같았기 때문이다. 관광객을 끌어들이기 위해 조성됐든 이유야 어쨌거나 오래된 골목길이 살아나는 과정이 의미심장하게 느껴지는 대목이다. 상하이를 알리는 데 이만한 소재가 어디 있을까 싶기도 하다.

방직공장 건물에 들어선
상하이 M5예술촌

'상전벽해'. 상하이의 변화된 모습을 두고 하는 말이지만 높은 현대식 빌딩 숲에 둘러싸인 상하이 모간산루에 있는 'M5예술촌'은 예외다. 1930년대 방직공장 건물이 아직도 고스란히 남아 있는 M5예술촌. 주변의 현대식 건물이 눈에 익은 상황에서 이곳 건물을 접하게 되면 '도심의 섬'으로 보일 만큼 주변과는 너무나 다르다. 근대와 현대가 아슬아슬하게 만나는 현장이라 해야겠다. 1999년 공장이 문을 닫게 되면서 모간산 거리를 가득 메운 2천여 명의 직원들도 떠나갔지만, 옛 영화라도 찾은 듯 또다시 북적이는 거리로 탈바꿈하고 있다.

현재 이곳은 영국, 프랑스, 이탈리아 등 17개 국가와, 130여 명의 중국 예술인이 입주해 회화, 공예 등 순수 미술에서부터 디자인, 영화 제작까지 다양한 예술 활동을 펼치고 있는 문화복합공간으로 바뀌었다. 뿐만 아니라 중국 내에서는 최고의 화랑으로 꼽히는 스위스 화가 로렌츠(Lorenz) 갤러리와 이탈리아 다비데 쿼드리오(Davide Quadrio)의 화랑도 이곳에 들어와 있어 한층 유명세를 타고 있는 중이다. 1998년 대만 출신 설계사 덩쿤옌이 손을 대면서부터 예술 공간으로 거듭나게 된 M5예술촌. 상하이시 경제위원회에 의해 공단의 명칭이 여러 차례 바뀌었고, 지난 2005년에 상하이창의산업단지 중 하나로 지정되면서 마침내 모간산루 50번지에서 유래한 'M5'(创意园)란 이름을 얻게 되었다.

M5예술촌의 형성 과정은 특이하다. 공장 폐쇄 직후 역사적인 공장 건축물을 보존하는 동시에 도심 환경도 보존해야 한다는 논란에 휩싸이면서 새로운 대안 모색이 필요했다고 한다. 상하이시는 이주와 동시에 진입한 100여 개의 민간기업들과 더불어 이 문제

해결을 위해 수십 차례 머리를 맞댄다. 우여곡절 끝에 상하이시는 M5예술촌을 '창작발전 1번 기지'로 내세우며 예술 중심 지구로 결정했고, 조례 개정을 통해 화랑과 창작 공간이 들어올 수 있도록 하면서 오늘에 이르게 된다. 도심 내 공단이라는 한계로 인해 밀려났던 이곳이 명소로 되돌아오는 데에는 불과 10년이 채 걸리지도 않았다. 현재 남아 있는 50동의 공장 건물에는 다양한 문화 산업 관련 장르가 운용되고 있다. 전체 180여 개 공간 가운데 140여 곳이 화랑 또는 다양한 예술 장르의 작업실로 이용되고 있으며, 나머지는 이곳의 정체성을 반영한 의상과 공예숍을 비롯해 건축사무소, 스튜디오, 서점, 음악스튜디오, 상하이미술학원 전시 공간 등이 입주해 있다.

M5예술촌은 형성 과정만큼이나 운영 체계도 특이하다. 과거 방직회사의 사무국이 임대와 관리를 책임지고 있다. 국가와 민간이 동시에 들어와 관리하는 베이징의 다산즈나 지우창 예술촌과는 달리 기존 방직회사가 예술촌을 임대하고 예술가도 키워 내며 사업을 이끌어간다. 방직공장이 사업 종목을 바꾼 셈이다. 이곳 예술가들의 자체 모임인 협회에서 '촌장'을 뽑기도 하지만 운영 주체가 아니기 때문에 형식적이라고 한다. 사무국 책임자(공장장)가 직접 협회장(촌장)을 맡기도 한다. 때문에 M5예술촌의 운영 원칙도 방직공장 사무국의 의중이 전부 다 반영된다. 시 정부의 간여가 배제되기 때문이다. 적어도 '내 사람 심기'와 '옥상옥' 등 관 주도의 운영이 빚어내는 잡음은 염려하지 않아도 된다는 것이다. 이곳 공장장이면서

예술협회장을 맡고 있는 진웨이둥 씨는 "과거 공장에서 동고동락한 사람은 물론 초기 작가들이 그대로 모여 있다"고 귀띔했다. 원래의 공장 건물을 그대로 보존하면서 예술촌으로 바꾼 데 대한 자부심과 애착 때문이다. 초기 작가들이 떠나고 있는 다산즈와 비교되는 대목이다. 다산즈 예술촌의 운영 방식과 판이한 이곳의 미래상이 자못 궁금해진다.

버려진 군수공장과
다산즈 예술구

명실 공히 베이징을 대표하는 예술촌으로 떠오른 '다산즈'(大山子). 다산즈는 한동안 버려진 군수공장이었다. 이곳은 군수품을 제조했던 공장답게 투박하다. 3만 평이나 되는 부지 규모에 놀라게 되고 엄청나게 큰 창작 공간과 갤러리에 또다시 감탄하게 된다. 찾는 사람들의 발길도 끊임이 없다. 웬만한 관광지를 연상케 한다. 이곳 작가들의 입을 빌리면 올림픽을 맞아 세계 곳곳에서 사람들이 몰려들면서 이미 관광지가 된 느낌이다.

근래에는 중국 정부가 대규모 예산을 지원하는 등 관광 산업화를 유도한 흔적도 엿보인다. 다산즈는 정부의 개입 없이 자연발생적으로 형성된 예술구라는 특징을 갖고 있다. 냉전체제가 종식된 후 공장을 소유한 칠성그룹이 2002년경부터 이 공간을 예술가들에게 저렴한 가격에 임대하자, 가난한 예술가들의 입주 신청이 몰려들며 자연스럽게 예술촌을 형성하게 된다. 현재 '다산즈 예술구'에는 180여 곳의 창작실, 100여 곳의 화랑, 50여 곳의 패션숍 외에도 스튜디오, 레스토랑, 카페, 출판사, 디자인 회사, 광고 회사 등 300여 공간이 어우러져 있는 중국 최대의 종합예술센터다.

'다산즈 798 예술구'에서 가장 큰 규모이자 핵심이라고 할 수 있는 798 스페이스. 이 건물은 당시 독일에서 유행하던 비우하우스 건축 양식을 보여주는, 아시아에서는 보기 드문 건물이다. 동독의 건축 가들이 설계하고 지었다. 냉전 체제의 유물로서 건축적 가치 또한 매우 높게 평가되고 있다. 공간 곳곳에는 군수공장의 잔재가 그대로 남아 있으며, 천정과 벽에는 "마오 주석의 정신을 이어받자", "생산에 전력하자"는 붉은 글씨의 선전 문구가 선명하다. 수십 동의 낡은 적벽돌 건물 사이를 가로지르는 고압 난방 파이프가 증기를 내뿜고 있으며, 당시 사용하던 기계 설비, 전기 배선들이 미술 작품이나 소품으로 활용되고 있다.

10여 미터 높이의 천장과 2~3미터 규모의 대형 창문이 있는 공장들. 다산즈 곳곳에 즐비한 이런 건물들은 자유로운 창작 공간을 꾸미려는 예술가들에게는 더없이 좋은 장소로 활용 중이다. 짧은 시간에 세계적 명성을 얻은 다산즈의 성공은 이처럼 작가들에게 제공된 특별한 공간과 장소성이 주는 프리미엄이라 해도 틀린 말은 아닐 것이다. 여기에다 외국계 화랑의 발 빠른 진출도 다산즈의 명성을 더욱 높여주고 있다. 현재 이곳에 입주한 화랑의 절반 이상이 외국계 화랑이다.

외국 유명 갤러리들은 다산즈에 분점을 설치, 자국의 작가를 발굴해 소개함으로써 세계적인 작가로 키워 나가는 교두보 역할을 한다. 다산즈에서 진행되는 페스티벌도 빼놓을 수 없다. 세계적 예술제로 자리 잡은 이 페스티벌이 오늘날의 다산즈를 있게 한 원동력이라는 데 아무도 문제를 제기하지 않는다. 정부의 아파트, 쇼핑몰 건축 계획에 따라 하마터면 철거될 위기에 처한 이 공간을 살리는 중요한 콘텐츠가 됐기 때문이다.

예술제를 통해 펼친 철거 반대 운동이 차츰 설득력을 얻으면서 문화관광 인프라의 가능성을 주목케 하는 동시에 '문화산업특구'로 지정하게 하는 데 결정적인 영향을 미치게 했다는 것이다. 중국 정부도 이들의 저력에 주목, 문화의 산업화를 천명하면서 최근에는 5억 위안(약 600억 원)의 예산을 별도로 배정하기까지 했다. 하지만 이런 호기와 자부심에도 다산즈의 고민은 심각하다. 다산즈가 붐업되면서부터 오히려 작가들이 이곳을 떠나가는 현실에 직면한 것. 다산즈 황루이 예술촌장은 "자본의 흐름을 국가가 통제하는 것도 문제이지만 상업자본[29]이 다산즈 예술구에 넘쳐나는 것도 못마땅하다"고 꼬집었다.

---

[29] 퇴락한 군수공장에 불과했던 다산즈에 세계인을 불러들인 그들의 상술도 대단하지만, 절정의 인기를 구가하고 있는 현실에서 또 다른 미래를 고민하는 예술가의 진지한 고백이 저력으로 다가온다. 열악해진 창작 환경, 임대료 인상이라는 이중고에 시달려 떠나가는 예술가가 늘고 있다지만, 쇼핑몰, 음식점, 카페에는 관광객이 북적이며 역동적인 분위기를 보여주는 이곳의 미래상이 자못 궁금해진다.

중국 정부와 칠성그룹의 자본이 다산즈에 들어온 후 결과적으로는 상업 공간이 늘면서 예술촌이 관광지처럼 변해 가는 것이 문제라는 것이다. 순수 예술가의 솔직한 고민과 철학이 고스란히 엿보인다. 올림픽 이후를 더욱 주목한다는 그는 나날이 오르는 물가에다 비싼 임대료가 작가들의 이탈을 더욱 부추길 가능성이 있다고 진단한다. 그는 "싼 임대료 탓에 작가들이 몰려들기 시작한 게 큰 바탕이 됐으나 관광지처럼 변해 가는 이곳에서 창작 활동을 제대로 할 수 있겠느냐"고 반문한다.

고량주 냄새가 사라진 자리, 지우창 예술촌

지우창(酒厂). 이름 그대로 술 제조 공장이지만 술 냄새가 사라진 지 이미 오래다. 불과 5~6년 전만 해도 독한 고량주의 냄새가 진동하던 이곳이 예술촌으로 탈바꿈하면서 명소로 거듭났다. 1970년대 베이징의 명물로 우리에게 널리 알려진 56도의 고량주 '얼궈더우주'(二鍋斗酒) 생산지가 바로 이곳이다.

지우창은 베이징의 동북지역 문화산업기지로 떠오른 예술동구와 다산즈에 이어 새로운 예술촌으로 개발되면서 세계적인 전시 판매장으로 주목받고 있다. 베이징 예술인들은 지우창을 이제 '제2의 다산즈'로 부르기를 주저하지 않는다. 술을 제조하던 공장이 예술촌으로 변하면서 주변 집창촌도 수명을 다하는 듯 포크레인 소리가 요란하다. 지우창 진입로 주변에 즐비하게 늘어서 있는 집창촌의 흔적들이 얼마 후면 뭘로 바뀌어 있을지 궁금하다.

2개월 후 올림픽을 맞을 베이징시가 차제에 마음먹고(?) 일을 저지르는 것 같아 보였다. (저자가 다녀온 기간은 올림픽이 열리기 전이었다.) 입구에 들어서자마자 서구식 카페처럼 세련된 '아라리오 베이징' 갤러리가 방문객들을 맞는다. 창고마다 입주해 있는 갤러리의 이름이 입구 벽면에 빼곡히 새겨져 있고, 구역별 갤러리 위치가 적힌 세련된 안내 표지판이 눈길을 사로잡기 시작한다. 작은 부분에도 신경을 쓴 흔적이 엿보인다.

지우창 예술촌의 구조는 매우 독특하다. 100미터 정도의 메인 스트리트 중심으로 양쪽에 다양한 크기의 갤러리가 배치되어 있는 구조이다. 메인 스트리트 양쪽으로 각각 한 개 블록씩 창고들이 촘촘이 들어서 있는 형태로 매우 깔끔하게 보인다. 메인 스트리트에 들어서는 순간 처음 마주하게 되는 빨간 글씨의 '아라리오 베이징'[30] 갤러리. 마치 이곳의 수문장처럼 압도적인 크기로 다가온다. 메인

---

30 아라리오갤러리는 초기 이곳에 진출하면서 40대 중국 최고의 현대 미술가 7명(왕광이, 위에민준, 장 샤오강, 지엔화, 수지앤구어, 팡리준, 쩡하오)과 전속계약을 맺었다. '아라리오 베이징'의 이와 같은 배경이 중국 신흥 미술시장을 주도하게 되었고, 나아가 세계 미술계의 흐름을 바꾸는 계기가 되었다고 한다. '아라리오 베이징'을 통해야만 세계 최고 수준의 미술품을 구매하고 전시회도 열 수 있다는 것. 지우창은 세계 유명 예술 작품의 정거장 같은 역할을 하고 있으며, 세계적으로 주목받길 원한다면 지우창에서 일을 벌여야 한다는 게 정설처럼 회자되었다. '아라리오 베이징'은 우리나라 갤러리가 안고 있는 속성과 한계를 잘 극복한 좋은 사례이다. 서울 중심의 사고에서 탈피했으며, 세계와 직접 교류해 브랜드 가치를 높인 점은 시사하는 바가 크다. 아아리오 갤러리는 2014년 북경에서 상하이로 옮겨 운영하고 있다.

스트리트 맨 끝 공간에 있는 붉은색 비너스 조각상과 함께 위치한 '표' 갤러리와 매칭이 된다.

2005년 첫 진출한 아라리오갤러리는 '표' 화랑, '문' 갤러리와 함께 지우창을 대표하는 한국 갤러리 3인방 중 하나이다. 술 제조 공장 다섯 동을 사용하고 있는 '아라리오 베이징'의 수장 미술품 규모는 민간 갤러리로는 세계 최대 규모를 자랑한다. 현재 아라리오갤러리는 이곳 전체 부지의 20퍼센트의 공간을 차지할 정도로 지우창 예술구의 핵심적인 갤러리로 성장하고 있는 중이다.

그리 크지 않은 규모이지만 홍콩, 프랑스, 일본 등 지우창의 일반 갤러리들도 중국의 현대 미술을 쇼핑하러 오는 사람들을 위해 백화점 상품처럼 잘 정돈된 모습을 연출하고 있다. 예술인들이 자발적으로 모여들면서 만들어진 다산즈와 달리 계획돼 만들어진 느낌을 준다. 그만큼 정적인 분위기이며, 뭔가 만들어지고 있다는 역동적인 느낌은 덜하다. 예술 활동을 하는 공간이라기보다 전시·판매가 이뤄지는 공간으로 자리잡아 가는 듯했다.

아라리오갤러리 K 디렉트는 "세계 곳곳의 미술 작품 구매자들이 몰려오고 있다"며 "아무래도 베이징이라는 국제 도시가 배경이 되는 것 같다"고 진단했다. 사실 아라리오를 비롯, 대다수 갤러리는 이곳에서 직접 구매자를 맞아 전시 판매를 하지만 옥션 등 온라인을 활용해 전 세계를 대상으로 대규모 거래를 한다. 평일이라 찾는 사람이 없는데도 아라리오 직원들은 분주해 보였다. 갤러리의 활동 무대가 이미 국내를 넘어선 상황이기 때문이다.

사회적 자본 형성과
협력적 행동의 과제

지금까지 이 책에서 논의하고 측정한 경험을 종합하면, 도심재생에서 활용되는 역사·문화 콘텐츠가 사회적 자본 형성에 긍정적 영향을 미치며, 구성원들 간의 신뢰를 높여 집합적 행위에 기여하고, 네트워크를 강화하여 기회주의적 속성을 억제, 공동의 이익과 목적을 위해 결속함으로써 공동체 복원의 토대가 된다는 것을 알 수 있다. 심층 면접과 통계 분석을 병행함으로써 역사·문화 콘텐츠 활용과정의 경험과 구성원들 간 상호작용에 대한 이해를 통해 사회적 자본의 유형과 특성, 그리고 실제로 작동하는 사회적 자본의 형태를 포착할 수 있었다. 이를 통해 역사·문화 콘텐츠의 속성에 따라 차별적 정책 접근의 필요성을 파악할 수 있었으며, 그동안 도심재생 패러다임 변화에 순응하면서 경쟁적으로 도입된 역사·문화 콘텐츠의 활용 방안에 대한 새로운 시사점을 주었다. 여기서는, 이 책에서 논의된 측정 경험을 통해 의미 있게 도출된 역사·문화 콘텐츠의 속성과 사회적 자본과의 관계, 역사·문화 콘텐츠 활용 과정에서 나타나는 사회적 자본의 유형과 특성, 실제 작동하는 협력적 행동의 모습을 조명하면서, 도심재생의 딜레마 해소를 위한 역사·문화 콘텐츠의 활용 방안에 대해 살펴보기로 한다.

지금까지의 논의한 측정 경험 결과를 바탕으로 사회적 자본 형성과 협력적 행동의 토대에 필요한 과제를 네 가지로 정리해 볼 수 있다. 첫째, 도심재생 인식 변화와 역사·문화 콘텐츠 활용의 과제이다. 둘째, 도심재생 정책 집행 과정상 이해관계자의 참여 과제, 셋째, 자율적·상향적 도심재생 전략과 기능적 공동체 형성 및 관련 당사자들의 상호작용을 위한 과제, 마지막으로 역사·문화 콘텐츠의 활용과 집합적 행위 촉진의 과제로 요약하였으며, 주로 정책적 처방의 유효성 평가에 초점을 두었다.

역사 · 문화 콘텐츠 활용의 과제

무형의 자산으로 인식되던 역사·문화 콘텐츠의 잠재력이 다양하게 논의되면서 활용 가치가 점점 확장되고 있다. 도시재생 정책을 보완하는 요소는 물론 삶의 질을 재는 바로미터의 관점에서 언급되고 있다. 동일 맥락에서, 역사·문화 콘텐츠의 이러한 기제는 성숙 사회와 사회 경제 발전의 요인으로 주목받는 사회적 자본 형성에 영향을 미치는 주요 요인이 될 수 있을 것이다. 특히, 최근 들어 역사·문화 콘텐츠는 흩어진 기억과 흔적의 소생을 통해 무너진 공동체를 다시 묶어내는 보완재로서의 가치가 인식되고 있으며, 사회적 자본 구축 과정에 중요한 요소가 될 것으로 판단된다(이권희·박종화, 2014: 811).

사회적 자본 형성에 있어 역사·문화 콘텐츠 활용이 미치는 영향을 분석한 결과를 토대로 정책적 고려 사항을 언급하면 다음과 같다.

첫째, 역사·문화 콘텐츠 활용에 따른 주민 인식 변화는 비시장적 상호작용 측면과 시장적 상호작용 측면이 함께 발현되는 것으로 보인다. 공동체 학습 및 협력, 지역사회 관심 및 자긍심, 그리고 역사·교육 가치 인식 측면 등은 비시장적 상호작용 측면이 강하다. 반면에 경제 활성화와 지역사회 안전 및 교류는 상대적으로 시장적 상호작용 측면이 강하나. 따라서 역사·문화 콘텐츠 활용의 의의를 순전히 콘텐츠의 보존·보전이나 소비·향유 차원의 비시장적 효과만을 갖는 것으로 보는 것은 관련 정책 효과의 범위를 지나치게 축소하고 한정하는 것이다. 동일한 맥락에서, 역사·문화 콘텐츠 활용의 의의를 소득 증대나 물리적 개발 기회의 측면에서만 바라보는 것역시 제한적인 정책적 시각이다. 이는 역사·문화 콘텐츠 개발에 있어서 하향적 개발 흐름이 지속적으로 적용되고 하드웨어 위주의 물리적 수요 충족으로 치우치고 있다는 주민들의 인식이 강하다는 점에서, 관성화된 관 주도의 개발 정책, 또는 개발이익을 위한 민간 자본의 유입에 따라 주민들이 참여하고 소통하는 자율성이 배제될 경우 공동체 해체의 원인으로 작용하여 예측하지 못하는 딜레마가 나타날 수 있기 때문이다.

둘째, 역사·문화 콘텐츠 활용에 따른 주민 인식 변화는 지역사회가 새로운 무형적 자본 형태로 주목하고 있는 사회적 자본 형성에 긍정적인 영향을 미친다. 이 결과는 역사·문화 콘텐츠 활용의 의의를 확장하는 중요한 근거가 될 수 있다. 왜냐하면 침체하고 있는 도심부 재개발 과정에서 흔히 기존 주민의 소외 현상과 공동체 해체현상 등의 문제점이 지적되고 있는데, 기존의 역사·문화 콘텐츠를 잘 활용하면 관련 문제점 해결에 대한 새로운 돌파구를 모색할 수 있기 때문이다. 더욱이, 도시재정의 제약이나 위기 등이 거의 보편적인 문제점으로 부각되고 있는 시기에 훨씬 적은 재원으로 관련 문제점에 대처할 수 있는 가능성을 제시하고 있다(Landry, 2000). 결과적으로, 역사·문화 콘텐츠 활용의 의의를 보다 확장된 정책적 시각에서 조명해 볼 필요가 있음을 시사한다.

셋째, 형성되는 사회적 자본의 종류나 관련 주민 인식적 영향 변수들의 내용을 감안한 차별화된 정책적 접근 방식이 필요할 것으로 판단된다. 왜냐하면, 퍼트넘(2000: 22~24)이 제시한 인연형 사회적 자본과 교량형 사회적 자본의 경우 그 속성이나 내용이 다르고, 따라서 그 영향 변수들도 내용 측면에서 상이한 것으로 분석 결과 나타나고 있기 때문이다. 우선, 교량형 사회적 자본의 형성 요인의 경우에는 주민 인식 영향 변수들 중에서도 보다 보편적이고 비시장적인 가치의 상대적 중요성이 거의 대부분 더 높게 나타나고, 인연형 사회적 자본의 형성 요인의 경우에는 상당 부분 더 동질적인 집단 내의 교류와 시장적 가치 추구의 상대적인 중요성이 보다 높게 나타나고 있다. 따라서 정책적으로는 우선 교량형 사회적 자본의 형성 요인에 영향이 큰 공적 참여 기회의 확대, 지역사회 관심 및 만족도 증진 노력, 교육·문화·예술 가치 인식의 확장 노력 등이 필요하다. 그 외, 인연형 사회적 자본의 형성 요인의 경우에는 세부적인 추구 목적에 따라 차별화된 정책이 요구됨을 알 수 있다. 예컨대, 사적 신뢰 변수의 경우, 공동체 학습 및 협력 변수와 지역사회 관심 및 자긍심 변수가 더 중요하고 지역사회 안전 및 교류 변수와 경제 활성화 변수가 덜 중요하다. 이는 앞서 참여 활동 변수에서 이권희·박종화(2015)의 선행 연구에서 추론한 경제 활성화 변수의 상대적 중요성에 대한 분석 결과가 일치하지 않는다. 역사·교육 가치 인식 변수는 공적 신뢰 측면에서는 중요하지만 사적 신뢰 측면에서는 중요성이 떨어지며, 공동체 학습 및 협력 변수는 반대의 결과가 나타나는데 그 내용적 특성에 따른 차이로 보인다(이권희·박종화, 2015: 72~73 재인용).

종합하면, 우선 역사·문화 콘텐츠 활용의 의의를 시장적 측면이나 비시장적 측면 어느 한쪽으로 제한하지 말고, 보다 포괄적인 정책적 시각을 견지할 필요성이 있다는 것, 역사·문화 콘텐츠의 보전·이용 노력이 병행 추진될 필요성이 있다는 것, 그리고 정책적 대처 방식에서 사회적 자본의 종류나 관련 주민 인식적 영향 변수들의 내용 차이를 감안한 차별화된 접근 방식의 필요성 등이 제시되었다. 역사·문화 콘텐츠 관련 하드웨어 인프라의 활용에 있어서는 배제성 때문에 공유자원 측면에서 무임승차 유혹은 막지만, 이러한 요인이 소프트웨어적 활용과는 달리 집단 협력의 동기로 이어지지 않는 특징을 나타낸다고 볼 수 있다. 이는 하드웨어 인프라 공간이 정체성과 장소성이 없이 만들어질 경우 더 뚜렷하게 나타난다고 할 수 있으며, 이는 사람들의 삶의 축적 공간이 반영되지 않은 건축물, 가로, 시설물이 주는 이질감과 동질감 훼손으로 이어지기 때문이다.

도심재생 정책은 주도 집단과 이해 당사자 간의 주도성과 참여 여부에 따라 지속가능성이 결정된다고 할 수 있다. 즉 도시의 지속가능성을 가늠할 수 있는 잣대는 크게 두 가지로, 주민 참여형 거버넌스 구축을 통해 주민 커뮤니티 해체를 막아야 하며, 다양한 이해관계자를 고려한 균형 잡힌 정책의 도입이 강조되고 있다(HERI Review, 2016: 2). 지금까지는 물리적 도심재생에서 경제적 도심재생으로 진행되었다면, 이제는 사회적 도심재생, 즉 경제적으로 지속가능한 도심재생에서 사회적으로 지속가능한 도심재생으로 트렌드가 바뀌면서, 물리적 변형을 통한 가시적 재생에서 비가시적 재생이 점점 중요해지고 있다. 따라서 지속가능한 도심의 토대로서 자발적 네트워크 또는 제도 정착을 통한 사회적 자본 형성이 주목되고 있는 것이다.

심층 면접을 통해 나타난 역사·문화 콘텐츠 활용 단계별 특성을 종합해 보면 다음과 같다.

우선 개발·발굴 단계에서는 그동안 자치단체 또는 민간 기업과 주민들 간 관행화된 수직적인 관계에서 비롯된 신뢰 부재 현상이 여전한 것으로 판단된다. 이는 소비 주체인 지역 주민들의 참여가 배제되거나 개발과 발굴 과정이 개발 주체와 소비 주체로 이분화되어 진행된 결과이다. 그러나 응답 결과에서 나타나듯, 근래 들어 역사·문화 콘텐츠 활용의 경향이 크게 바뀌고 있으며, 대상 자체도 다양한 분야로 확산되고 있어, 기존의 방법과는 다른 정책적 접근이 필요하다는 점이 파악된다. 특히 도심 특성상 고령화되거나 거주민 수가 현저히 줄어들면서 생긴 낡은 고가 또는 빈집은 활용 방안 모색에 있어서 다양한 이해 당사자들 간의 공감을 통해서만 해결할 수 있다는 점에서 개발·발굴 방향에 대한 인식 전환이 필요하다.

보존·보전 측면 역시 개발·발굴 과정에서 나타난 주민 참여 배제 등의 문제점이 부각된다. 전통 시장 상인들의 응답에서 나타나듯 기존의 지역공동체가 개발이익에 밀려나 당초 시장의 정체성을 잃어 가고 있음을 짐작할 수 있다. 전통 시장의 경우 반복 강조되어 온 보존·보전 필요성에 비해 주민들의 피부에 와닿는 정책적 뒷받침은 미약한 실정임을 알 수 있다.

이용·응용 단계에서는 개발·발굴 및 보존·보전 단계와는 달리 골목과 연계된 역사·문화 콘텐츠의 활용 과정에서 구성원들 간의 상호작용이 강화되는 특징이 나타난다. 거주민들에 따르면 이미 많은 사람들이 마을을 떠나 예전과 같은 공동체를 바랄 수는 없지만 원래의 도심 기능이 살아나길 간절히 원하고 있는 것으로 보인다. 심지어 원주민들이 돌아오지 않더라도 새로운 거주민이 생겨나 마을의 활력이 되살아나길 희망하는 것으로도 짐작할 수 있다. 지역 거주민들의 의견처럼 골목에 남아 있는 흔적과 이야기 등 개인적 가치에 대한 관점에서 경제 이익 및 규범과 자율적 통제 차원으로 관심도가 옮겨지고 있음이 파악된다.

소비·향유 단계의 가장 큰 특징은 구성원들 간의 상호관계가 극대화된다는 점이다. 공통의 관심과 흥미를 가진 구성원들 간 반복적 만남으로 네트워크가 강화되고 이에 기반한 기능적 공동체가 동시다발적으로 여럿이 형성됨을 알 수 있다. 특히 향유 단계의 소비자들은 곧바로 역사·문화 콘텐츠를 개발·발굴 또는 보존·보전하는 생산 주체로 활동하면서 각 단계별 행위 주체들 간의 소통을 매개하는 역할도 하는 것으로 보인다. 그런데 실제 거주민들의 지적처럼 도심 내 아파트 주민의 경우 밀려드는 사람들의 소음을 귀찮아하며, 상인들 역시 장사에 별로 도움이 되지 않는다는 입장이다. 개발과 보전 과정에서 나타난 젠트리피케이션과 투어리스티피케이션에 대한 고려가 소비·향유 단계에서도 예외가 아닐 것으로 짐작된다.

즉 역사·문화 콘텐츠 활용 등 새롭게 조명되고 있는 도심재생 방법이 적용되고 있으나 도심 공동화의 문제가 숙지지 않는 근본적인 이유 중 하나가 도심이 경제적으로 상대적 중요성이 나아지지 않기 때문이라는 것 외에도, 도심 거주민의 이탈과 정체성 상실로 인해 거시적·미시적·사회적 자본 형성 능력이 점점 상실되어 가는 데 기인하는 것으로 보인다. 연구 결과에 비춰 볼 때 이는 역사·문화 콘텐츠를 무분별하게 남용하고, 역사·문화 콘텐츠의 속성 즉 자긍심과 같은 감성적 재화를 재대로 활용하지 못한 채 하드웨어 위주로 개발해 활용하기 때문이기도 함을 의미한다. 예컨대 약령시, 방천시장 김광석길, 북성로 등지는 젠트리피케이션 지역으로 분류되고 있는 데다 개발 방식을 둘러싸고 민관 갈등이 나타나고 있다. 도심재생 사업의 명분으로 시작된 북성로 '순종황제 어가길' 복원 사업의 경우, 자치단체가 역사·문화 콘텐츠를 자의적으로 해석해 다크투어리즘적 요소의 왜곡을 둘러싸고 관과 시민단체 간 갈등이 계속되고 있다. 또 방천시장 재생사업의 일환으로 시작된 '김광석길' 벽화 보존 사업의 경우도 자치단체가 새로운 하드웨어 조성 계획을 추진하면서 당초 벽화 그리기 사업에 참여한 예술가들이 배제되어 갈등이 표출되었다. 결과적으로 거주민들의 이탈 또는 지역공동체 해체를 부추기는 정책이 되고 있다는 우려가 설득력을 얻고 있다. 이러한 결과는 역사·문화 콘텐츠에 내재된 사회적 자본의 속성이 활용 방식에 따라 다르게 작용한다는 것을 의미하며, 동시에 무분별한 활용을 억제할 필요가 있음을 짐작하게 한다. 따라서 기존의 정책 처방과는 다른 시각으로의 정책 접근 모색이 필요함을 시사한다.

아울러 역사·문화 콘텐츠 활용 가치 측면에 대한 인식을 보면, 하드웨어적 요소는 이용·응용 및 소비·향유 단계에서, 소프트웨어적 요소는 개발·발굴과 보존·보전 단계에서 높게 나타난다. 특히 이용·응용 및 소비·향유 단계의 자발적 참여가 네트워크를 강화하는 요인이 되어 기능적 공동체 형성 측면이 강화되는 것으로 보인다. 주민 참여 배제 요인이 나타난 개발·발굴과 보존·보전 단계에서 공동체 작동 요인의 결정적 변수는 정책 결정에서의 신뢰 형성에 달려 있음을 알 수 있다. 이 같은 차이는 개발·보전·응용·소비 과정에서 경제적 이득 또는 집단 이익 발생 여부에 대한 관심이 높기 때문으로 해석된다. 역사·문화 콘텐츠를 활용하는 지역 주민들의 경우 행위, 수요·관리 등 모든 측면에서 지속가능한 지역사회 공동체 형성 요인인 참여와 협력 등의 인식과 태도 변화가 포착된다. 또한 역사·문화 콘텐츠 활용이 도심재생 과정에서 주민 인식 변화를 견인한다는 측면 외 신뢰, 규범, 공감, 협력 등을 견인하는 속성이 있다는 점을 알 수 있다.

결과적으로 심층 면접 조사에서 나타난 인식 특성은 활용단계에 따라 다양한 행태와 요구가 나타나지만, 그나마 도심재생에 대한 인식 변화와 함께 참여, 소통, 협력, 주민 간 상호 교류 등에 대한 공감 측면이 강하게 나타나고 있다. 그러나 주민 의견 수렴이나 참여가 형식에 치우치는 경우가 있다는 점이 부각된다. 도심 특성상 고령화되거나 거주민 수가 현저히 줄어들고 있기 때문이다. 이는 공동체 내의 갈등과 불신의 요소로 작용, 개발 위주 사업처럼 거주민이 거주 지역을 떠나가게 하는 원인으로 작용하고 있다. 따라서 도시 공간 조성과 관리의 주도성 측면에서 이해관계자의 실질적 참여 방안에 대한 제도적 뒷받침이 중요하다. 개발이익의 외부 유출 측면, 특정 지역 지구 중심적 개발, 수익성에 치중한 사업으로 인한 불균형적 측면을 우선적으로 고려, 새로운 인구의 진입 장벽을 해소해야 할 것으로 보인다. 인구 감소와 고령화는 지속가능성을 가늠할 수 있는 잣대이기 때문이다.

기능적 공동체 형성의 과제

역사·문화 콘텐츠는 흩어진 기억과 흔적의 소생을 통해 무너진 공동체를 다시 묶어내는 보완재로서의 가치가 인지된다. 영국의 도시학자 찰스 랜드리(2000)는 그의 저서 『창조도시』에서 도시에 거주하는 대다수의 사람들은 한적한 시골에서 거주할 때 느끼는 가치들, 예컨대 정체성, 소속감, 안전, 예측 가능성이 도시에서도 그대로 재창조되길 원하고, 또 다른 한편에서는 시골에서는 도저히 찾을 수 없는 도시만의 독특한 웅성거림, 상호작용, 예상치 못한 즐거움이 가득해야 사람들에게 정신적인 충족감을 줄 수 있다고 주장한다. 최근 도시문제 해소의 궁극적 지향점으로 지속가능한 공동체 회복이 강조되고 있는 흐름에 시사점을 준다.

역사·문화 콘텐츠의 활용을 통한 기능적 공동체 형성에 대한 측정 경험을 통해 현대사회에서 공동체 형성이 가능한가라는 근본적인 문제에 대한 의문과, 가능하다면 어떤 방안이 있는가라는 물음에 대한 답을 모색하는 의미 있는 길이 될 수 있을 것으로 보인다. 즉, 역사·문화 콘텐츠의 활용이 도심재생의 복합적인 문제를 원천적으로 해결할 수 있는 포괄적인 방안은 아니지만, 도심재생 패러다임의 변화 과정에서 역사·문화 콘텐츠 활용 논의는 공동체 해체 등 도심재생 딜레마 상황을 극복하는 데 있어 새롭게 부각되는 요소로 보이기 때문이다(이권희·박종화, 2014: 810~811).

설문 조사를 통한 통계 분석 결과, 역사·문화 콘텐츠와 연계한 시민 가치 인식은, MIT 기반형 및 UE 기반형의 기능적 공동체 형성에 거의 대부분 긍정적 영향을 미치는 것으로 보인다. 만남, 상호작용, 대화 등은 기능적 공동체의 형성 요인들로 파악되고, 상대편에 대한 이해와 공감 등은 기능적 공동체의 작동 요인들로 파악된다. 구성원들 간 자발적 만남, 정보 교환, 구성원끼리의 대화 등은 콜먼(1988)이 언급하는 완결형 네트워크의 기저 요인들로 파악된다. 이웃 간 소통이나 주민 간 공조 시스템 구축 등의 공동체 간 협력은 그 완결형 네트워크의 구체화 내지 실현 요인들로 포착할 수 있다. 따라서 도심재생 과정에서 역사·문화 콘텐츠 활용의 의미에 대한 정책적 인식뿐만 아니라 기능적 공동체의 형성·작동 과정에 있어서 핵심 요인들과 영향 변수들의 식별 및 포착에 대한 정책적 필요성이 제시되고 있다.

둘째, 역사·문화 콘텐츠 활용에 대한 가치 인식이 개인적 가치, 집단적 가치, 공공적 가치 등 내용 내지 수준 여하에 불문하고 기능적 공동체의 형성·작동에 거의 대부분 긍정적인 결과를 가져오고 있다. 하지만 MIT&UE의 최고 단계라고 할 수 있는 공감(E) 단계는 개인적 수준의 가치 인식과 부(負)의 관계를 보여준다. 뿐만 아니라, 역사·문화 콘텐츠 활용에 대한 시민들의 가치 인식의 내용별로 그 상대적 영향이 각각 큰 차이가 나타나고 있다. 즉 추구 목적별 차별화된 정책적 대처 노력의 중요성을 시사하고 있는 것이다.

셋째, 역사·문화 콘텐츠의 활용과 연계한 기능적 공동체 형성·작동 요인들은 개발·발굴, 보전 연구, 이용·응용 등 역사·문화 콘텐츠 활용 단계에 따라 그 상대적 중요성 인식에서 차이가 난다는 점이다. 이는 역사·문화 콘텐츠 활용을 통한 기능적 공동체 형성·작동 요인별 상대적 중요성이 활용 단계에 따라 다양하게 나타날 수 있는 것이다. 더욱이 단계별 수요 과정에서 형성된 지역공동체는 개인이나 집단들의 관심과 요구에 따라 여러 형식의 기능적 공동체로 전환·진화할 수 있을지 모른다. 질적 연구 결과에서 보듯 소비·향유 단계에서 역사·문화 콘텐츠의 소비자들이 동시에 생산자로 전환한다는 특징을 알 수 있다. 이러한 행위 특성은 기능적 공동체의 형성과 작동, 그리고 소비자에서 생산자로 전환하는 선순환적 관계가 잘 드러난다는 점에서 중요하다. 따라서 정책적 대처 과정에서 기능적 공동체의 형성·작동 요인별 평면적이고 정태적인 대응 노력보다 입체적이고 동태적인 대처 방안의 모색이 중요할 것으로 보인다.

넷째, 역사·문화 콘텐츠의 활용이 도심재생 과정에서 나타나는 딜레마를 모두 해결할 수 있는 것은 아니다. 하지만 중앙정부의 하향적 지역 개발 방식이 아닌, 지역에 대한 관심과 정체성을 공유하는 공동체가 중심이 되어 지역사회를 개발해야 한다는 요구가 높아지면서 나타난 역사·문화 콘텐츠 활용 관련 도심재생의 점증적 인식 변화는 교육·경제·문화·예술적 가치 창출에 기여할 뿐만 아니라, 구성원들의 상호작용을 통한 공동 규범이 생겨나는 등 부가적 기능의 발현으로 이어지면서 공동체 의식을 강화시키는 밑거름이 될 것으로 보인다.

이를 위해 지식 기반 사회로의 이행 과정에서 중요하게 부각되고 있는 도심 커뮤니티 문화와 가치 요소를 점증적으로 강화할 수 있도록 도심 커뮤니티 구성원들의 참여와 창의적 아이디어, 그리고 문화적 자긍심을 이끌어 낼 수 있는 상향적 도심재생 전략의 제고와 확대가 필요하다(이권희·박종화, 2014: 810~811). 하지만 오스트롬의 지적처럼 역사·문화 콘텐츠 활용에서도 이용자의 사회경제적 조건이나 배경에 따른 이해관계 이질성, 갈등의 유형 및 정도, 여타 시장 조건 등 외생적 상황 변수의 추가적인 고려가 필요할 것이다. 제도 변화의 과정은 상황적 변수가 행위자의 의사 결정과 선택에 다양한 방식으로 영향을 미치는 점진적이고 순차적인 자기 변형 과정을 거쳐 정착하게 될 것으로 판단되기 때문이다(오스트롬, 2010: 251~252).

결과적으로 도심 개발에 있어서 대형화, 획일화, 물질화에 대한 주민들의 피로감을 줄이기 위한 소프트웨어적 요소의 도입과, 자생적 모임과 집단의 지역발전을 위한 사회단체 또는 이익단체 활동을 위한 민관의 체계적 협조가 필요하다. 이는 역사·문화 콘텐츠 활용에 대한 가치 추구에 있어서 집단 간 차이가 뚜렷하게 나타난다는 점에서 역사·문화 콘텐츠의 활용 가치를 세분화하는 정책이 필요하며, 주민 참여 형태 또한 주민 인식 변화를 반영할 필요성이 있다는 것, 그리고 역사·문화 콘텐츠 활용 단계별 인식 차이를 감안한 차별화된 공동체 교육·운영 프로그램의 개발이 필요함을 알 수 있다.

다음으로 역사·문화 콘텐츠를 활용한 도심 활성화와 선순환적 도심재생 프로젝트가 장기적으로 자생력 있게 진전되기 위해서는,

정부의 역할이 하향적 계획의 집행자에서 상향적 계획의 전략적 후원자 역할로 이행되어야 한다. 정부는 관련 정책 프로세스를 유발하고 주도하며 이끌어 갈 수 있는 주민 및 지역사회 기획자를 양성하는 데 주력할 필요가 있다. 아울러 도심 커뮤니티 역량을 키워서 문제를 풀어가는 과정을 모니터링하고, 홍보하며, 마케팅해 주는 간접적인 지원 방식이 향후 정부의 핵심적인 역할로 강조될 것으로 판단된다(라도삼, 2014: 28). 역사·문화 콘텐츠의 개발·발굴·보존·보전·이용·응용·소비·향유 활동이 도심 커뮤니티 상황에 제대로 뿌리내리고 성장해 가기 위해서는, 우선 도심 커뮤니티의 실상을 정확히 파악할 수 있어야 하고, 그 변화 흐름을 주도적으로 지각하고 해결해 가기 위한 열정을 가지고 있어야 하기 때문이다. 문제해결의 전문성과 열의를 가지고 있는 개인 또는 집단을 식별하고 선별적으로 지원하기 위해서는 정부의 전략적 후원자 역할이 필수적이다. 흔히 복합적 가치가 잠재되어 있는 역사·문화 콘텐츠의 특성상 정부가 나서서 계획을 세우는 것이 아니라 사업 과정의 구성을 모니터링하고 관리·평가하는 역할이 초점이 되어야 한다.

협력적 행동 기초의 과제

역사·문화 콘텐츠가 인간의 생활에서 재화와 서비스를 위한 생산 활동에 직간접적으로 공동 활용되는 공공자원 측면에서 주목된다. 따라서 명시적으로 역사·문화 콘텐츠 관련 논의를 찾기는 어렵지만, 사실 공유재적 속성을 지니고 있는 것들에 대한 집합적 행동의 필요성은 이미 많은 연구에서 언급되고 논의된 것이다. 이 책이 제시하는 분석 결과는 오스트롬(2010: 77~78)과 액설로드(2006: 206~214) 등이 집합적 행동의 발현 과정에서 강조하는 자발적 참여, 공유규범, 사회적 공감 변인들을 포괄하고 있다는 측면에서 의미가 있다.

역사·문화 콘텐츠 활용이 집합적 행위에 미치는 영향을 측정 분석한 결과를 토대로 정책적 고려 사항을 언급하면 다음과 같다. 첫째, 도심재생 과정에서 지역 주민 이탈, 공동체 해체 등의 부작용을 극복 내지 완화하기 위해서는 현상 위주의 대중적 요법을 넘어서는 복합적이고 원인 치유적인 포괄적 정책 방안이 필요할 것으로 판단된다. 물리적 환경 정비, 도심 상권 활성화, 거주 인구 확보 등에 초점이 있었던 기존 도심재생 정책은 전형적인 현상 위주의 대중적 정책 처방에 해당한다. 기존 도심재생 정책의 한계를 극복하는 과정에서, 도심 역사·문화 콘텐츠 활용에서의 개인적 심리 측면, 사회적 공감 측면, 집합적 행동 측면의 상호 순환적 연계성은 정책 대안 모색의 새로운 관점을 제시할 수 있을 것으로 보인다. 따라서 정책적 처방은 집합적 행동의 선순환성의 활용과 그 지속성을 강화할 수 있는 방안 모색으로 집약될 수 있다. 측정 경험에서의 조작적 정의와 같이 집합적 행동을 신뢰에 토대한 협력적 행동이라고 규정한다면, 역사·문화 콘텐츠의 활용 과정에서 집합적 행동의 기능적 상보성 현상에 우선 주목할 필요가 있다. 그리고 그 관계의 지속가능성을 위해서는 그 세부적인 내용 내지 요인이라고 볼 수 있는 개인적 심리 측면과 사회적 공감 측면을 강화해 갈 필요가 있다.

둘째, 도심재생 정책은 최근 물리적·국지적 도시정비에서 사회·경제·문화 등 복합적 도심재생 형태로 변화하고 있는 상황을 고려할 때, 구성원들 간의 신뢰를 기반으로 하는 집합적 행동의 기능적 상보성 활용 측면이 중요하다고 판단된다. 근래 주택 공급 중심의 사업이 한계를 드러내면서 도심지 내 재생 사업의 철회가 잇따르고 있다. 이는 물리적 개선에 치우친 결과, 지가 상승으로 인한 지역 주민의 재정착 실패와 공동체 해체라는 예상치 못했던 부작용이 나타나기 때문이다. 이러한 환경 변화가 새로운 도심재생 방안을 요구하는데도 불구하고 복합적이고 원인 치유적 도심재생은 난맥상을 보이고 있다. 심층 면접 결과에서 나타나듯 개발 단계에서는 역사·문화 콘텐츠의 개인적 활용 가치를 높게 생각하는 것과는 달리, 보존·복원 단계에서는 지역 정체성과 결부된 집단적 가치의 중요성을 더 높게 생각하고 있다는 점에서 다양한 관점에서 주민 참여가 유도될 때 협력적 행위가 가능해질 것으로 보인다.

심층 면접과 설문 조사 분석 결과를 종합해 보면, 협력적 행동은 개인적 심리와 사회 공감적 측면과 순환 연계되어 기능적 상보성이 상당 부분 발현되고 있다. 뿐만 아니라 역사·문화 콘텐츠 활용에서 개인적 심리 변인은 천편일률적인 것이 아니고 인구통계학적 특성별로 상당 부분 차이가 있으며, 사회적 공감 측면을 상당 부분 보완 내지 강화하고 있는 것으로 나타났다. 이는 역사·문화 콘텐츠의 적절한 활용이 개인적 심리 측면에 상당한 영향을 미칠 수 있고, 나아가 자긍심 등의 개인적 심리 측면의 긍적적 영향은 사회적 공감 측면에까지 영향을 미칠 수 있음을 시사하는 것이다. 사회적 공감 변인의 내용인 개방성은 개인이 스스로 관심과 호기심을 가지고 행동하기 시작하면서 역사·문화 콘텐츠의 긍정적 경험을 통해 이웃과의 소통, 자원봉사, 각종 단체 참여 의지 등을 높여가게 됨을 의미한다. 자율적 통제는 소규모 집단화가 이루어지면서 참여자들 스스로 지킬 것은 지키는 자율성이 발현되는 것을 뜻하며, 규범적 규제는 집단의 내부 구성원 숫자가 늘어나면서 집단 내부의 구성원들 간 비공식적 규칙 또는 암묵적 신뢰의 규범이 생겨 규제가 발생하는 것을 의미한다. 따라서 이러한 사회적 공감 측면이 자발적 협력의 집합적 행동 측면을 상당 부분 보완 내지 강화하고 있으며, 집합적 행동 측면은 다시 개인적 심리 측면을 상당 부분 보완 내지 강화하게 되는 것이다. 따라서 역사·문화 콘텐츠 활용에서의 집합적 행동의 기능적 상보성 분석 결과에서 보듯, 그동안 도심재생 정책에서 간과되어온 개인적 심리와 사회적 공감 측면에 토대한 자발적 협력 행동을 유인해 내는 기본적 정책 처방의 도입이 필요하다(이권희·박종화, 2017: 71 재인용).

셋째, 오스트롬(2010: 373~384)의 지적처럼 공유자원 보존·활용에 보다 효율적인 새로운 방안인 관련 당사자 자기 규제 원리의 활용을 보다 확대 내지 강화할 필요가 있을 것으로 판단된다. 협력이론의 명저로 찬사받고 있는『협력의 진화』에서 액설로드는 집합적 행동의 발현은 지속적인 상호작용과 미래를 소중하게 생각하는 데서 비롯되는 속성이 있음을 강조하고 있다(액설로드, 2009: 205~215). 즉 미래를 소중하게 생각하는 공통 인식이 집합적 행동의 자연스러운 발현의 전제가 된다는 것이다. 명시적으로 표현하지는 않았지만 개인적 심리 측면과 사회적 공감 측면을 공통 인식이라는 형태로 포괄하고 있는 것으로 판단된다. Ostrom & Ahn(2007: 18) 역시 개인들 간의 공통 이해(common understanding)가 어떤 일단의 지속가능한 작동 규칙을 위해 필수적인 것으로 인식하고 있다.

유사 맥락에서 개인 심리적 측면, 사회적 공감 측면, 그리고 집합적 행동 측면 간에 순환적 연계성이 역사·문화 콘텐츠와 같은 공유자원을 보존·활용하는 과정에서 감시 및 제재의 외재적 권위로 사용될 수 있을 것이다. 예컨대 역사·문화 콘텐츠는 소비 과정에서 비배제성과 비경합성이 강하여 무임승차 유혹이 전제된 공공재적 속성을 지닌다. 하지만 오히려 보전의 가치와 시대정신 등이 결부되어 자발적 응집성 내지 자긍심을 생성하면 사회적 공감 측면을 강화할 수 있고, 이는 다시 구성원 모두를 위한 자발적 규제라는 집합적 행동을 불러올 수 있다. 오스트롬이 강조하고 있는 관련자들 중심의 자기 규제 방식의 모색이 공유자원의 경제성을 장기적으로 보장하는 열쇠가 될 수 있다는 논지도 동일 맥락에서 파악할 수 있다(오스트롬, 2010: 21~65).

뿐만 아니라, 역사·문화 콘텐츠가 관광 자원으로만 인식되어 무분별하게 개발되어 활용되는 경우 자발적 규제의 잠재성이 사라질 수 있음을 간과하지 않아야 할 것으로 생각된다. 관광 위주의 하드웨어 개발 방식은 장소의 독특함을 쉽게 증발시켜 버리고 주민들의 상실감을 키운다. 이럴 경우 거주민들의 무관심을 유발하여 기존 역사·문화 콘텐츠가 방치되는 제2의 딜레마를 발생시킨다. 공유자원적 측면에서 기대할 수 있는 자기 규제 방식의 관리는 시도조차 하지 못하는 결과가 초래되는 것이다. 이와 같은 부정적 연계성은 현재 경쟁적으로 도심 관광자원 개발을 추진하고 있는 국내 도시들의 정책과 관리방안을 다시 돌아보게 한다. 따라서 사회적 공감 변인인 안전망 작용(셉테드성)의 경우에서 보듯이, 역사·문화 콘텐츠 활용의 경험은 공동의 관심을 공유하고자 하는 소규모 모임으로 이어지면서 다양한 공동체 집단이 생겨나게 된다. 이러한 공동체 구성원들은 친밀도가 기반이 되어 책임 의식이 점점 높아지는 현상을 볼 수 있다. 따라서 당사자 자기 규제 원리의 활용을 보다 확대 내지 강화할 필요가 있다(이권희·박종화, 2017: 72).

에필로그

    도시문제 해소의 궁극적 지향점은 공동체 회복에 있다. 도시문제 해결의 핵심 키워드가 공동체 복원으로 이동하고 있는 것은 자연스럽다고 본다. 이는 지금까지의 도시문제 해결 방식에 대한 성찰적 태도라 할 수 있다. 기존의 구태의연한 방식에서 탈피해 그 한계를 극복해 보자는 사회적 합의가 설득력을 얻고 있기 때문일 것이다. 지금은 국가 간 경쟁보다 도시 간 경쟁이 더 치열해지고 있다. 도시 이미지 제고를 위한 도심재생 아이디어도 넘쳐나고 있다. 이러한 패러다임의 변화는 도시문제를 근원적으로 해결할 수 있는 지속가능한 요소를 찾아내야 한다는 요구로 이어진다. 그만큼 직접적이고 궁극적인 지표를 찾아내어 활용하고 적용하는 것이 중요해졌다. 사회적 자본의 긍정적 효과와 활용 방안에 대한 분석이 또 다시 주목되는 이유이다. 새로운 형태의 자본 또는 사회 능률성의 원천이라고 한 퍼트넘(2000), 오스트롬(2007)의 지적처럼, 사회적 자본은 도시의 성장과 쇠퇴, 공동체 해체를 이해하는 비례적인 지표로도 유용하기 때문이다.

제3부에서 소개한 사회적 자본의 형성에 대한 측정 결과는 역사·문화 콘텐츠의 활용 경험이 있는 주민과 비거주민들을 대상으로 십여 년에 걸친 기초 조사를 토대로 한 거의 유일한 실증 분석이라는 점에서 시사하는 바가 많다. 분석 사례에서 보듯 역사·문화 콘텐츠의 활용이 사회적 자본을 형성하는 중요한 자원이 되고 있음을 알 수 있다. 지금까지의 개발·재건축 위주의 도시재생은 지가 상승 등의 요인을 불러, 거주지 주민 이탈이 가속화되면서 기존의 사회적 자본이 무너져 내리는 원인이 되어 왔다. 도시문제의 새로운 이슈가 되고 있는 도심 빈집은 사회적 자본 소실과 공동체 해체를 동시에 말해 주는 현상이지만, 건축의 또 다른 결과물 내지 자산으로 이해하고 싶다. 빈집들이 매끈한 고급 빌딩으로 바뀌는 모습을 도심재생의 상식으로 이어갈 수는 없다. 도심재생 내지 경제발전이 빈집 세계를 고급 빌딩 세계로 발전시킨다는 말은 착각일 수 있다.

일본의 경우 빈집이 800만 채를 넘어섰고, 우리나라도 200만 채 이상이 생겨난 실정이다. 이러한 상황은 도심재생 과정에 새로운 과제를 던진다. 늘고 있는 도심 빈집도 문제이지만 도심을 떠나지 못하는 사람도 많다. 이를 동시에 해결하는 방안은 없을까? 도심이 공동화되는 이유는 안전을 비롯한 어메니티 부족도 원인으로 꼽힌다. 줄어들고 있는 사회적 자본을 메워줄 수 있는 방안이 절실하다. 오래된 도심일수록 빅데이터를 활용하는 인공지능과 같은 기술은 더 많이 요구된다.

예컨대 빈집이 늘어나 안전을 위협받고 있는 구도심 지역이 그렇다. 빈집을 곁에 두고 살아야 하는 남은 거주자를 위한 네이티화는 필수이다. 적은 예산으로도 실현 가능한 손쉬운 인공지능 기반의 소프트웨어 기술이 접목되면 도심재생의 효과는 상상하는 그 이상이 될 수 있다. 그 지역의 문제는 그곳에서 살아야 하는 주민이 더 많이 안다. 주민 참여 없는 빈집 문제 해결은 불가능하다. 우선 주민들이 원하는 문제를 데이터화해야 한다. 이를 토대로 인공지능 서비스 개발 전문가는 주민들과 함께 문제를 진단하고 해결의 우선순위를 결정할 수 있도록 도와야 한다. 능동적으로 문제를 해결해 가는 과정에서 좋은 결과가 나오기 때문이다. 새로운 기술을 접목하는 시점에서부터 수요자와 공급자가 협력하게 되면 도심재생에도 인공지능의 역할이 넘쳐날 것 같다.

이 책은 한마디로 역사·문화 콘텐츠의 활용이 개인들에게 미치는 영향과 동시에 사회적 자본 형성에 미치는 영향이 무엇인지를 말하려는 것이다. 즉 사람들이 도심의 역사·문화 콘텐츠를 접하게 되면 어떠한 느낌을 경험하게 될까? 그리고 이러한 경험이 도시민들의 협력적 행위를 촉진한다면, 신뢰할 만한 도심재생 정책의 증거를 제시하는 열쇠가 될 수 있다는 게 초점이다. 이 책에서 다루는 연구 경험 사례를 일반화할 수 있는지에 대한 독자의 판단은 여러 가지일 수 있다. 다만 도심의 역사·문화 콘텐츠는 어떠한 시기에도 유사한 결과를 말해 주는 사례라는 측면, 그리고 무작위로 선정한 특정 모집단이라는 점에서 타당하며, 측정 가능한 지표로서 변환 가능하다는 것은 여러 연구 결과가 말해주고 있다.

제2부에서 논한 측정 경험에 따르면 역사·문화 콘텐츠를 활용한 개인들의 심리는 자긍심, 만족도 또는 관심도 여부 등이 지표로 꼽힌다. 옛 연초제조창, 국채보상운동, 2.28 민주운동 등 무형의 역사·문화 콘텐츠는 우리나라의 산업화·민주화를 이끈 측면에서 자긍심을 갖게 되는 것으로 나타나고 있다. 예컨대 2.28 민주화 운동의 경우 불의에 항거하는 시대정신은 자랑스런 규범으로 이어지고 있다. 개인의 권리는 이러한 규범을 지켜낼수록 더욱 높아진다는 경험적 사실 때문에 이기적 행위보다 협력적 인식이 생겨나는 것으로 짐작된다. 반면 규범이 무너지면 구성원끼리도 믿지 않는 두려움이 생기면서 심리적 안전망의 소실되어 공생의식이 무너지는 등 사회의 안전구조가 점점 약해질 수밖에 없을 것이다. 울콕(2001)은 규범과 네트워크는 협력적 행위를 강화하는 사회적 자본의 핵심 요소라고 강조한다.

동일 맥락에서 사람들은 역사·문화 콘텐츠를 통해 다양한 유형의 주제를 경험하게 된다. 예컨대 천재 화가 이인성의 '감나무' 그림의 배경이 되었던 감나무 앞에서 화가와 교감할 수도 있고, 이상화 고택에서는 시인의 시를 낭송하고, 옛 3.1 만세운동길에서 '만세'를 외쳐볼 수 있다. 그리고 박태준이 청라언덕에서 작곡했다는 〈동무

생각〉을 합창하고, 약령시를 걸으며 허준의 『동의보감』 속 한약 냄새에 취해 보는 다양한 경험을 해 볼 수 있을 것이다. 이러한 개인적 경험이 쌓이고 구성원들과 상호작용하며 정체성을 공유하다 보면, 진정한 의미의 안전을 꿈꾸는 사람들과 또 다른 결속을 다지는 감성으로 진화하지 않을까라는 상상을 해본다.

첫머리에서 독자들에게 암시한 메시지가 있다. 역사·문화 콘텐츠가 도심문제 해결에 직간접적 영향을 미치게 된다는 내용이다. 그 이유는 이렇다. 「교육 기회 균등」(Equality of Educational Opportunity) 보고서로 유명한 교육사회학자 제임스 콜먼은 관계망이 공고한 유대망을 형성하고 있는 부모 집단의 경우 그들의 모임, 결속뿐만 아니라 부가적으로 그들 자녀의 교육, 안전에도 영향을 미친다고 했다. 즉 공동의 관심, 이해관계를 공유하는 개인과 집단이 유대망을 형성, 공동의 이익을 기반으로 하는 기능적 공동체를 형성한다. 이와 같은 현상은 사회적 자본의 핵심적 특성인 우연적 성격을 잘 보여주는 것이라고 분석했다. 이러한 기능적 공동체는 특정 장소를 배경으로 공동의 관심과 결속이 기반이 되어 형성된다. 특히 네트워크와 신뢰 형성이 우선시되는 공동체라는 점에서 공동체 의식이 높게 나타난다.

나는 기능적 공동체가 도심재생 과정에서 빚어지는 갈등을 해소한다는 추론을 하였다. 콜먼의 연구 결과와 결부하여 역사·문화 콘텐츠의 활용 과정에서 나타나는 유사한 형태의 현상에 주목했다.

공동의 관심과 이해관계를 공유하는 개인과 집단에서는 시간이 지날수록 유대망의 폭이 비례적으로 넓어지는 것으로 분석됐다. 이들은 교육·복지·문화 등을 기반으로 하는 여러 형태의 공동체를 형성하고 있었다. 이러한 현상은 도심의 역사·문화 콘텐츠를 활용하는 가운데 나타난 우연적 특성의 발현으로 이해된다. 이처럼 예상치 못한 우연한 특성의 발현은 공동체 의식을 강화하는 요소가 될 뿐 아니라, 도심재생의 첫걸음인 구성원 간 갈등을 해소하고 사회의 안전 구조를 강화하는 밑거름이 된다고 말할 수 있다.

그동안 우리는 하드웨어 위주의 도심재생 결과 도심 공동화 등의 딜레마를 경험하게 되었고, 지금도 국지적이고 물리적인 주거 공간 해소에 매달리면서 딜레마에서 빠져나오지 못하고 있다. 근래 들어 사람, 환경, 문화, 지속가능성 등을 고려한 복합적인 방안이 경쟁적으로 도입되고 있지만, 거주민의 이탈 내지 재정착 실패와 젠트리피케이션 내지 투어리스티피케이션 현상 등 도심재생의 딜레마는 계속된다. 딜레마 상황 속에서 또 다른 딜레마가 나타나는 아이러니를 언제까지 봐야 하는가? 도심재생의 결과물은 해체된 공동체의 복원에서 지속가능성까지 담아내는 것이다. 해체된 공동체 복원의 실마리는 어쩌면 우리 가까이에 있는지 모른다.

하지만 도심재생 정책의 열쇠를 찾았다 할지라도 은유에 머문다는 지적이 따를 것이다. 역사·문화 콘텐츠 활용이 도심재생의 유일한 해결책은 아니기 때문이다. 그만큼 이 책의 연구 결과를 일반화하기가 쉽지는 않지만 개인적인 생각을 보탠다. 우리 모두가 지향하는 도시는 편안한 공간과 안전한 사회구조라는 데는 이견이 없을 것이며, 도심재생의 기본 철학도 이러한 담론에 다가설 것으로 기대하고 있다. 앞으로 역사·문화 콘텐츠의 속성을 이해하다 보면 더 차별화된 처방전을 찾을 수 있지 않을까. 그리고 도심재생에 대한 인식이 좀 더 명료해지지 않을까. 첫걸음으로 이 책이 역사·문화 콘텐츠와 사회적 자본의 역학 관계 내지 영향을 확인하는 참고서가 되면 좋겠다.

모쪼록 이 책이 우리가 직면한 도심재생의 과제를 솔직하게 논의하는 계기가 되고, 역사·문화 콘텐츠가 '모두의 몫'인 공유자원으로서 활용·보전되어 도심재생의 딜레마를 넘는 기초가 되기를 바라면서 이 글을 마무리한다.

고지성·박예진·최태원·정만국(2015), 「사회적 자본 주식회사 만들기」, 『치프
 익스큐티브 *Chief Executive*』, Vol. 148: 88~98.

구서일·김우성(2014), 「해양 레저스포츠 이벤트를 통한 지역 주민 의식이 사회
 자본 형성에 미치는 영향」, 『한국사회체육학회지』, 55: 341~349.

권영상(2011), 「면(面)적인 역사·문화 환경에 대한 참여 거버넌스 비교」, 『대한
 건축학회 논문집』, 27(4): 239~248.

그린, 조슈아(2017), 『옳고 그름: 분열과 갈등의 시대, 왜 다시 도덕인가』, 최호영
 옮김(원저 Joshua D. Greene(2013), *Moral Tribes*), 시공사.

김남희(2013), 「국토 및 도시 개발과 매장 문화재 보존의 갈등 관리 방안」, 『국
 토』, 378: 136~140.

김미영(2015), 「현대사회에 존재하는 공동체의 여러 형식」, 『사회와 이론』, 27:
 181~218.

김상돈(2014), 『마을공동체 이론과 실제』, 소통과공감.

김진아(2014), 「마을 만들기에 대한 공동체주의 이론적 해석: 델파이 방법을 통
 한 적용 가능성 탐색」, 『국토연구』, 83: 113~127.

김항집(2011), 「역사·문화 자원과 연계한 지방 중소 도시의 도시재생 방안」,
 『한국지역개발학회지』, 23(4): 123~148.

김혜연(2011), 「사회적 자본이 지역 주민의 삶의 만족도에 미치는 영향에 관한
 연구」, 『한국사회복지행정학』, 13(3): 1~29.

남지현(2015), 「빈집도 지역자산이다」, 경기연구원.

라도삼(2014), 「문화를 통한 도시 경쟁력 강화 방안」, 『국토』, 2: 22~29.

린, 난(2008), 『사회자본』, 김동윤·오소현 옮김(원저 N. Lin(2001), *Social Capital*), 커뮤니케이션북스.

박경옥·정지인(2015), 「도심 마을공동체 내 거주자의 상호작용과 공동체 의식」, 『한국생활과학회지』, 24(2): 185~204.

박세훈·김은란·박경현·정소양(2011), 「도시 재생을 위한 문화클러스터 활용 방안 연구」, 국토연구원.

박승기·김태형(2014), 「국가 도시재생 기본 방침 수립의 배경과 주요 내용」, 『국토』, 390: 5~15.

박종화(2011), 「지역 혁신 체계에서 사회적 자본의 역기능성」, 『국토연구』, 69: 63~82.

_____(2015), 「사회적 자본의 분포 불균등성: 처방적 정책 논리의 탐색」, 『한국행정논집』, 27(1): 1~22.

_____(2016), 「사적 공간의 공적 이용에서 사회적 근접성의 영향: 대구 담장 허물기 사업과 안산 마을 정원 만들기 사업의 경험」, 『지방정부연구』, 19(4): 376~378.

박혜영·김정주(2012), 「사회적 자본이 지역 주민의 만족도와 공동체 의식에 미치는 영향 분석: 지역 축제 참여 주민을 대상으로」, 『한국거버넌스학회보』, 19(3): 47~66.

배웅규(2013), 「도시와 농촌이 융합하는 재생 시대의 생활 인프라 확충 과제」, 『국토』, 8: 37~47.

백기영(2013), 「도시재생 패러다임의 변화」, 『동양일보』 2013. 8. 15.

백선혜 · 라도삼 · 노민택 · 김은희 · 신효진 · 이무용 · 진종헌(2008), 「예술을 통한
　　　지역 만들기 방안 연구」, 서울연구원.

변미리(2014), 「도시 경쟁력과 문화가치」, 『문화정책』, 1: 115~142.

소진광(2004), 「사회적 자본의 측정 지표에 관한 연구」, 『한국지역개발학회지』,
　　　16(1): 89~118.

송희영(2012), 「지역의 역사 · 문화 자원을 활용한 문화콘텐츠 기획 연구」, 『예술
　　　경영연구』, 24: 73~96.

서순탁(2007), 「사회적 자본 증진을 위한 도시 계획의 역할과 과제: 접근 방법과
　　　정책적 함의」, 『국토연구』, 33: 73~87.

신중진 · 정지혜(2013), 「지역 공동체 회복을 위한 마을 만들기의 역할과 과제:
　　　수원화성과 행궁동 사람들의 도전을 중심으로」, 『정신문화연구』, 36(4):
　　　59~96.

심민지(2011), 「스토리 텔링에 기반한 지역 문화 교육 콘텐츠 개발 사례 분석」,
　　　부산대학교 석사학위 논문.

심응섭(2004), 「21세기를 맞이한 지방 문화 육성 전략」, 『한국정책과학학회보』,
　　　8(3): 23~45.

액설로드, 로버트(2009), 『협력의 진화』, 이경식 옮김(원저 R. Axelrod(2006),
　　　The Evolution of Cooperation), 시스테마.

엘리엇, 아이즈너(2003), 『인지와 교육과정』, 박승배 옮김(원저 Elliot W.
　　　Eisner(1994), *Cognition and Curriculum Reconsidered*), 교육과학사.

양영균(2010), 「한국 도시의 지역 공동체 형성과 확산 가능성 탐색: 수원 칠보산

공동체의 사례를 중심으로」, 『정신문화연구』, 36(4): 97~135.

오스트롬, 엘리너(2010), 『공유의 비극을 넘어』, 윤홍근·안도경 옮김(원저 E. Ostrom(1990), *Governing the Commons*), 랜덤하우스코리아.

윤두섭·오승원(2007), 「사회적 자본이 지방정부 외부 역량에 미치는 영향: 성남시 사례를 중심으로」, 『한국행정학회 학술대회 발표 논문집』, 6: 387~412.

이권희·박종화(2014), 「도심 역사·문화 콘텐츠의 도심재생 영향에 대한 시론적 분석」, 『한국행정논집』, 26(4): 793~814.

_____(2015), 「역사·문화 콘텐츠 활용이 도시민의 사회적 자본 형성에 미치는 영향 : 대구 역사·문화 콘텐츠 활용의 경험」, 『국토연구』, 86: 59~75.

_____(2017), 「도심재생 과정에서 역사·문화 콘텐츠의 활용과 집합적 행동의 기능적 상보성」, 『한국행정논집』, 29(1): 53~76.

_____(2017), 「역사·문화 콘텐츠가 기능적 공동체 형성에 미치는 영향」, 『국토연구』, 92: 21~40.

이동원·정갑영·박준·채승병·한준(2009), 『제3의 자본』, 삼성경제연구소.

이승철(2009), 「지역 축제의 사회적 자본 형성에 관한 연구: 강원도 동해안 지역 동제를 중심으로」, 강릉대학교 박사학위 논문.

이승철·허중욱(2010), 「어촌지역 전통 축제의 사회적 자본 형성」, 『관광연구저널』, 24(40): 5~22.

이정선(2001), 「콜먼과 부르디외의 사회자본론의 비교와 한국 교육에 주는 시사점」,『초등교육연구』, 16(1): 91~112.

이지숙(2008),「커뮤니티 활성화를 위한 도심재생에의 주민 참여 수법에 관한 고찰」,『한국생활과학회지』, 17(3): 533~540.

임도빈(2009),「질적 연구 방법의 내용과 적용 전략: 양적인 질적 연구와 질적인 질적 연구」,『정부학 연구』, 15(1): 155~187.

정성훈(2013),「도시공동체의 친밀성과 공공성」,『철학사상』, 49: 311~340.

조광호(2013),「문화를 통한 지역 구도심 재생·활성화 방안 연구」, 한국문화관광연구원.

최예나·김이수(2015),「사회적 자본과 주민 행복 간 관계에 관한 연구: 공동체 의식의 조절 효과를 중심으로」,『한국지방자치학회보』, 27(4): 53~78.

크레스웰, 존(2015),『질적 연구방법론: 다섯 가지 접근』, 조흥식·정선욱·김진숙·권지성 옮김(원저 J. Creswell(2013), *Qualitative Inquiry & Research Design: Choosing Among Five Approaches*), 학지사.

퍼트넘, 로버트(2009),『나 홀로 볼링: 사회적 커뮤니티의 붕괴와 소생』, 정승현 옮김(원저 R. D. Putnam(2000), *Bowling Alone: the collapse and Revival of Ametocan Community*), 페이퍼로드.

하성규·박기덕(2011),「사회적 자본의 영향 요인과 주거공동체 활성화: 서울 아파트 단지와 여주 농촌 마을 비교 연구」,『한국지방자치연구』, 12(4): 133~153.

후쿠야마, 프랜시스(1996),『트러스트』, 구승회 옮김(원저 F. Fukuyama(1995), *Trust*), 한국경제신문사.

Bentley, A.(1949), *The Process of Government*, Evaston, IL: Principia Press.

Bopp, M., GernAnn, K., Bopp, J., Baugh Little johns, L.,& Smith, N(2000), *Assessing community caracity for change*, Calgary: Four Worlds.

Bourdieu P.(1986), *The forms of capital* [in:] J. Richardson (ed.), *Handbook of Theory and Research for the Sociology of Education*, New York: Greenwood.

Burt, R. S.(2000), The Contingent Value of Social Capital, In E. L. Lesser (ed), *Knowledge and Social Capital: Foundations and Application*, Boston, MA: Butterworth-Heinermann, 255-286.

Coleman, J. S.(1988), Social Capital in the Creation of Human Capital, *American Journal of Sociology* 94: s95-s120.

_____(1990), *Foundations of Social Theory*, Cambridge, MA: belknap Press.

Creswell. J. W. & Clark, V. l.(2007), *Designing and conducting mixed methods research*, Thousand Oaks, CA: Sage.

Fine, B.(2001), *Social Capital Vs Social Theory: Political Economy and Social Science at the Turn of the Millennium*, London: Routledge.

Granovetter, M. S.(1973), The Strength of Weak Ties, *American Journal of Sociology* 78(6): 1360-1380.

_____(1985), Economic Action and Social Structure: The Problem of Embeddedness. *American Journal of Sociology* 91(3):

481-510.

Grootaert, C. & T. van Bastelaer(2001), *Understanding and Measuring Social Capital: A Synthesis of Finding and Recommendations from the Social Capital Initiative*, Center for Institutional Reform and the Informal Sector(IRIS), Working Paper no.24, Collega Park, MD: University of Maryland.

Hardin, G.(1968), The Tragedy of the Commons, *Science* 162: 1243-1248.

Habermas, J.(1984), *The Theory of Communicative Action – Reason and Rationalization of Society*, vol. 1, Boston: Beacon Press.

Hoover, E. M.(1970), The Evolving Form and Organization of the Metropolis, *Issues in Urban Economics*: 237-284.

Jacobs, J.(1961), *The Death and Life of Great American Cities*, New York: Random House.

Landry, C.(2000), *The Creative City : a Toolkit for Urban Innovators*, London: Earthscan Publications.

Loury, G.(1977), A dynamic theory of racial income differences, In P. A. Lemund(els.), *Woman, Minorities, and Employment Discrimination*, Lexington, MA: Lexington Books, 153-88.

Marschall, M. J.(2004), Citizen Participation and the Neighborhood Context: A New Look at the Coproduction of Local Public Goods, *Political Research Quarterly*, 57:231-244.

Merriam, S. B.(1998), *Case study research in education*, San Francisco, USA: Jossey-Bass.

Nahapiet, J. and Ghoshal, S.(1998), Social Capital, Intellectual Capital, and the Organizational Advantage, *Academy of Management Review* 23, no. 2: 242-265.

Nunnaly, J. C.(1978), *Psychological Theory*, 2nd ed., New York: McGraw-Hill.

OECD(2010), *Regional Development Policies in OECD Countries*, Paris: OECD.

Olson, M.(1965), *The Logic of Collective Action: Public Goods and the Theory of Groups*, Cambridge, MA: Havard University Press.

Ostrom, E. and Ahn, T. K.(2007), The Meaning of Social Capital and Its Link to Collective Action W07-19, *Workshop in Political Theory and Policy Analysis*, Indiana University, 1-34.

Putnam, R. D., R. Leonardi and R. Nanetti(1993), Making Democracy Work: *Civic Traditions in Modern Italy*, Princeton: Princeton University Press.

Putnam, R. D.(2000), *Bowling Alone: The Collapse and Revival of American Community*, NY: Simon & Schuster.

Rothman, J., Erlich, J. L. and Tropman, J. E.(1995), *Strategies of Community Intervention: Macro Practice*, 5th ed., Itasca, Illinois: F. E. Peacock.

Sigh, S. M.(2003), Neighborhood Strengthening through Community

Building, Comm-ORG Papers, http:// Comm-org.wisc.edu/papers. htm.

Teddie, C. & Tashakkori, A.(2009), *Foundations of mixed method research: Integrating quantitative and qualitative approaches in the social and behavioral ciences*, Los Angels, CA: Sage.

Tocqueville, Alexis(1996), *Democracy in America*, ed. J. P. Maier, trns. George Lawrence, New York: Anchor Books.

Truman, D. B.(1958), *The Governmental Process*, New York: Knopf.

Warren, M. E.(2008), The Nature and Logic Of Bad Social Capital, In D. Castiglione, J. W. Van Deth, and G. Wolleb, *The Handbook of Social Capital*, NY: Oxford University Press, 122-149.

Woolcock, M.(2001), The Place of Social Capital in Understanding Social and Economic Outcomes, *Isuma: Canadian Journal of Political Research* 2(1): 1-17.

Yin, R. K.(2003), *Case study research: Design and method*(3rd ed.), Thousand Oaks, CA: Sage.

도심재생의 미래
사회적 자본에 답을 묻는다

초판 1쇄 발행 2021년 6월 28일

지은이 이권희
펴낸이 오은지
편집 오은지 변우빈
디자인 정효진

펴낸곳 도서출판 한티재
등록 2010년 4월 12일 제2010-000010호
주소 42087 대구시 수성구 달구벌대로 492길 15   전화 053-743-8368
팩스 053-743-8367   전자우편 hantibooks@gmail.com
블로그 blog.naver.com/hanti_books
한티재 온라인 책창고 hantijae-bookstore.com

ⓒ 이권희 2021
ISBN 979-11-90178-59-4 93300